# 초스피드
# 에너지 성명학

인드라 조세연 지음

# 초스피드 에너지 성명학

| | | | |
|---|---|---|---|
| 발행일 | 2016년 03월 07일 | | |
| 지은이 | 인드라 조세연 | | |
| 펴낸이 | 손 형 국 | | |
| 펴낸곳 | (주)북랩 | | |
| 편집인 | 선일영 | 편집 | 김향인, 서대종, 권유선, 김예지 |
| 디자인 | 이현수, 신혜림, 윤미리내, 임혜수 | 제작 | 박기성, 황동현, 구성우 |
| 마케팅 | 김회란, 박진관, 김아름 | | |
| 출판등록 | 2004. 12. 1(제2012-000051호) | | |
| 주소 | 서울시 금천구 가산디지털 1로 168, 우림라이온스밸리 B동 B113, 114호 | | |
| 홈페이지 | www.book.co.kr | | |
| 전화번호 | (02)2026-5777 | 팩스 | (02)2026-5747 |
| ISBN | 979-11-5585-962-9 03150(종이책) | | 979-11-5585-963-6 05150(전자책) |

이 도서의 국립중앙도서관 출판예정도서목록(CIP)은 서지정보유통지원시스템 홈페이지(http://seoji.nl.go.kr)와
국가자료공동목록시스템(http://www.nl.go.kr/kolisnet)에서 이용하실 수 있습니다.
(CIP제어번호: CIP2016005870)

성공한 사람들은 예외없이 기개가 남다르다고 합니다.
어려움에도 꺾이지 않았던 당신의 의기를 책에 담아보지 않으시렵니까?
책으로 펴내고 싶은 원고를 메일(book@book.co.kr)로 보내주세요.
성공출판의 파트너 북랩이 함께하겠습니다.

지구촌시대 대한민국 자존심
성명학과 배달의 얼

# 초스피드
# 에너지 성명학

인드라 조세연 지음

이름에 깃든 에너지가 당신의 운명을 좌우한다!

나 자신을 알기 위한 필독서
지혜, 힘, 사랑과 윤리도덕, 섬김과 자존심의 근본을 밝힘

북랩 book Lab

## 성명학이 왜 중요한가?

누구나 한번쯤 이름에 대해 궁금해 본 적이 있을 것이다.

"호랑이는 죽어서 가죽을 남기고 사람은 죽어서 이름을 남긴다."라는 말이 있다.

이름 에너지가 그 사람의 운명에 엄청난 영향을 미친다. 건강과 성격, 가족관계, 대인관계, 부의 척도, 명예까지 포함된다. 인사 만사의 많은 문제들이 이름의 영향 때문에 변화가 생기는 것이다. 쌍둥이가 다른 인생을 사는 것도 이름이 다르기 때문이다.

내 이름 안에 내 인생의 답이 있다. 올바른 원리에 따라 상생 에너지 이름으로 잘 지어야 한다.

오늘날 우리나라의 실정은 어떠한가? 우리의 얼이 담긴 우리말로 올바른 이름을 지어 사용하지 못하고 있다. 일제 강점기를 거치면서 우리의 얼을 말살하는 왜식(倭式) 이름이 횡행하고 있다.

이름은 매우 중요하다. 한글 획수를 우선하며, 뜻이 좋은 한문을 넣으면 된다. 현재 사용되고 있는 인명용 한자 범위를 더

광범위하게 해야 한다.

종교를 초월한 측면에서 보면 하나님께서 세상과 인류를 말씀으로 창조하시고 온 인류가 행복하게 살 수 있도록 기회를 제공하셨다.

하나님 말씀은 성령의 에너지, 곧 이름이다. 말씀에는 강력한 에너지가 있다. 우주를 창조할 때 강력한 에너지를 쉽게 표현할 수 있는 유일한 방법은 이름이다.

한 사람의 이름을 짓는다는 것은 그 사람의 운명을 책임진다는 것과 같다. 함부로 지어서도 안 된다. 또한 쉽게 생각하여서도 안 된다. 한 번 이름을 지어서 부르면 평생 그 영향이 미친다. 어떤 분은 "여자 이름은 시집가면 부르지도 않는 데 이름이 나쁘다고 한들 지어서 무엇합니까?"라고 하는데 이런 생각은 잘못이다.

소리는 영생불멸(永生不滅)이므로 이름을 부르지 않는다고 하여 그 기운이 소멸되는 것이 아니다. 계속 작용하고 있다는 이 사실을 잊어선 안 된다. 사람은 죽어도 그 영향은 자손만대까지도 미친다.

이 책은 그토록 소중한 이름을 우리 자신의 언어인 우리말로 지었을 때 얻게 되는 상생 에너지를 예를 들어 제시한다.

세종대왕의 한글 창제는 우리 민족에게는 행운이다. 세계성명학협회에서는 한글 작명을 통한 한글에너지의 위력을 전 세계에 전파하고자 한다. 또한 이러한 상생 에너지 기운이 지배하는 사회가 가져야 할 윤리적 도덕적 바탕을 우리의 전통 사상인 천부경(天符經), 배달경(倍達經), 일일명심경(一日銘心經) 등을 토대로 제시하여 바람직한 우리 사회의 건설에 이바지하고자 한다.

　　**인생**은 시간의 동반자다. 우리는 모두 보다 멋진 인생을 영위해 나가기 위하여, 그 어떤 가치보다 시간의 중요성을 깨닫고, 시간을 잘 활용해 나가야 한다.

　역사에 남는 걸출한 인물들을 되돌아볼 때, 이름의 중요성은 그 가치를 더한다. 개인의 욕심이나 의지만으로는 되는 일이 아니기 때문이다.

　따라서 자연적으로 운명에 관한 생각을 떠올리게 되는데, 운명을 결정짓는 다양한 요소 속에서 이름의 중요성을 가장 우선시하게 되고, 자신의 명예를 보다 빛나게 할 수 있는 것이다. 이와 같은 바람은 일반적인 소망이며, 그에 따른 개개인의 인생철학이 뒷받침되어야 하고, 명성으로 도출되는 것이다.

이번 조세연회장님의 『초스피드 에너지 성명학』의 출간을 계기로 저마다의 인생 여정에 빛나는 영광이 뒤따르기를 바라는 마음이다.

세계성명학협회 조세연 회장은 우주원리에 대한 박식한 지식과 지혜를 바탕으로 금옥같은 말씀과 내용이 여러분을 독보적인 성명학의 신세계 영역으로 안내해 줄 성명학의 권위자이다.

많은 분에게 희망과 광명의 등불이 될 수 있기를 기원하면서 추천의 글을 남기고자 한다.

세계합기도협회 총재, 세계 민간 외교관 협의회 총재,
세계무술그룹 총재
_ **도룡 엄상섭**

**이름**은 매우 중요하다. 인생과 밀접한 관계를 맺고 있다. 이 책을 통해 인생의 뜻과 소망을 성취할 수 있다고 생각한다. 명예의 가치를 드높일 수 있는 것도 이름의 영향을 많이 받기 때문이다.

이 세상에 태어날 때 두 주먹을 힘차게 움켜쥐며 의지를 갖고 태어난다. 빈손으로 오는 것이 아니다. 오직 하나밖에 없는 유일한 존재와 고귀한 생명으로 태어난다. 좋은 이름으로 행복과 보람을 누릴 수 있기를 바란다.

사람마다 차이는 있다. 한 세상 살다가 육신은 자연으로 돌아간다. 그러나 이름은 사후에도 이 세계에 남아서 많은 사람에게 귀감이 된다.

평생 이름을 남기고 싶다면 잘 지어야 한다. 그러므로 좋은 이름을 통하여 저마다의 특별한 인생이 되기를 바란다. 지식이 많은 분에게 이름을 잘 지어야 한다. 뜻이 이루어져서 영원토록 남을 수 있는 이름이 되기 위해서다.

세계성명학협회 조세연 회장의 특별한 인생의 지혜와 성명학의 신의 한 수로 많은 사람에게 도움이 될 것이다. 성명기법이 차별화된 세계성명학협회를 통해 좋은 이름을 받으면 멋진 인생을 살아갈 것이라 믿는다.

영감 어린 노고에 감사를 드린다.

역사문화 연구실 배달경 저자

**_ 밝달 이두해**

**조**세연 회장은 3가지 특징이 있다.

밝은 분이다. 항상 웃는다. 내 주위에서 보면 가장 밝은 에너지가 넘치는 분이다. 기운이 처질 때 한 번 만나고 오면 3일 동안은 즐거운 기분이 유지된다. 기름 떨어지기 직전에 만땅 기름을 넣은 느낌이 든다.

박식하다. 항상 공부하는 분이다. 자기 일에 최선을 다해 세미나를 듣고, 책을 읽고, 연구하는 고3 학생 같은 모습이다. 이미 수준급이지만 사막길 가는 여행자가 물을 탐하듯 학문에 전념한다.

무엇보다 부지런하다. 어떤 운이 닥쳐도 어떤 환경에 처해도 어떤 시대 어떤 지역에서 태어났어도 성공할 분이다. 오뚝이처럼 힘들어도 쓰러져도 계속 일어나서 달리는 이미지다.

묘사하고 보니 3형제를 갖춘 분이다. 밝음, 박식, 부지런, 이 세 가지 무기를 가지고 평생의 관심사인『초스피드 에너지 성명학』을 출간했다. 이 책을 선택하는 순간 어두운 인생에서 빛이 나고 침체된 사람도 대박의 기운을 얻으리라 확신한다.

한국유머센터원장 유머 강사 1호, 100만 부 작가
_ **거당 김진배**
www.humorlife.com

**세**계성명학협회 조세연(관순) 회장은 열정과 도전 정신이 투철한 분이다. 항상 밝고 상대를 배려하고 겸손한 분으로 변함없는 분이다. 『초스피드 에너지 성명학』 책에 담긴 소중한 글들을 보면 알 수 있을 것이다.

소중한 이름의 중요성과 함께 많은 분이 좋은 에너지 이름을 받아 꿈과 행복을 누리길 바란다. 전 세계에 한글의 중요성도 함께 빛나기를 기대한다.

백 년 이상 사용할 이름이기에 더욱더 신중을 기해 제대로 지어야 한다. 좋은 이름으로 대한민국 좋은 일들이 함께하길 바라기에 『초스피드 에너지 성명학』에 추천의 글을 남기고자 한다.

한·중 문화콘텐츠 공동개발사업 (주)케이씨콘텐츠뱅크 대표이사,
국제자연치유의학연맹 부총재
_ 청록 기세채

# 1장

## 성명학의 중요성

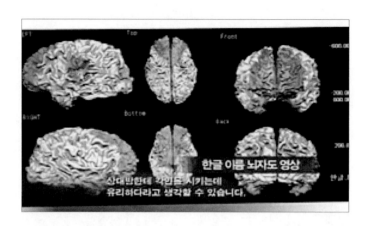

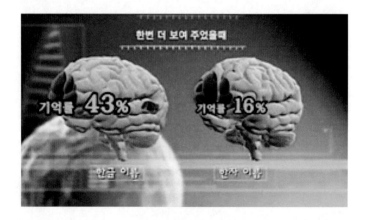

기억하기 쉽게 만들었다라고 말할 수 있습니다.

출처: 대구 MBC, 경술국치 백돌 HD 특별기획 '우리이름 가는 길을 묻다', 방송 2010.10.22.


인간은 이름이 가진 속성에 굉장히 영향을 받는 존재이며 이름은 단지 사람을 구분하기 위한 표식이 아니다.

상기 영상은 한글 이름을 불렀을 때 우리의 뇌에서 일어나는 변화를 보여주고 있다.

한글 성명학과 그 원리에 맞는 자신의 이름을 가졌을 때 소원하고 희망하는 일들이 이뤄질 수 있다는 것을 예상할 수 있는 것이다. 이것이 필자가 이 책에서 제시하고자 하는 성명학의 기본적인 목표이다.

누구에게나 이 세상에 태어나면서부터 소원하고 희망하는 것이 함부로 정해지는 것이 아니다. 자라면서 자기와의 인간관계를 알고 세상의 만물을 보면서 느끼고 깨달아야 한다.

우리는 이 세상을 살아가면서 우선 원리에 합당한 올바른 자신의 이름을 가져야 되고 또한 네 가지의 근본 이치와 도리가 되는 사리일도(四理一道) 근본진리에 합당한 인생이 되도록 노력을 해야 한다. 동시에 각자의 성명으로 살아가는 인생길에는 지혜와 용기와 사랑과 자존심으로 성공적인 개척이 될 수 있도록 하며, 목표에 도달할 수 있도록 하려는 것이 성명학의 목적이다.

사업에 성공하려면 시작하기까지 정말 많은 노심초사(勞心焦思) 후 결정하면서 가장 중요한 상호(商號)를 대충 결정하는지 안타까운 실정이다.

대표자와 맞는 상호를 잘 지어야 한다. 업종에 맞는 상호를 신중히 지어야 한다. 제품 상표도 잘 지어야 한다. 신생아 이름을 지을 때 태어난 사주와 전반적인 에너지를 파악하는 것, 학자로 키우고 싶으면 학문의 에너지를 넣으면 되고, 발명가로 키우고 싶으면 발명가의 에너지를 넣고, 사업가로 키우고 싶으면 사업가의 에너지를 넣고, 예술가로 키우고 싶으면 예술가의 에너지를 넣고, 직장생활을 하고 안정적인 삶을 살게 하고 싶으면 그에 해당하는 에너지를 넣고 이름을 지으면 된다. 이러한 것이 바로 여기에서 제시하는 한글 에너지 성명학의 중요성을 말해주는 것이다.

우주 만물의 모든 사물을 구성하는 최초 기본 단위, 즉 생명

전자는 외부에서 받는 긍정에너지와 부정적 에너지에 지대한 영향을 받는다. 외부에서 듣는 소리 에너지의 이러한 영향은 상기 실험 결과가 말해 주듯이 사람을 **살릴 수도 있고 죽일 수도 있는 것이다.**

출처: MBC, 한글날 특집 '실험다큐—말의 힘', 방송 2009.10.09.

상기 영상과 관련된 다른 예를 들면 각각 양파를 물에 담가 놓
은 두 유리컵에 한곳에는 좋은 말, 즉, '사랑한다' 등의 말을 지속

적으로 말해주고, 한쪽은 '미워한다'라고 지속적으로 말해주면
그 결과는 놀랍게도 긍정적인 말을 들은 쪽은 싹이 터서 잘 자
라고, 부정적인 말을 들은 쪽은 썩어버리는 것이다.

상기 영상들은 긍정적이고 좋은 기운의 말이 우리에게 어떤
영향을 주는가를 밝힌 실험 연구 결과이며 특히 한글과 한자를
사용했을 때의 차이도 보여주고 있다. 한글은 소리글자로서 소
리의 에너지를 전하지만, 한자는 상형문자, 즉 뜻글자로서 소리
의 에너지를 전달하는 것이 아니다. 여기에 우리의 얼이 담긴 한
글 성명학의 중요성이 있다.

# 2장

---

# 오늘날 잘못된
# 우리나라의 성명학

우리나라 사람들은 현재 작명을 올바르게 하고 있는가?

아래 내용은 필자가 그동안 피력해 온 현재 한국의 작명 상 문제점을 지적한 기사 내용이다.

청헌 임택 기자, 「세계성명학협회 조세연 회장 "상생 에너지로 민족 정기 세운다"」, 『스포츠조선』, 2015.02.24.

"사람이나 국가나 행복해야 할 권리를 가진다."

우리나라 헌법 10조에는 '모든 국민은 인간으로서의 존엄과 가치를 가지며, 행복을 추구할 권리를 가진다'라고 행복추구권에 대한 분명한 권리가 명시되어 있다. 그러나 우리나라는 1910년 한일합방이라는 이름하에 일본에 이러한 권리를 빼앗긴 채 자그마치 36년이란 세월을 보냈다. 조선을 점령하고 난 뒤 이토 히로부미는 두 가지 제안을 했다. '대한민국에 훌륭한 인물이 태어나지 못하게 하기 위해 산에 쇠말뚝을 박아 정기를 차단해야 하며 일본식 작명법으로 창씨개명을 해야 한다'라는 것이었다.

민족정기의 말살은 바로 여기서부터 출발했다고 볼 수 있다. 반인륜적인 만행과 학살은 36년 동안 이어졌지만 창씨개명과 같은 보이지 않는 민족정기의 말살은 대한민국의 동맥을 영원히 끊으려고 했던 것이다. 안중근 의사와 같은 훌륭한 인물이 태어나지 못하게 대한민국 푸른 강산에 쇠말뚝을 박고 또 한편으로는 창씨개명으로 민족말살을 강행한 역사적 사건이다.

세계성명학협회(www.세계성명학협회.com) 조세연(관순)회장은 이에 대해 "일제 강점기 동안 일본은 대한민국 금수강산에 쇠말뚝을 박아 훌륭한 인재의 탄생을 원천적으로 막았다. 또 하나는 창씨개명이다. 대한민국 민족의 혼을 말살하려는 의도로 그들은 당시 1,800만 명의 창씨개명을 해주었고 해방된 지 60여 년이 지났지만 지금도 전국의 서점에 있는 철학책의 내용을 보면 일본의 흔적이 그대로 남아 있다. 반드시 개선되어야 한다.

세계성명학협회에서는 민족의 정기를 일깨우기 위한 개선작업에 앞장서고 있으며 후진들을 양성해 반드시 민족의 정기를 바로 잡겠다"라며 대한민국의 자라나는 후세들을 위해 지금부터라도 '민족의 정기'를 바로 세워나가야 한다고 강조했다. 조 회장이 성명학으로 국민의 인식을 바로잡아야겠다고 생각한 것은 지난 1994년으로 성명학을 공부하기 시작해 1999년에 한국역술인협회에서 "성명학, 관상학, 명리학, 역경학, 풍수지리, 분야에서 자격증을 취득하면서부터다. 조 회장이 일본식 작명법인 수리 성명학에 문제점이 있다고 깨달은 것이다.

조 회장은 "지금도 우리 사회 구석구석 생활상에서 일본의 그림자가 남아 있지만, 성명학도 마찬가지다. 일본에는 1829년 웅기건웅(熊琦健熊)이라는 한 역학자가 저술한 웅기식 성명학이 있다. 그는 주역 삼재의 원리와 81영동수를 활용해 오늘날의 수리 성명학의 기초이론을 정립했다. 다시 말해 지금도 파괴에너지를 가진 작명법이 대한민국의 국민에게 적용되고 있다는 점이다. 안타까운 일이다. 이러한 일들은 학회나 협회가 아닌 범정부 차원에서 접근을 해야 된다고 본다"라며 안타까움을 감추지 못했다.

세계성명학협회에서 내세우는 원리는 간단하다. 기존 일본식 작명법인 수리 성명학이 한자의 획수를 중시 여겼다면 협회에서는 한글 획수를 모토로 삼았다. 자음과 모음의 획수로 성명학의 토대를 지금부터라도 쌓아서 기존의 파괴에너지를 상생의 에너지로 바꾸자는 논리다. 조 회장은 성명학의 중요성을 몇 가지 성인들의 이론으로 대체했다.

"공자의 말씀에 이름이 바르면 모든 일이 순조롭다는 정명순행이란 말이 있다. 탈무드에도 이름보다 더 소중한 것이 없다고 했다. 우리나라 말에도 말이 씨가 되고, 이름값을 한다는 속담이 있다. 지금부터라도 기존 파괴에너지의 기운을 벗어던지고 대한민국의 모든 성명과 지명 등 이름에 대해 상생의 에너지를 불어넣어 민족의 정기를 되찾자는 것이다. 이러한 일들은 나 혼자서 할 수 없는 일이다. 정부나 지자체, 기업과 학회 등과 함께 민족정기를 되찾기 위해 같이 걸어가야 한다. 그래서 후학들을 양성하고 있다"고 밝혔다.

창씨개명은 정말 힘들었습니다. 총독이 우리하지 말라고
했지만 사실 속마음은 우리해서라도 바꾸라는 거였죠.

**출처:** 대구 MBC, 경술국치 백돌 HD 특별기획 '우리이름 가는 길을 묻다', 방송 2010.10.22.

청헌 임택 기자, 「세계성명학협회 조세연 회장 "새로운 성명학으로 민족정신 일깨워야"」, 『스포츠조선』, 2015.10.19.

경술국치 100년이 지났다. 그동안 민족정기를 일깨운다는 일을 각 지자체나 단체들이 해온다고 했지만, 피부에 와 닿는 실질적인 사례는 많지 않다. 이슈가 있을 때 반짝하는 정도다. 지속성이 없다는 얘기다. 세계성명학협회(회장 조세연)가 민족정기를 일깨우는 백년대계의 일에 발 벗고 나섰다.

세계성명학협회는 한글 이름의 우수성을 알리기 위해 설립된 협회다. 한자의 획수가 아닌 우리의 얼이 담긴 한글의 자음과 모음을 바탕으로 우리의 운세에 맞는 성명학의 토대를 쌓아 대한민국의 민족정기를 일깨우는 일에 모든 노력을 쏟고 있다.

지난 2010년 대구MBC에서 방영된 특집방송 '우리 이름 가는 길을 묻다' 방송자료에 의하면 한자의 획수에 의한 수리 성명학은 일본식 작명법이라고 규정하고 있다.

현 일본의 종교법인 오성각의 창시자인 구마사키 겐오(熊琦健翁)가 만든 작명법으로 알려졌다. 일본 성명학의 시조인 구마사키 겐오가 1920년대 후반에 창안한 오격부상법(五格剖象法)에 기원을 둔 수리(數理) 성명학은 현재 우리나라에서 가장 널리 활용되고 있는 작명법이다.

수리 성명학은 성명과 연계된 81가지 수의 신령한 뜻대로 그 사람의 운명이 좌우된다고 간주하고 성명을 천(天)·인(人)·지(地)·총(總)·외(外)의 5가지 격(格)으로 나눈 후, 각각에 해당하는 성명의 한자 획수를 계산하여 운명의 길흉을 판단하는 작명법이다.

1940년 당시 조선에서의 창씨개명 강행은 일본의 작명가들에게 자신들의 경제적 이익창출과 일본식 성명학 전파를 위해서 더할 나위 없이 좋은 기회였다. 연일 대대적으로 그들의 일본식 성명학을 과장해서 홍보했다.

이로 인해 창씨개명 시기 후에는 이름이 일생의 길흉과 깊이 연관된다는 운명론적 인식이 한국에서도 생겨났으며 길한 이름과 흉한 이름을 가리는 기준으로서 일본식 수리 성명학이 유행하기 시작해 지금에 이르고 있다. 원래 한국인에게 이름은 서로를 호칭하거나 가문을 나타내는 부호였으나 창씨개명 시행 이후에는 복잡한 운명 부호의 역할도 겸하게 되었고, 그 길흉의 판단 기준은 일본식 성명학이 되었던 것이다.

내선일체란 명분으로 조선인의 황민화(皇民化) 정책을 본격화하려고 강행한 창씨개명은 일본 제국주의의 패배로 비록 5년 만에 그쳤지만, 일본식 성명학으로 한국인의 이름을 작명하는 관행과 이름이 일생의 길흉을 좌우한다는 과장된 운명 논리는 통계학이란 미명하에 불식되지 않은 채 여전히 고착되어 성행하고 있다.

**세계성명학협회** 회장이자 성명학자인 조세연 회장은 "근세에 와서 이름에 대한 관심도가 높아졌다. 하지만 오늘날에 가장 많이 활용해 이름을 짓는 수리 성명학의 기원은 일본인에 의해 한국에 전파됐다. 지금도 대다수의 사람들은 일본식 작명법으로 이름을 짓고 있다는 사실을 모르고 있다. 이는 심각한 문제다. 일제 강점기에 일본인들은 한국의 민족정기를 말살하려는 의도로 창씨개명을 강행하였다.

이후 한국의 학자들이 일본식 작명법을 '비급'인양 후진을 양성하게 되었고 지금은 전국의 작명소가 일본식 작명법을 사용하고 있다"며, "이로 인해 해방 이후 60년이 지난 지금 각 서점에 있는 철학책의 내용에 알게 모르게 일본의 혼이 많이 들어가 있다"고 우려를 표했다.

**세계성명학협회**에서 내세우는 원리는 간단하다. 기존 일본식 작명법인 수리 성명학이 한자의 획수를 중시 여겼다면 협회에서는 한글 획수를 모토로 삼았다.

자음과 모음의 획수로 성명학의 토대를 지금부터라도 쌓아서 기존의 파괴에너지를 상생의 에너지로 바꾸자는 논리다. 그래서 민족의 정기를 되찾자는 것이다.

# 3장

## 훈민정음 창제원리

훈민정음은 크게 예의(例儀)와 해례(解例)로 나누어져 있다. 예의는 세종이 직접 지은 글로 한글을 만든 이유와 한글의 사용법을 간략하게 설명하였다. 해례는 정인지(鄭麟趾)와 최항(崔恒), 박팽년(朴彭年), 신숙주(申叔舟), 성삼문(成三問), 강희안(姜希顏), 이개(李塏), 이선로(李善老) 등 집현전 학사들이 한글의 자음과 모음을 만든 원리와 용례를 상세하게 설명한 글이다. 우리가 흔히 알고 있는 훈민정음의 "나라 말씀이 중국과 달라…"로 시작되는 글은 예의의 첫머리에 있는 서문을 우리말로 바꾸어 놓은 것이다. 흔히 『훈민정음 언해본』이라 부른다.

서문을 포함한 예의 부분은 무척 간략해 『세종실록(世宗實錄)』과 『월인석보(月印釋譜)』 등에 실려 전해져 왔지만, 한글 창제 원리와 용법이 소상하게 밝혀져 있는 해례는 세상에 전혀 알려지지 않았다. 그런데 예의와 해례가 모두 실려 있는 훈민정음 정본이 1940년에 발견되었다. 그것이 훈민정음 해례본』이다.

『훈민정음 해례본』의 '제자해'편은 훈민정음을 만든 원리를 명료하게 설명하고 있다.

'제자해'편은『훈민정음 해례본』전체 29장 중에서 절반에 가까운 14장을 차지하고 있다. '제자해'에서는 글자를 만든 조선의 정치철학인 성리학의 음양오행(陰陽五行)과 태극(太極) 이론을 바탕으로 일반적이고 근본적인 제자원리에 대해서 설명하고 있다.

일제의 우리 민족말살 정책 중 하나는 우리나라와 민족정신을 담은 그릇인 언어와 문자를 없애는 것이었다. 말과 글이 사라진다는 것은 세계를 바라보는 고유의 관점, 즉 독자적인 세계관이 사라진다는 뜻이다.

이런 점에서 일제에『훈민정음 해례본』은 세상에서는 안 될 존재인 것이다. 훈민정음 해례본은 한글이 인체의 발음기관을 상형화하여 창제된 사실을 명확하게 밝히고 있다. 이로써 고대글자 모방설, 고전(古篆) 기원설, 범자(梵字) 기원설, 몽골문자 기원설 등 한글의 창제 원리에 대한 잘못된 주장들을 일소할 수 있게 되었다.

훈민정음 해례본에 실린 정인지의 서문에 의하면 1446년 9월 상순에 썼음을 알 수 있다. 그래서 늦어도 음력 9월 10일에 이 책이 출판된 것으로 추정되어, 이 책의 출판 일을 기념하여 한글날이 제정되었다.

인류 역사상 문자가 그 만든 목적과 유래, 사용법, 그리고 창제의 원리와 세계관을 명확히 밝혀 만들어진 예는 없었다. 훈민정음이 유일무이(唯一無二)하다. 따라서 훈민정음은 비단 우리나라뿐만 아니라, 인류의 역사와 문화의 전개에서도 엄청난 성과이자 족적이라 할 수 있다. 이런 한글의 위상과 의미를 여실하게 보여주는 것이 바로 이 훈민정음 해례본이다.

**1962년 12월 해례본은 국보 제70호로 지정되었다. 그리고 1997년 10월 유네스코 세계 기록유산으로 등재되었다.**

## 1
## 훈민정음 해례본의 한글창제에 대한 해설(제자해:制字解)

**"천지지도일음양오행이이**(天地之道一陰陽五行而已)

**곤복지간위태극이동정지후위음양**
(坤復之間爲太極而動靜之後爲陰陽)

**범유생류천지지간자사음양이하지**
(凡有生類在天地之間者捨陰陽而何之)

**고인지음성개유음양지리고인불찰이**
(故人之音聲皆有陰陽之理顧人不察耳)

**령정음지작초비지영이력삭**(令正音之作初非智營而力索)

**단인기성음이극기리이이리기불이**
(但因其聲音而極其理而已理旣不而)

**칙하득불여천지귀신동이용야**
(則何得不與天地鬼神同而用也)

**정음이십팔자각상기형이제지초성범신칠자**
(正音二十八字各象其形而制之初聲凡心十七字)"

**해설**

"하늘과 땅의 이치는 처음부터 이미 음양오행이다. 곤(坤)과 복(復) 사이에 태극이 들고, 각기 움직임과 멈춤의 후에 음양이 드니 세상의 생명이 있는 존재들은 음양을 떠나 존재할 수 없다.

따라서 사람의 음성과 발음에서도 각기 음양의 이치가 있으나, 사람이 잘 관찰해서 듣지 않아 잘 모를 뿐이다. 훈민정음은 음양의 이치를 통하여 가장 올바른 좋은 소리를 참고하여 만들었으며 소리가 힘이 있는 것을 찾아 슬기롭게 만든 것으로 최초가 아니고, 그 이치는 사람이 말로서 정성을 다하여 소리로 발생하는 데 있으며 이미 그 음양오행이나 소리의 이치가 서로가 다른 것이 아니며, 또한 이득을 주는 것도 아니지만, 똑같이 하늘과 땅에 존재하는 모든 만물과 귀신도 같이 사용함이며, 훈민정음 28자는 각각 대우주와 대자연에 존재하는 만물과 사물의 형상과 음양오행의 이치를 응용하여 만들어졌으며 초성(初聲) 17자를 만들었다."

    이러한 창제 원리에 대한 설명은 대우주와 대자연에 존재하는 만물과 사물의 이치와 사계절과 음양오행(陰陽五行)의 이치를 통하여 이 세상에서 가장 우수한 훈민정음의 한글이 만들어졌다는 것을 알 수가 있는 대목으로 우리 한글 속에는 木火土金水 음양오행의 이치가 숨겨져 있다는 것을 볼 때 한글이 가장 우수한 음양오행의 기운이 발생하고 있다는 것을 알 수 있다."

※ 초성(자음)은 17자, 중성(모음)은 11자.
※ 오행(五行) = 수금화목토(水金火木土) = 궁상각치우(宮商角緻羽) = 아설순치후(牙舌盾齒喉)

    무릇 사람이 소리를 내는 것은 오행에 근본이 있는 것이므로 사계절에 어울려 보아도 어그러짐이 없고 오음(五音)에 맞춰보아도 틀리지 않는다.

# 2
## 한글자음과 음양오행

**어금닛소리(아음):**

ㄱ→ㅋ 木(오행), 東(방향), 봄(계절)

**혓소리(설음):**

ㄴ→ㄷ→ㅌ 火(오행), 南(방향), 여름(계절)

**입술소리(순음):**

ㅁ→ㅂ→ㅍ 土(오행), 中(방향), 늦여름(계절)

**잇소리(치음):**

ㅅ→ㅈ→ㅊ 金(오행), 西(방향), 가을(계절)

**목소리(후음):**

ㅇ→ㆆ→ㅎ 水(오행), 北(방향), 겨울(계절)

사람이 말하는 신체의 구강 구조를 木火土金水의 음양오행으로 5개로 구분하여 木은 잇몸, 火는 혀, 土는 입술, 金은 치아, 水는 목구멍으로 각각 구분하여 한글을 읽고 말하는 순간에 발생하는 신체의 구조와 나타나는 소리를 응용하여 훈민정음의 한글자음과 모음이 만들어졌고 또 말하는 과정마다 움직이는 신체의 구조적인 면을 응용하여 木火土金水 음양오행으로 구분하였다.

이것은 대우주와 대자연의 일원인 사람이 소우주로 태어나서 木火土金水의 음양오행의 기운을 갖추고 살아가는 이치를 그대로 적용하였다는 것을 알 수가 있다.

구강의 구조를 木火土金水 음양오행의 기운으로 구분하여 木은 잇몸에서 자라나는 어금니의 길이, 火는 혀, 土는 입술, 金은 치아, 水는 목구멍을 대우주와 대자연에 존재하는 만물과 사물의 이치를 응용하여 木火土金水 음양오행으로 구분하였다.

아(牙)는 가장 긴 어금니 설(舌)은 혀 순(脣)은 입술 치(齒)는 이빨 후(喉)는 목구멍을 기초로 하여 발생하는 소리(音)를 구분하여 각각 특징이 있는 소리가 발생하는 것을 기준으로 하여 한글자음과 모음이 발생하면서 木火土金水 음양오행이 발생하는 기운의 근본은 사람이 하는 말로서 소리를 발생하는 곳에서 존재하고 시작된다는 뜻이라 하였다. 이것은 사람은 소리에 가장 민감하게 생각하고 판단하여 대응 활동을 시작하게 되는데 순간적으로 반응하면서 길흉화복(吉凶禍福)이 결정됨을 유추할 수 있으며 한글자음과 모음이 만나 하나의 글자가 형성되면서 한글을 읽고 쓰는 획수와 소리에 의해 발생하는 음양오행의 작용과 영향을 나타내고 있다.

# 3

## 한글모음과 음양오행

### ❖ 기본모음(·, ㅡ, ㅣ)의 제자(製字) 원리

'·': ·는 혀가 오그라져 소리가 깊으니 하늘이 자시(子時)에 열린 것처럼 맨먼저 만들어졌다. 둥근 모양은 하늘을 본떴다.

'ㅡ': ㅡ는 혀가 조금 오그라져 소리가 깊지도 얕지도 않으니 땅이 축시에 열린 것처럼 두 번째로 만들어졌다. 평평한 모양은 땅을 본떴다.

'ㅣ': ㅣ는 혀가 오그라지지 않아 소리가 얕으니 사람이 인시에 생긴 것처럼 세 번째로 생겼다. 일어선 모양을 한 것은 사람을 본떴다.

### ❖ 중성(中聲:모음) 제자(製字) 원리

'ㅗ': ㅗ는 ·와 같으나 입이 오그라지며, 글자 모양은 ·와 ㅡ가 어울려 이룸. 하늘과 땅이 처음 어울리는 뜻을 취함.

'ㅏ': ㅏ는 ·와 같으나 입이 퍼지며, 글자 모양은 ·와 ㅣ가 어울려 이룸. 천지(天地)의 작용은 사물에서 나지만 사람을 기다려 이루어지는 뜻을 취함.

'ㅜ': ㅜ는 ㅡ와 같으나 입이 오그라지며, 글자 모양은 ㅡ와 ·가 어울려 이룸. 하늘과 땅이 처음 어울리는(交) 뜻을 취함.

'ㅓ': ㅓ는 ㅡ와 같으나 입이 퍼지며, 글자 모양은 ·와 ㅣ가 어울려 이룸. 천지 작용은 사물에서 나지만 사람을 기다려 이루어지는 뜻을 취함.

'ㅛ': ㅛ와 ㅗ는 같으나 ㅣ에서 시작함.
'ㅑ': ㅑ와 ㅏ는 같으나 ㅣ에서 시작함.
'ㅠ': ㅠ와 ㅜ는 같으나 ㅣ에서 시작함.
'ㅕ': ㅕ와 ㅓ는 같으나 ㅣ에서 시작함.

## 4
## 한글자음과 모음의 획수와 음양오행

한글자음의 획수는 ㄱ, ㄴ, ㅇ은 1획, ㄷ, ㅅ, ㅈ, ㅋ은 2획, ㄹ,

ㅁ, ㅊ, ㅌ, ㅎ은 3획, ㅂ, ㅍ은 4획으로 모두가 시작하는 숫자로서 陽의 숫자에 해당하고 한글모음은 ㅡ, ㅣ가 1획, ㅏ, ㅓ, ㅗ, ㅜ, ㅢ가 2획, ㅐ, ㅑ, ㅔ, ㅚ, ㅛ, ㅟ, ㅠ가 3획, ㅒ, ㅖ, ㅘ, ㅝ가 4획, ㅙ, ㅞ가 5획으로 모두가 시작하는 숫자의 이치로 陽의 숫자에 해당한다.

훈민정음 해례본은 자음을 陰으로 陰인 땅에서 발생하는 숫자의 이치로 ㅗ는 초생어천천일생수지위야(初生於天天一生水之位也)는 하늘에서 처음으로 발생하는 하늘의 숫자로 1로 水이며 ㅠ는 재생어지지육성수지수야(再生於地地六成水之數也)는 땅에서 2번째로 땅에서 발생하는 숫자로 6으로 水라 하여 ㅗ, ㅠ는 1, 6은 水의 숫자가 되고 ㅏ는 차지천삼생목지위야(次之天天三生木之位也)는 2번째로 하늘에서 발생하는 하늘의 숫자는 3으로 木이며 ㅓ는 차지지팔성목지수야(次之地八成木之數也)는 그다음으로 땅에서 발생하는 숫자가 8로 木으로 ㅏ, ㅓ는 3, 8은 木의 숫자가 되고 ㅜ는 초생어지지이생화지위야(初生於地地二成火之位也)는 땅에서 처음 발생하는 숫자가 2로 火이며 ㅛ는 재생어천천칠성화지수야(再生於天天七成火之數也)는 하늘에서 2번째로 이루는 숫자는 7로 火로 ㅜ, ㅛ는 2, 7로 火의 숫자가 되고 ㅓ는 차지지사생금지위야(次之地四生金之位也)는 그다음으로 땅에서 발생하는 숫자는 4로 金이며 ㅑ는 차지천구

성금지수야(次之天九成金之數也)는 그다음으로 하늘에서 이루는 숫자는 9로 金으로 ㅓ, ㅑ는 4, 9로 金의 **숫자가** 되고 ·은 천오생토지위야(天五生土之位也)는 하늘에서 5를 발생하는 숫자는 土가 되고 **ㅡ는** 지십성투지수야(地十成土之數也)는 땅에서 이루는 10은 土의 숫자로 ·, **ㅡ는** 5, 10으로 **土의 숫자**라고 근거를 제시하였다.

이러한 근거로 한글의 자음과 모음은 음양오행의 기운이 시작되는 1에서 5의 숫자로 구성되어 성수(成數)인 양(陽)의 숫자가 발생하는 특징으로 숫자의 이치로 보아도 한글자음과 모음이 음양오행의 기운이 발생하는 숫자의 시초가 되면서 한글자음은 양(陽)이고 모음은 음(陰)이 된다.

이것은 한글자음과 모음의 음양(陰陽)이 만나 파생되어 하나의 완성된 글자의 한글이 만들어지면서 그 완성된 한글에 의해서 새로운 1에서 10 이상의 음양(陰陽)의 숫자가 발생하면서 한글과 한글의 뜻과 한글의 획수와 한글을 읽고 말하는 소리에 의해 우리가 살아가는 모든 환경에 木火土金水의 음양오행의 기운이 발생하는 근본이 된다는 것을 뜻하는데 이렇듯 음양오행의 기운이 완벽하게 발생하고 있어 음양오행의 이치로 훈민정음의 한글이 대우주와 대자연에 존재하는 가장 우수한 글자라는 것을 가리키고 있다.

음양(陰陽)의 한글자음과 모음이 만들어져 자음과 모음의 획수에 의해 음양(陰陽)의 합으로 만나 한글의 하나의 글자가 완성되어 존재하면서 한글을 읽고 쓰고 말하는 소리에 의해 자기 뜻을 표현하는 글자로 한글자음과 모음은 각각 그 뜻이 없으나 한글자음과 모음이 각각 서로가 음양(陰陽)의 합으로 만나 파생되어 하나나, 여러 가지의 글자가 만들어지고 형성하면서 그 글자의 뜻이 발생하면서 읽고 말하고 부르는 소리와 쓰고 기록하는 획수에 따라 음양오행의 기운이 확실하게 나타나는 것을 알 수가 있으며 숫자의 이치로 분석하면 한글자음이 모두가 시작하는 숫자인 1에서 5숫자에 해당하고 모음도 모두가 시작하는 숫자인 1에서 5숫자에 해당하여 모두가 음(陰)의 숫자에 해당한다. 한글자음과 모음이 합해져 하나의 글자로 양수와 완성수인 1에서 10 이상의 숫자인 음양(陰陽)의 숫자가 발생하여 음양(陰陽)의 조화를 이루고 있는 것을 볼 때에 우리나라 훈민정음의 한글이 숫자의 이치에서도 가장 우수하고 확실하게 木火土金水의 음양오행의 기운을 발생하고 있음을 알 수 있다.

# 5
## 한글의 말소리와 음양오행

우리나라의 한글 이름은 한글자음으로 구성된 양기(陽氣)인 초음(初音)과 음기(陰氣)인 모음으로 구성된 중음(中音)과 음양(陰陽)의 합으로 한글자음과 모음으로 마무리되는 마지막 자가 음양(陰陽)으로 파생되어 종음(終音)으로 구성되거나 외자(畏字)는 초음(初音)과 종음(終音)으로 구성되는 것이 특징이다.

❖ **ㄱ ㅋ 가 카** - 신체와 머리와 잇몸은 성장과 발전의 이치에 따라 목기(木氣)에 해당하며 목구멍이 닫혔다가 열리면서 잇몸이 벌어지면서 혀의 뿌리에서부터 소리가 입 밖으로 바람이 발생하는 것이 특징으로 모든 소리의 근본으로 수생목(水生木)의 이치이다.

❖ **ㄴ ㄷ ㄹ ㅌ 나 다 라 타** - 혀를 움직여 소리로 말하고 전달하는 활동의 이치에 따라 화기(火氣)에 해당하며 잇몸과 혀가 강하게 마주치면서 혀가 바르고 말리면서 강하게 마주치면서 발생하는 소리로 바람이 없는 것이 특징으로 목생화(木生火)의 이치이다.

❖ **ㅁ ㅂ ㅍ 마 바 파** - 2개의 윗입술과 아랫입술이 동그랗게 벌어지는 모양을 통하여 소리가 나타나는 이치에 따라 토기(土氣)

에 해당하며 윗입술과 아랫입술이 마주치고 벌어지면서 입안에서 시작하여 혀와 입술의 작용에 의해서 발생 하는 소리로 바람이 약한 것이 특징으로 화생토(火生土)의 이치이다.

❖ ㅅ ㅈ ㅊ **사 자 차** - 치아가 교차하면서 단단하여 끊고 부수어 으깨는 소리의 이치에 따라 금기(金氣)에 해당하며 혀와 입의 천장에서 시작하여 어금니가 맞물리면서 발생하는 소리로 서늘한 바람이 발생하는 것이 특징으로 토생금(土生金)의 이치이다.

❖ ㅇ ㅎ **아 하** - 목구멍은 소리가 나는 근본이면서 수분이 왕래하는 목구멍소리의 이치에 따라 수기(水氣)에 해당하며 어금니의 끝인 깊숙한 목구멍에서 시작되어 입이 벌어지면서 발생하는 소리로 강한 차가운 바람이 발생하는 것이 특징으로 금생수(金生水)의 이치라고 볼 수 있다.

## 6
## 이름의 중심 에너지 - 한글모음의 예

세계성명학회의 상생 에너지 작명 기준으로 작명시 한 예를 들면 다음과 같다. 우리 말을 기준으로 작명했을 때 이름의 첫소리 중심에너지가 한글모음 'ㅏ'로 나타나면 이 이름의 소유자의 운세 및 특성에 대한 통계적 특징을 간략하게 추려 보면 다음과 같다.

### ❖ 전반적인 특징

혼자의 힘으로 해내려는 생각과 생활, 성격이 완강하고 고루하다. 자신의 주장을 관철시키려 함.

천성이 곧고 굳셈. 귀가 얇아서 관여하는 일이 많아짐. 시작은 훌륭하나 몇 개월 못 가서 타인에게 권리를 빼앗김. 가정 소홀로 가족이 한집에 살지 못하고 가족의 일부가 딴 집으로 나가서 딴 살림을 하게 됨.

하늘이 태워 준 복록이 있어서 재물은 회전이 되나 여유는 없다. 동업하면 안 된다. 여러 가지 일에 관여한다.

자존심을 건드리면 안 된다. 지시받는 것을 싫어한다. 등등.

### ❖ 성격

두뇌 회전이 빠르고 호기심이 많아서 여러 가지 일에 관심을 가지며 어떤 직종이든 빨리 적응하고 빨리 싫증을 낸다. 또한 자신이 알고 있는 것이 정답인양 말을 하며 뜻을 굽히지 않는 것은 고집이 세기 때문이다.

처음 만난 사람들은 이 사람을 아주 부지런하고 성실하며 다재다능한 사람으로 보게 된다. 하지만 얼마 지나지 않아 깊이가 없고 마음이 들뜨고 실속이 없는 사람이라는 것을 모두 알게 된다. 등등.

### ❖ 가정

남자나 여자나 결혼 전에 연애할 때에는 호기심이 많아서 재미있고 괜찮은 배우자로 보여지므로 결혼을 하면 너무나 행복하게 살 것을 상상하게 된다. 하지만 결혼 후 몇 개월 지나지 않아 비가정적인 사람이라는 사실을 깨닫게 된다. 그 이유는 연애할 때처럼 계속 바깥으로 겉돌기 때문이다. 등등.

### ❖ 직업

일생이 걸린 중대한 사업을 결정할 때, 심사숙고하여 여러 정황을 파악한 후에 결정을 해야 하지만, 깊은 내막은 모르고 기분에 좌우되어 자칫 오판하는 경우나, 겉으로 드러난 현상이 자신의 생각과 일치하면 일단 결정을 내리며, 자신의 주관적인 생각으로 첫 이미지가 좋다고 판단되는 사람이 있다면 간까지 빼줄 것처럼 100% 믿고 일을 시작하는 것은 마음의 중심이 확고하기 때문이다. 등등.

## ❖ 남성의 직업

기업체의 영업사원이나 영업이사, 국회의원, 외교관, 변호사, 예술가(해외전시, 연주회), 선교사, 전도사, 비서 등등

## ❖ 여성의 직업

의류, 헤어, 꽃 디자이너, 유흥업, 공인중개사. 방송인, 연기자, 음악가, 무용 등 전문 직종으로 해외 공연을 하는 직업이 좋다.

여성은 가정주부의 이름으로는 어울리지 않으므로 대부분 경제활동을 하게 되며, 자신의 주관이 뚜렷하고 고집이 있어서 남에게 이용을 잘 당하나, 대부분 허욕만 없다면 어느 정도 재산을 모을 수 있다.

## ❖ 건강

혈관에 문제가 생기는 사람이 많고, 팔과 다리의 골절상을 입는 사람이 많다. 간과 위장 비장 등과 관련된 질병에 노출이 잘된다.

## ❖ 조언

독특한 생각, 완강한 고집, 즉흥적인 행동, 금전관리 소홀, 항상 위에 있으려는 성격 등으로 인해 모든 계획이 수포로 돌아갈

수 있다는 것을 명심해야 한다. 그러므로 보편적인 생각과 포용력 그리고 심사숙고의 행동, 금전관리를 본인이 직접 하지 말고 부인이나 남편에게 맡기는 지혜가 필요하다.

① 가족 일에 더욱더 신경을 쓰고, 친구나 남의 일에 참견하지 마라. 가족이 우선이다.

② 혼자 모든 일을 처리하려고 하지 말고 참고의 말을 잘 들어야 한다.

③ 금전 관리가 안 되므로 자신에게 좋은 은행을 선택하여 예금을 찾기가 힘들게 하라.

④ 동업을 하면 반드시 후회할 상황이 발생한다. 100% 실패한다.

⑤ 심사숙고하여 판단하고 행동하라. 즉흥적인 언행과 행동으로 많은 손실이 발생한다.

⑥ 너무 많은 일을 만들어서 바쁘지 말고 항상 맡겨진 업무만 처리하고 월권행위를 하지 말 것이며 직장 상사 앞에서 너무 잘난 체하지 말라.

※ 상생 에너지 한글 작명은 「자음 14개」와 「모음 10개」의 조합으로 오행(五行)의 상생(相生)과 상극(相克)의 원리와 하늘의 기운인 천간(天干) 10개, 즉 갑을병정무기경신임계(甲乙丙丁戊己庚辛壬癸) 그리고 땅의 기운인 지지(地支) 12개, 즉 자축인묘진사오미신유술해(子丑寅卯辰巳午未申酉戌亥)의 오묘한 변화의 이치에 맞는 원리에 따르는 것으로서, 이름의 첫소리 중심에너지를 원리에 따라 계산한 결과들은 결국 한글모음 'ㅏ', 'ㅑ', 'ㅓ', 'ㅕ', 'ㅗ', 'ㅛ', 'ㅜ', 'ㅠ', 'ㅡ', 'ㅣ' 중 하나에 귀결되고 그것에 해당되는 운세가 있다. 각자 자신의 이름을 원리에 따

라 풀이해봄으로써 부정적인 성명의 영향을 받고 있다면 속히 바람직한 방향으로 개명하는 것이 중요하다.

**세계성명학협회에서는 후학을 양성하고 있다.**

세계성명학협회 비급전수반 강연 모습.

# 외국 대사들에게 한글 작명

## ❖ 세계성명학협회에서 외국 대사님들께 한국어 이름 전달

대한민국을 영원히 기억하고 사랑하시라고
필자가 직접 요르단 대사께 한국어 이름 전달.

필자를 대신해 세계성명학협회 명예 총재께서
앙골라 대사께 한국어 이름 전달.

필자를 대신해 세계성명학협회 명예 총재께서
온두라스 대사께 한국어 이름 전달.

## 8
## 성명을 대신하는 다양한 이름들

### ❖ 아명(兒名): 아이 때의 이름

나면서부터 가정에서 불리는 이름으로 대개는 고유어로 짓는데
천한 이름일수록 역신의 시기를 받지 않아 오래 산다는 천명장수
의 믿음에서 천박하게 짓는 것이 보통이다. 아명은 가족뿐 아니라
이웃에서까지 부담 없이 불리기 마련이지만, 홍역을 치를 나이를
지나면 이름이 족보에 오르고 서당에 다니게 되면서 정식 이름을
얻게 된다. 요즘에는 아명을 따로 짓지 않고 아이가 태어나면 바로
출생신고를 하고 호적에 이름을 올린다. 대신 요즘에는 배 속의 아

기를 부르는 이름인 태명(胎名)을 짓는 사람들이 늘고 있다. 그러나 태명은 짓지 않는 것이 좋다고 생각한다.

### ❖ 관명(冠名): 관례 이후 부르는 이름

관명은 호적 이름인데, 이를 얻게 되면 아명은 점차 쓰이지 않게 된다. 그런데 이렇게 하여 얻은 이름은 평생을 두고 소중한 것이기 때문에 아무에게나 함부로 불리는 것을 원하지 않는다. 입신양명(立身揚名) 현저부모(顯著父母)라 하듯이 과거장에서 이름이 드날리기만을 소망하는 것이다. 관명은 요즘으로 하면 출생신고를 하고 호적에 올리는 이름이다.

### ❖ 자(字): 관명 대신 부르기 위해 만든 이름

이름의 대용물로써 가까운 친구 간이나 이웃에서 허물없이 부르는 것으로, 대개는 이름을 깊고 빛나게 하려고 화려하게 짓는 것이 보통이다.

### ❖ 호(號): 본이름이나 자 외에 허물없이 부를 수 있도록 지은 이름

학문과 덕행이 높아져서 이웃에 널리 알려지고 존경을 받게 되면 호를 얻게 된다. 호는 대개 학문이나 도덕, 예술에서 업적을 이루어 남을 가르칠 만한 자리에 이른 사람만이 가지는 영예인데, 대개는 스승이 지어주거나 가까운 친구가 지어주기도 하고, 때로는 스스로 짓기도 한다.

❖ **시호(諡號), 묘호(廟號): 죽은 사람을 부르는 이름**

시호는 왕이나 사대부들이 죽은 뒤에 그들의 공덕을 찬양하여 추증한 호를 가리킨다. 이에 비하여 묘호는 왕이 죽은 뒤 종묘(宗廟)에 신위(神位)를 모실 때 붙이는 용도로 추증된 것이라는 차이점이 있다. 시호의 기원은 중국에 두고 있는데, 그 시기는 확실하지 않으나 일반적으로 주나라 주공(周公) 때부터 시법(諡法)(시호를 의논하여 정하는 방법)이 이루어진 것으로 본다. 한국에서는 신라 때인 514년 법흥왕이 즉위한 뒤 죽은 부왕에게 '지증(智證)'이라는 호를 증시(贈諡)를 하였다는 기록이 있다. 조선 초기에는 왕과 왕비, 종친, 실직(實職)에 있는 정2품 이상의 문무관과 공신에게만 주어졌으나, 후대로 내려오면서 그 대상이 확대되었다. 국왕이나 왕비가 죽은 경우에는 시호도감(諡號都監)을 설치하여 증시(贈諡)를 신중하게 진행하였다. 예를 들면, 조선 세종의 시호는 '장헌영문예무인성명효대왕(莊憲英文睿武仁聖明孝大王)'이고, 세종은 묘호이다.

❖ **우리나라에서 등록된 가장 긴 이름은?**
- 대한민국 국적자: 박 하늘별님구름햇님보다사랑스러우리(17자)
- 이중 국적자: 프라이인드로스테주젠댄마리소피아수인레나테엘리자벳피아루이제(30자)

※ 이름의 글자 수는 당초에 제한이 없다가 10자가 넘어 불편한 경우가 생겨 1993년부터는 성을 제외하고 5자 이내로 제한하였다.

# 4장

## 우리나라의 성씨

## 성(姓)과 씨(氏)

성(姓)은 출생의 계통을 말하고 씨(氏)는 우리의 본관(本貫), 즉 동일 혈통의 지역 분산 표지이다.

성(姓)과 씨(氏)를 구분 없이 사용하고 있지만, 성과 씨는 엄연히 다르다. 『설문해자』를 보면 "성은 인지소생야(姓, 人之所生也)"라 하듯이, 성은 출생의 계통을 표시하는 것으로 모계 시대에는 여계(女系)의 혈통을, 부계 시대에는 남계(男系)의 혈통을 나타내는 표지이다. 또 『좌전(左傳)』에 "천자건덕 인생이사성(天子建德 因生以賜姓)"이라 한 것처럼 천자(天子)가 유덕한 사람을 세워 제후를 봉할 때 그 조상의 출생지로써 성을 주었다고 한다.

그러므로 각각 개인의 성에 의하여 각자의 소속된 혈통을 분별할 수 있다.

동일한 혈통을 가진 자가 각지에 분산하게 될 때 각기 분산된 일파를 표시하기 위한 표지가 필요하다. 이것이 씨(氏)이다. 『좌전(左傳)』에서 다시 "조지토이명지씨(胙之土而命之氏)"라 한 바와 같이 씨는 지명에 의하여 명명(命名)됨을 말하고 있다. 씨란 것은 성에서도 소유한 지역으로서 분별한 것이므로 우리의 본관에 해당한다. 경주김씨, 전주이씨, 밀양박씨(密陽朴氏) 등의 씨자(氏字)에는 존칭적 의미도 잠재하여 있지만, 본관을 표시하는 의미가 포함되어 있다.

## 2
## 성씨의 유래 및 역사

인류 사회는 혈연에서 출발하고 그것을 중심으로 발전해왔기 때문에 원시 시대부터 씨족에 대한 의식이 매우 뚜렷했을 것이다. 그리고 그 씨족은 다른 씨족과 차별되는 각자의 명칭이 있었을 것이며 그 명칭은 문자를 사용한 뒤에 성으로 표현되었다.

세계에서 처음으로 성을 사용한 것은 동이족(東夷族)이 한자를 발명한 이후부터 사용하기 시작한 중국이며, 처음에는 그들이 거주하는 지역, 산, 강 등을 성으로 삼았다.

신농씨(神農氏)의 어머니가 강수(姜水)에 있었으므로 강(姜)씨라고, 황제(黃帝)의 어머니가 희수(姬水)에 있었으므로 성을 희(姬)씨로, 순(舜)의 어머니가 요허(姚虛)에 있었으므로 성을 요(姚)씨로 한 것은 이것을 실증한다.

우리나라 성(姓)은 중국의 한자문화가 유입한 뒤인 삼국시대부터 사용한 것으로 추정된다. 『환단고기(桓檀古記)』의 기록에 의하면 배달국 5세 환웅태우의(桓雄太虞依)의 막내아들 태호복희씨(太皞伏羲氏)가 풍산(風山)에서 살게 되어 성을 풍(風)으로 했다고 한다. 지금으로부터 5,700년 전의 일이니 인류 최초의 성이 풍(風)씨다. 풍(風)씨는 이후 15대 만에 끊어지고 패, 관, 임, 기, 포, 이, 사, 팽이라는 여덟 가지 성을 강(姜)씨로 했다는 기록이 있다. 따라서 현존하는 최고(最古)의 성씨는 강(姜)씨이다. 성씨 제도는 기실 동이족(東夷族)으로부터 시작되었다.

### ❖ 삼국시대(三國時代)

삼국사기(三國史記) 삼국유사(三國遺事) 등에 의하면 고구려, 백제, 신라 삼국은 국가의 초기부터 성을 사용한 것으로 기록되어 있다. 고구려를 건국한 주몽(朱蒙)은 국호(國號)를 고구려라 했기 때문에 성을 고(高)씨라 하였으며 충신들에게 극(克), 중실

(仲室), 소실(小室) 등의 성을 내렸다. 백제는 시조 온조(溫祚)가 부여계통에서 나왔다 하여 성을 부여(夫餘)씨라고 하였다. 신라에서는 박(朴), 석(昔), 김(金) 3성(三姓)의 전설이 전해오며 유리왕 9년(32년)에 육부의 촌장에게 각각 이(李), 정(鄭), 손(孫), 최(崔), 배(裵), 설(薛)의 성을 사성(賜姓: 임금이 성을 내려줌)하였다고 한다.

　하지만 중국『한서(漢書)』에 나타나 있는 인명의 기록을 보면, 주몽(朱蒙)은 이름만 기록되어 있으나 장수왕(長壽王) 때에는 장수왕의 이름을 고연(高璉)으로 기록하여 처음으로 고구려 왕실의 성을 고(高)씨로 기록하였다. 또 장수왕이 사신으로 보낸 사람들의 이름에도 모두 성을 사용하였다. 백제 역시 처음 왕들은 모두 성을 쓰지 않고 이름만 기록하다가『진서(晉書)』,『송서(宋書)』등의 기록에서 근초고왕(近肖古王) 때부터 위덕왕(威德王) 때까지는 여(餘)씨로 표시하다가 무왕(武王)부터 부여(夫餘)씨로 기록하였다.

　신라의 경우도『북제서(北齊書)』에서 진흥왕을 김진흥(金眞興)으로 기록하여 처음으로 김씨(金氏)라는 성을 사용한 것으로 나타난다. 또 7세기 이전에 기록된 진흥왕의 순수비(巡狩碑), 진지왕(眞智王) 3년에 건립된 것으로 추정되는 무술오작비(戊戌塢作碑), 진평왕(眞平王)시대에 건립된 경주 남산의 신성비(新城碑) 등의 비문에서 인명(人名)에 성을 사용하지 않고 소속 부명(村名)과 이름만 사용하였다. 이러한 내용을 볼 때 우리 선조는 성보다 본(촌명)을 먼저 썼다고 볼 수 있다.

이상의 예를 들어 추정해보면, 본격적으로 성을 사용하기 시작한 것은 고구려는 장수왕시대(413~490)부터, 백제는 근초고왕시대(346~375)부터, 신라는 진흥왕시대(540~576)부터 성을 쓴 것으로 기록에서 추정한다. 하지만 성을 사용한 사람들은 왕실, 귀족, 사신들, 유학자, 무역을 하는 사람들에 국한되어 있었고 일반 민중은 신라 말기까지 성을 쓰지 않았다.

※ 삼국 시대의 성
고구려: 고(高), 을(乙), 예(芮), 송(松), 목(穆), 간, 주(舟), 마(馬), 손(孫), 동(董), 채, 연(淵), 명림(明臨), 을지(乙支) 등.
백제: 왕족인 부여씨(扶餘氏)와 사(沙), 연(燕), 협(劦), 해(解), 진(眞), 국(國), 목(木), 백(苩)씨의 대성8족(大姓八族)과 곤(昆), 우(優), 예(禰), 목협(木劦), 고이(古尒), 조미(祖彌), 재증(再曾), 귀실(鬼室), 사택(沙宅), 주리(州利), 동성(東城), 과야(科野), 진모(眞毛), 문휴(汶休) 등.
신라: 박(朴), 석(昔), 김(金) 3성과 이(李), 최(崔), 정(鄭), 손(孫), 배(裵), 설(薛)의 6촌성(六村姓)과 장(張), 왕(王), 백(白), 림(林), 강(康), 양(楊), 허(許), 송(宋) 등.

### ❖ 고려 시대
고려의 태조 왕건(王建)은 개국 공신들과 지방 토호세력들을 통합 관장하기 위하여 전국의 군, 현 개편작업과 함께 성을 하사하면서 우리나라 성씨의 체계가 확립되었다. 이와 같이 고려 초기부터 귀족 관료들은 거의 성을 쓰게 되었으나, 고려 문종 9년(1055)에 성이 없는 사람은 과거에 응시할 수 없다는 법령을 내린 것을 보면 이때까지도 성을 쓰지 않은 사람이 많았다는 것을 의미한다. 이 법령으로 우리나라의 성이 보편화되어 일반 민중이 성을 쓰게 되는 계기가 되었다고 볼 수 있다. 때문에 문종(文宗) 이후의 사람을 시조로 하는 성씨가 많아졌다.

### ❖ 조선시대

조선 초기 성은 양민에게까지도 보편화되었으나 노비와 천민 계급 등은 조선 후기까지도 성을 쓸 수가 없었다. 조선 전기까지만 해도 노비를 비롯한 천민층이 전체 국민의 대략 40%를 차지하였으니 성이 없는 사람들이 그만큼 많았다. 조선 중기 이후부터는 신분 해방과 상승으로 성이 없는 천민 중에서 일부가 족보를 만들고 성씨를 가지게 되었다. 특히 1894년 갑오경장을 계기로 종래의 신분 계급이 타파된 것은 성의 일반화를 촉진시켰다.

양반 상민의 신분 격차가 없어지자 너나없이 양반임을 주장하게 되고 매관매직은 물론 족보까지 사고파는 행위도 성행하게 된다. 흔히 상놈들이라고 불리는 상민 이하의 하층민들은 성씨가 없었다. 단지 지배층만이 자신들의 세력과 지배력을 위해 족보를 만들었을 뿐 하층민에게는 족보라는 것 자체가 없었다. 그러나 조선 후기를 거치며, 상민들도 납속책, 공명첩 등의 부정한 방법으로 돈을 통해 신분상승을 꾀하기 위하여 족보를 사들이거나 위조를 했던 방법 등으로 인하여 그 후부터 누구를 막론하고 성씨를 가지게 된 것이다.

### ❖ 일제시대

일제는 모든 사람이 성씨를 갖도록 하는 민적법(民籍法)을 1909년에 시행했다. 민적법이 시행되면서 누구라도 성과 본을 가지도록 법제화가 되면서 우리나라 모든 국민이 성을 취득하게 되었다. 이때를 기회로 성이 없던 사람에게 본인의 희망에 따라 호적을 담당한 동 서기(書記)나 경찰이 마음대로 성을 지어주기도 하고, 머슴의 경우 자기 주인의 성과 본관을 따르기도 하였을 뿐만 아니라 명문 집안의 성씨를 모방하여 성을 정하였다. 이때부터 성씨의 종류가 더욱 늘어나게 되었다. 우리나라 성씨 사상 최대의 수난기는 일제 말기의 이른바 창씨개명(創氏改名)이라 하겠다. 일본인식 창씨는 1939년 말부터 실시되었다가 일제가 패망한 뒤 1945년 9월부터 미군정이 개시되면서 1946년 10월 23일, 법령 제122호로 조선성명복구령(朝鮮姓名復舊令)이 공포되면서 그 시작부터 무효가 되었다.

## 3
## 사성(賜姓)

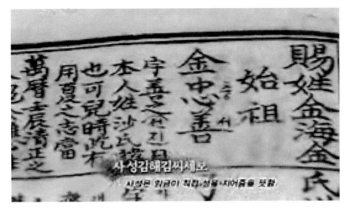

**출처:** 대구 MBC, 경술국치 백돌 HD 특별기획 '우리이름 가는 길을 묻다', 방송 2010.10.22.

우리나라에는 성을 바꾸지 않는다는 성 불변의 원칙이 있으나 임금이 성을 내리는 경우에는 제약을 받지 않았다. 그 경우는 다음 세 가지의 경우다.

① 우리 식의 한자 성이 없어서 임금이 새로 성을 지어서 내림.

- 신라 유리왕이 6부의 촌장에게 각각 이, 최, 손, 배, 정, 설의 성을 내림.

- 조선 태조가 여진인 퉁두란에게 이씨 성을 내림.

- 조선 선조가 일본인 사아에게 김씨 성을 내림.

② 이미 우리식의 한자 성을 가지고 있는 자에게 임금이 다른 성을 지어서 내림.

- 신하의 특별한 공을 생각하여 사성하는 경우: 고려 태조가 김행에게 권씨(權氏) 성을 내림.

- 임금의 이름자를 피하기 위해 사성하는 경우: 고려 현종이 순응에게 손씨(孫氏) 성을 내림.

③ 중국의 임금이 우리나라 사람에게 성을 내림.

- 고려 문종 때 송나라 임금이 전임간에게 문씨(文氏) 성을 내림.

## 4
## 배달겨레의 성씨(姓氏), 본관(本貫), 시조(始祖)

본관은 관적(貫籍), 본적(本籍), 본(本), 관향(貫鄕), 적관(籍貫)이라고도 한다. 성이 아버지 쪽의 핏줄을 나타내며 시간에 따른 연속성을 보여주는 것이라면, 본관은 어느 한 시대에 조상이 살았던 거주지를 나타내는 것이므로 공간에 따른 연속성이 크다. 본관은 신라 말, 고려 초기의 사회변동을 정리하는 과정에서 국가적인 제도로서 시행된 것으로, 그 실시 시기는 지역적인 편차가 있으나 995년(성종 14)경에 완성된 것으로 보고 있다.

배달겨레의 성씨, 본관, 시조에 대한 내용은 민족의 성보 책에 기록이 되어 전하여지고 있다.

옛날의 문헌에 기록되어 내려오면서 전하고 있는 것을 점점 추가하여 기록되어 있어서 시대에 따라서 누락된 것이 있게 되는 것은 시조(가장 먼저 성씨가 시작되었을 때의 조상)와 중시조의 사이에서 차이가 있기 때문이다. 시조의 뿌리를 알지 못하면 중시조만으로 자기의 씨족계보를 이어오는 경우가 있으므로 다 같은 성씨의 가문이라 할지라도 시조의 계통을 이어오는 가문이 있고 중시조의 가문으로 이어오는 경우가 있으므로 혼돈될 때가 있다.

예를 들어 본다면 신라의 김씨(金氏)는 박(朴), 석(昔), 김(金)의 3성 중에 한 분의 자손으로 전해오게 되었으나 중간에 중시조(中始祖)로부터 계보를 이어오는 경우가 있으므로 다 같은 신라의 김씨(金氏)라 할지라도 김유신을 중시조로 하는 경우가 있다. 일반적으로 김유신(金庾信)을 시조(始祖)로 알고 있는 자손이 있게 되는 경우가 그 예로 들 수 있다.

여기에 기록된 우리나라의 성씨에서 자기의 시조를 알 수 없는 경우에는 중간에 계보가 전하지 아니하여 일어나는 이유도 있다. 시조와 중시조의 관계를 분명하게 알지 못하여 일어나는 경우가 있게 된다는 것을 이해해야 할 것이다. 더욱 자세한 것은 문중의 내력을 기록한 족보를 참고하거나 겨레의 성보를 참고로 해야 할 것이다.

우리 민족의 성씨, 본관, 시조를 기록하는 것은 아무리 세상이 병들거나 혼탁하게 되는 경우라 할지라도 사람은 자기의 뿌리와 근본을 알고 살아가야 하기 때문이다.

서양의 사람들이 가족 나무(Family Tree)의 이치에 따라 뿌리는 조상, 기둥은 부모, 가지는 형제, 열매는 자손이 된다는 이치이다. 가족과 가문의 역사와 함께 맥을 이어 가고 있는 것도 뿌리와 씨족이 중요하기 때문이다. 특히 우리의 배달겨레에는 족보가 있어서 씨족과 가문의 역사를 이어 가고 있는 것이다. 인류세계에서 가장 훌륭한 전통과 문화를 가지고 있다는 것을 증거하며 자랑으로 삼았다.

개인과 겨레의 뿌리를 확실하게 알고 전하도록 함으로써, 장차 지구촌 일일생활권의 환경과 세계 인류사회의 공동시대를 살아가야 한다.

아무리 공부를 많이 시키고 재물이 넉넉하다 할지라도 스스로 생존과 번영의 올바른 길을 잃어버리고 방황하거나 망하게 되는 경우에는 아무런 소용이 없게 된다. 피와 땀으로 얻고 이룬 모든 것이 허사가 되고 만다.

누구나 다 아는 사실이지만 자손 대대로 영원토록 강대하고 흥성할 수 있는 이치와 도리에 합당해야 한다. 철학과 전통과 문화가 없는 자손과 민족은 방황과 멸망의 길에 떨어지거나 불행과 고난의 길에서 벗어나는 것이 어렵게 된다.

사람의 생명과 함께 타고 태어난 사리일도 근본진리에 어긋나기 때문이며 천지인(天地人) 삼극생명조화법(三極生命造化法)의 심판으로부터 스스로 죄인이 되었기 때문이라는 것을 깨달아야 하는 것이다.

　여기에 각 가문의 씨족에 관한 기록을 하는 것은 개인과 겨레의 뿌리를 확실하게 알고 전하도록 함으로써, 장차 지구촌 일일 생활권의 환경과 세계 인류사회의 공동시대를 살아감에 있어서 단검성조(檀儉聖祖) 하늘님의 천자 천손들이 어느 때 어느 땅에서 살아간다 하더라도 스스로 위대한 주인, 자랑스러운 자손, 슬기로운 민족, 강인한 인간의 모습으로 온전하게 상속하고 보존이 될 수 있도록 하기 위함이다. 배달겨레의 인생과 역사의 생명 길이 위대하고 찬란하게 될 수 있도록 하려는데 목적이 있다. 어느 한정된 땅에서만 살아갈 수 없다는 것은 많은 자손이 살아갈 수 있는 땅이 부족하기 때문에 지구촌을 삶의 터전으로 삼기 위해서는 뿌리와 씨앗이 가장 중요하게 된다.

　언제 어느 땅으로 이동하거나 이주하여 살아가는 경우에도 곡식의 씨앗과 족보를 반드시 함께 가지고 가는 것을 잊지 말아야 조상이 욕되지 아니하고 자손이 방황하거나 멸망하지 아니하게 됨을 명심해야 한다.

　어느 나라와 민족을 막론하고 그들에게는 성과 이름이 있다. 그러나 우리의 겨레처럼 족보가 발달하고 조상을 중요시하며 뿌리를 지키며 인생과 역사를 이어 가는 민족은 매우 드물거나, 있다 하여도 우리의 겨레처럼 합리적으로 오랜 세월을 이어오고 있는 백성들은 드문 것이 사실이다.

## 5
## 오늘날의 성씨 현황

1486년 성종 때 편찬한 『동국여지승람』에는 277성으로 되어 있고 영조 때에 이의현이 편찬한 『도곡총설』에는 298성, 1908년에 발간된 증보문헌비고에는 496성(숫자가 많은 것은 고문헌에 있는 사성을 다 넣었기 때문이다)으로 되어 있다. 1930년 조사에서는 250성으로 기록되어 있고 1960년 조사에서는 258성이다. 1985년 인구 및 주택 센서스에서는 274개의 성씨로 보고되었다. 가장 최근의 조사인 2000년 조사에 따르면 우리나라에는 286개 성(性)과 4,179개의 본관(本貫)이 있는 것으로 조사됐다. 이중 귀화 성씨는 442개로 집계되었다.

## ❖ 한국 성씨 현황표

| 성 씨(姓氏) | 시조(始祖) | 성 씨(姓氏) | 시조(始祖) |
|---|---|---|---|
| 소주(蘇州) 가(賈)씨 | 유약(維鑰) | 가평(加平) 간(簡)씨 | 균(筠) |
| 남양(南陽) 갈(葛)씨 | 형(瀅) | 합포(合浦) 감(甘)씨 | |
| 회산(檜山) 감(甘)씨 | 왕규(王奎) | 경주(慶州), 광주(光州), 금천(衿川), 강(姜)씨 | 여청(餘淸) |
| 백천(白川) 강(姜)씨 | 공보(公輔) | 안동(安東) 강(姜)씨 | |
| 전주(全州) 강(姜)씨 | | 진주(晋州) 강(姜)씨 | 이식(以式) |

※ 본을 달리하는 거의 모든 강씨는 진주강씨에서 분적한 것으로 알려지며, 시조 이식은 고구려의 병마원수(兵馬元帥)로 수나라에 크게 이겼다.

| | | | |
|---|---|---|---|
| 해미(海美) 강(姜)씨 | 제노(濟老) | 강령(康翎) 강(康)씨 | 극(極) |
| 곡산(谷山) 강(康)씨 | 서(庶) | 신천(信川) 강(康)씨 | 후(侯) |

※ 본을 달리하는 여러 강씨로 갈라져 있으나, 그 뿌리는 신천 강(康)씨에서 분적된 것으로 통하고 있다. 강(康)씨의 득성 설을 보면 주무왕(周武王)의 동생인 강숙(康叔)의 둘째 아들 강후(康侯)가 기자(箕子)를 따라와서 관정대훈공신(關鼎 大勳功臣)의 벼슬을 하였고 아버지 강숙의 강(康)자로 사성 (賜姓)을 받았다. 강후를 득성조로 하고 신라 말엽에 성골 장군 강호경(康虎景)을 시조로 삼고 있으며 강호경은 강후 의 67대손으로 전함.

※ 곡산(谷山) 강(康)씨의 중시조 강서는 고려 명종 때의 인물 인 강지연(康之淵)의 5대손으로 전함.

| 재령(載寧)<br>강(康)씨 | 득룡(得龍) | 임실(任實)<br>강(康)씨 | 리(理) |
|---|---|---|---|
| 진주(晋州)<br>강((疆)씨 | | 충주(忠州)<br>강(康)씨 | 도(度) |
| 강(强)씨<br>강(剛)씨 | | 여주(驪州)<br>개(介)씨 | |
| 천령(川寧)<br>견(堅)씨 | 권(權) | 전주(全州)<br>견(甄)씨 | 훤(萱) |
| ※ 견훤은 후백제의 왕 | | | |
| 황간(黃磵)<br>견(堅)씨 | | 청주(淸州)<br>경(慶)씨 | 진(珍) |

| | | | |
|---|---|---|---|
| 태인(泰仁)<br>경(慶)씨 | | 해주(海州)<br>경(慶)씨 | |
| 수안(遂安)<br>계(桂)씨 | 석손(碩遜) | 고봉(高峰)<br>고(高)씨 | 순(順) |
| 광령(廣寧)<br>고(高)씨 | 유보(有寶) | 금화(金化)<br>고(高)씨 | 언(彦) |
| 담양(潭陽)<br>고(高)씨 | 득수(得壽) | 상당(上黨)<br>고(高)씨 | 익공(益恭) |
| 안동(安東)<br>고(高)씨 | 응척(應陟) | 연안(延安)<br>고(高)씨 | 종필(宗弼) |
| 옥구(沃溝)<br>고(高)씨 | 영중(瑩中) | 의령(宜寧)<br>고(高)씨 | 원(遠) |
| 제주(濟州)<br>고(高)씨 | 을나(乙那) | 토산(兎山)<br>고(高)씨 | 광인(匡仁) |
| 곡부(曲阜)<br>공(孔)씨 | 공자(孔子) | 김포(金浦)<br>공(公)씨 | 윤보(允輔) |
| 봉산(鳳山)<br>곽(郭)씨 | | 선산(善山)<br>곽(郭)씨 | 우현(佑賢) |
| 청주(淸州)<br>곽(郭)씨 | 상(祥) | 해미(海美)<br>곽(郭)씨 | 승(繩) |
| 현풍(玄風)<br>곽(郭)씨 | 경(鏡) | 릉성(綾城)<br>구(具)씨 | 존유(存裕) |

| ※ 곽경의 처음 이름은 약노(若魯). | | | |
|---|---|---|---|
| 창원(昌原)<br>구(具)씨 | 구성길(仇成吉) | 평해(平海)<br>구(丘)씨 | 대림(大林) |
| 은진(恩津)<br>구(邱)씨 | | 국(菊)씨 | |
| 담양(潭陽)<br>국(鞠)씨 | 주(周) | 국(國)씨 | |
| 군(君) | | 안동(安東)<br>권(權)씨 | 행(幸) |
| 예천(醴泉)<br>권(權)씨 | | 근(斤)씨 | |
| 계양(桂陽)<br>금(琴)씨 | 진고(進高) | 봉화(奉化)<br>금(琴)씨 | 의(儀) |
| 행주(幸州)<br>기(奇)씨 | 우성(友誠) | 행주(幸州)<br>기(箕)씨 | |
| 해평(海平)<br>선산(善山)<br>길(吉)씨 | 당(瑭) | 가평(加平)<br>김(金)씨 | 계공(繼恭) |
| ※ 길당은 당나라 8학사의 한 사람. | | | |
| 감천(甘泉)<br>김(金)씨 | 만추(萬秋) | 강동(江東)<br>김(金)씨 | 윤해(潤海) |

| | | | |
|---|---|---|---|
| 강릉(江陵) 김(金)씨 | 주원(周元) | 강서(江西) 김(金)씨 | 양(洋) |
| 강진(康津) 김(金)씨 | 원경(原卿) | 강화(江華) 김(金)씨 | 성(晟) |
| 개성(開城) 김(金)씨 | 용주(龍珠) | 결성(結城) 김(金)씨, 상주파(尙州派) | 예철(禮哲) |
| 결성(結城) 김(金)씨, 위원파(渭原派) | 달손(達孫) | 경산(京山) 김(金)씨 | 맹(孟) |
| 경산(慶山) 김(金)씨 | 육화(育和) | 경주(慶州) 김(金)씨 | 알지(閼智) |

※ 경주 김씨는 대보공(大輔公) 김알지(金閼智)의 후예를 총망
라한 신라 김씨의 대종을 이루고 있는데 그 파계가 복잡하
나 크게 5개 파로 대별하고 있으며, 즉 경순왕 이전에 이미
왕계를 중심으로 많이 분관되었다. 경순왕의 아들 9형제 중
셋째 영분공(永芬公)파 명종(鳴鐘), 넷째 대안군(大安君)파
은열(殷說), 경순왕의 후예 대장군(大將軍)파 순웅(順雄),
은열의 후손 태사공(太師公)파 인관(仁琯), 역시 은열의 후
손 판도판서공(版圖判書公)파 장유(將有)를 각각 1세조로
하고 있다.

| | | | |
|---|---|---|---|
| 계림(鷄林)<br>김(金)씨 | 구사(九思) | 고령(高靈)<br>김(金)씨 | 남득(南得) |
| 고부(古阜)<br>김(金)씨 | 극(克) | 고산(高山)<br>김(金)씨 | 환(紈) |
| 고성(固城)<br>김(金)씨 | 말로왕(末露<br>王) | 고양(高陽)<br>김(金)씨 | 룡한(龍翰) |
| 공주(公州)<br>김(金)씨 | 룡(龍), 구(龜),<br>타(鼉) | 교하(交河)<br>김(金)씨 | 맹정(孟貞) |
| 광산(光山)<br>김(金)씨 | 흥광(興光) | 광양(光陽)<br>김(金)씨 | 황원(黃元) |
| 광주(廣州)<br>김(金)씨 | 록광(祿光) | 괴산(槐山)<br>김(金)씨 | 지효(知孝) |
| 구례(求禮)<br>김(金)씨 | 두남(斗南) | 금령(金寧)<br>김(金)씨 | 시흥(時興) |
| 금릉(金陵)<br>김(金)씨 | 중구(仲龜) | 금산(錦山)<br>김(金)씨 | 신(侁) |
| 김제(金堤)<br>김(金)씨 | 천서(天瑞) | 김천(金川)<br>김(金)씨 | 화(澕) |
| 김해(金海)<br>김(金)씨 | 수로왕(首露王) | 금화(金化)<br>김(金)씨 | 경신(景信) |

※ 가락국의 개조(開祖)인 수로왕을 시조로 하여 신라의 명장
  인 김유신(金庾信)을 중시조로 하고 있으며 작고 큰 여러 파
  로 갈라져 있다.

| | | | |
|---|---|---|---|
| 금화(金華) 김(金)씨 | 랑(浪) | 라주(羅州) 김(金)씨 | 운발(雲發) |
| 락안(樂安) 김(金)씨 | 수징(粹澄) | 남양(南陽) 김(金)씨 | 남귀(南貴) |
| 남원(南原) 김(金)씨 | 사지(四知) | 남평(南平) 김(金)씨 | 창협(昌協) |
| 람포(籃浦) 김(金)씨 | 전(鈿) | 남해(南海) 김(金)씨 | 태진(泰辰) |
| 릉주(綾州) 김(金)씨 | 계원(繼元) | 달성(達城) 김(金)씨 | 담(淡) |
| 담양(潭陽) 김(金)씨 | 삼준(三俊) | 당악(唐岳) 김(金)씨 | 락(樂) |
| 대구(大邱) 김(金)씨 | 달(達) | 덕산(德山) 김(金)씨 | 량(亮) |
| 도강(道康), 강진(康津) 김씨 | 희조(希祖) | 동래(東萊) 김(金)씨 | 홍수(興壽) |

| | | | |
|---|---|---|---|
| 등주(登州)<br>김(金)씨 | 식(軾) | 무장(茂長)<br>김(金)씨 | 자무(自武) |
| 무주(茂朱)<br>김(金)씨 | 성(晟) | 무주(務州)<br>김(金)씨 | 정구(淀救) |
| 문화(文化)<br>김(金)씨 | 검달(檢達) | 밀양(密陽)<br>김(金)씨 | 승조(承祖) |
| 백천(白川)<br>김(金)씨 | 선(善) | 보령(保寧)<br>김(金)씨 | 억적(億積) |
| 봉산(鳳山)<br>김(金)씨 | 명진(明晉) | 봉화(奉化)<br>김(金)씨 | 인방(仁昉) |
| 부령(扶寧)<br>김(金)씨 | 일(鎰) | 부여(扶餘)<br>김(金)씨 | 작행(作幸) |
| 부평(富平)<br>김(金)씨 | 을진(乙軫) | 분성(盆城)<br>김(金)씨 | 준영(俊榮) |
| 사천(泗川)<br>김(金)씨 | 부(阜) | 삼척(三陟)<br>김(金)씨 | 알지(閼知) |
| 상산(商山)<br>김(金)씨 | 수(需) | 상원(祥原)<br>김(金)씨 | 락(洛) |

※ 상산(商山)김씨는 경북 상주읍 신봉리 구월산하(新鳳里 九
月山下)에 시조의 단을 설치하고 매년 양력 5월 5일에 향사
(享祀)하고 있다.

| | | | |
|---|---|---|---|
| 서산(瑞山)<br>김(金)씨 | 득배(得培) | 서흥(瑞興)<br>김(金)씨 | 보(寶) |
| 선산(善山),<br>일선(一善)<br>김(金)씨 | 선궁(宣弓) | 선산(善山)<br>김(金)씨,<br>추계(錘系)<br>김(金)씨 | 추(錘) |
| 설성(雪城)<br>김(金)씨 | 준(晙) | 성주(星州)<br>김(金)씨 | 맹(孟) |
| 성천(成川)<br>김(金)씨 | 한초(漢貂) | 수안(遂安)<br>김(金)씨 | 선(愃) |
| 수원(水原)<br>김(金)씨 | 품언(稟言) | 수주(隨州)<br>김(金)씨 | 한모(漢模) |
| 수주(樹州)<br>김(金)씨 | 정보(鼎寶) | 순창(淳昌)<br>김(金)씨 | 을진(乙珍) |
| 순천(順天) 김<br>(金)씨 | 총(摠) | 순흥(順興)<br>김(金)씨 | 함일(咸逸) |
| 승평(昇平) 김<br>(金)씨 | 윤인(允仁) | 신천(信川)<br>김(金)씨 | 득추(得秋) |
| 신평(新平)<br>김(金)씨 | 만정(萬挺) | 안로(安老)<br>김(金)씨 | 을경(乙敬) |

| | | | |
|---|---|---|---|
| 안동(安東)<br>김(金)씨 | 신(新);<br>선평(宣平),<br>구(舊);<br>숙승(叔承) | 안산(安山)<br>김(金)씨 | 긍필(兢弼) |
| 안성(安城)<br>김(金)씨 | 재영(再英) | 안악(安岳)<br>김(金)씨 | 영(瑩) |
| 야성(野城),<br>영덕(盈德)<br>김(金)씨 | 취린(就磷) | 익화(益和)<br>김(金)씨 | 인찬(仁贊) |
| 양산(梁山)<br>김(金)씨 | 연(衍) | 양주(楊州)<br>김(金)씨 | 원보(元寶) |
| 양평(楊平)<br>김(金)씨 | 의간(義杆) | 언양(彦陽)<br>김(金)씨 | 선(鐥) |
| 여주(驪州)<br>김(金)씨 | 순양(純良) | 연기(燕岐),<br>연성(燕城),<br>연주(燕州)<br>김(金)씨 | 준손(俊孫) |
| 연안(延安)<br>김(金)씨 | 섬한(暹漢) | 연일(延日)<br>김(金)씨 | 서흥(敍興) |
| 연풍(延豊)<br>김(金)씨 | 이도(以道) | 영광(靈光)<br>김(金)씨 | 심언(審言) |

| | | | |
|---|---|---|---|
| 영산(靈山)<br>김(金)씨 | 순(淳) | 영산(永山)<br>김(金)씨 | 령이(令貽) |
| 령암(靈巖)<br>김(金)씨 | 숙(淑) | 영양(英陽)<br>김(金)씨 | 충(忠) |
| 영월(寧越)<br>김(金)씨 | 려생(麗生) | 영주(永州)<br>김(金)씨 | 문조(文祚) |
| 영주(榮州)<br>김(金)씨 | 정자(挺磁) | 영천(永川)<br>김(金)씨 | 명종(鳴鍾) |

※ 영천 김씨는 신라 제56대 경순왕 부(傅)의 셋째 아들 영분공 (永芬公) 명종(鳴鍾)의 후손으로 시조를 달리 하는 4계통이 있다. ① 명종의 13세손인 궤(軌)의 현손 천일(天佾), ② 궤의 아들로 짐작되는 지식(之拭), ③ 온의 조카 영장(永長), ④ 궤의 10세손인 온(溫)을 시조로 하는 계통이 바로 그것이다.

| | | | |
|---|---|---|---|
| 령해(寧海)<br>김씨 | 억민(億敏) | 예안(禮安),<br>선성(宣城)<br>김(金)씨 | 상(尙) |
| 예천(醴川)<br>김(金)씨 | 선치(先致) | 예천(醴泉)<br>김(金)씨 | 존사(存沙) |
| 옥천(玉川)<br>김(金)씨 | 곤(錕) | 옥천(沃川)<br>김(金)씨 | 희철(希哲) |
| 완산(完山)<br>김(金)씨 | 정(晸) | 룡궁(龍宮)<br>김(金)씨 | 존중(存中) |

| | | | |
|---|---|---|---|
| 룡담(龍潭)<br>김(金)씨 | 덕생(德生) | 룡성(龍城)<br>김(金)씨 | 시보(時輔) |
| 룡안(龍安)<br>김(金)씨 | 덕령(德齡) | 우봉(牛峯)<br>김(金)씨 | 오(澳) |
| 울산(蔚山)<br>김(金)씨 | 덕지(德摯) | 웅천(熊川)<br>김(金)씨 | 취행(就行) |
| 원주(原州)<br>김(金)씨 | 거공(巨公) | 월성(月城)<br>김(金)씨 | 광우(光佑) |
| 은율(殷栗)<br>김(金)씨 | 상동(尙銅) | 은진(恩津)<br>김(金)씨 | 전개(田溉) |
| 의령(宜寧)<br>김(金)씨 | 천극(天極) | 의성(義城)<br>김(金)씨 | 석(錫) |
| 의주(義州)<br>김(金)씨 | 성갑(成甲) | 의흥(義興)<br>김(金)씨 | 성갑(成甲) |
| 이천(利川)<br>김(金)씨 | 양진(楊震) | 이천(伊川)<br>김(金)씨 | 순걸(順傑) |
| 익산(益山)<br>김(金)씨 | 삼락(三樂) | 인동(仁同)<br>김(金)씨 | 정(淀) |
| 임진(臨津)<br>김(金)씨 | 인조(仁朝) | 임피(臨陂)<br>김(金)씨 | 한구(漢柩) |
| 장성(長城)<br>김(金)씨 | 극신(克信) | 장연(長淵)<br>김(金)씨 | 정신(鼎新) |

| | | | |
|---|---|---|---|
| 적성(積城)<br>김(金)씨 | 상환(尙煥) | 전주(全州)<br>김(金)씨 | 태서(台瑞) |
| 정산(定山)<br>김(金)씨 | 복수(福壽) | 정읍(井邑)<br>김(金)씨 | 수온(守溫) |
| 제주(濟州)<br>김(金)씨 | 렴(濂) | 중화(中和)<br>김(金)씨 | 철(哲) |
| 진도(珍島)<br>김(金)씨 | 자경(自敬) | 진산(珍山)<br>김(金)씨 | 천석(天錫) |
| 진위(振威)<br>김(金)씨 | 승경(昇景) | 진잠(鎭岑)<br>김(金)씨 | 극복(克福) |
| 진주(晋州)<br>김(金)씨 | 추(錘) | 진천(鎭川)<br>김(金)씨 | 사혁(斯革) |
| 진해(鎭海)<br>김(金)씨 | 이진(以珍) | 창녕(昌寧)<br>김(金)씨 | 정철(廷哲) |
| 창원(昌原)<br>김(金)씨 | 을진(乙軫) | 창평(昌平)<br>김(金)씨 | 석규(錫奎) |
| 천안(天安)<br>김(金)씨 | 덕린(德麟) | 철원(鐵原)<br>김(金)씨 | 응하(應河) |
| 청도(淸道)<br>김(金)씨 | 을대(乙坫) | 청산(靑山)<br>김(金)씨 | 치제(致濟) |
| 청송(靑松)<br>김(金)씨 | 정기(正己) | 청양(靑陽)<br>김(金)씨 | 침(沈) |

| | | | |
|---|---|---|---|
| ※ 김침은 경주 김(金)씨 후예. | | | |
| 청주(淸州) 김(金)씨 | 정(錠) | 청풍(淸風) 김(金)씨 | 대유(大猷) |
| 초계(草溪) 김(金)씨 | 수(須) | 춘양(春陽) 김(金)씨 | 이(怡) |
| 충주(忠州) 김(金)씨 | 남길(南吉) | 칠원(漆原) 김(金)씨 | 영철(永哲) |
| 태원(太原) 김(金)씨 | 학증(學曾) | 토산(兎山) 김(金)씨 | 부윤(富允) |
| 통천(通川) 김(金)씨 | 교(較) | 파주(坡州) 김(金)씨 | 영긍(永兢) |
| 파평(坡平) 김(金)씨 | 장수(長壽) | 평산(平山) 김(金)씨 | 승무(承茂) |
| 평양(平壤) 김(金)씨 | 운(運) | 평창(平昌) 김(金)씨 | 명응(鳴應) |
| 평택(平澤) 김(金)씨 | 완고(完考) | 평해(平海) 김(金)씨 | 숙흥(淑興) |
| 풍기(豊基) 김(金)씨 | 숭원(崇元) | 풍덕(豊德) 김(金)씨 | 자앙(子盎) |

| | | | |
|---|---|---|---|
| 풍산(豊山) 김(金)씨 | 문적(文迪) | 풍천(豊川), 영유(永柔) 김(金)씨 | 영주(英柱) |
| 하음(河陰) 김(金)씨 | 효일(孝逸) | 한남(漢南) 김(金)씨 | 록정(祿廷) |
| 한산(韓山) 김(金)씨 | | 함안(咸安) 김(金)씨 | 태백(太白) |
| 함양(咸陽) 김(金)씨 | 준덕(俊德) | 함창(咸昌) 김(金)씨 | 종제(宗悌) |
| 함평(咸平) 김(金)씨 | 구정(九鼎) | 함흥(咸興) 김(金)씨 | 렴(濂) |
| 협천(狹川) 김(金)씨 | 현덕(玄德) | 해남(海南) 김(金)씨 | 인(忍) |
| 해주(海州) 김(金)씨 | 우한(佑漢) | 해평(海平) 김(金)씨 | 훤술(萱述) |
| 海豊, 德水, 貞州 김(金)씨 | 숭선(崇善) | 현풍(玄風) 김(金)씨 | 수(修) |
| 화개(花開) 김(金)씨 | 인황(仁璜) | 화순(和順) 김(金)씨 | 익구(益九) |
| 홍주(洪州) 김(金)씨 | 인의(仁義) | 황주(黃州) 김(金)씨 | 정순(正純) |

| | | | |
|---|---|---|---|
| 홍덕(興德)<br>김(金)씨 | 이점(以漸) | 흥해(興海)<br>김(金)씨 | 을로(乙輅) |
| 희천(熙川)<br>김(金)씨 | 우(佑) | 군위(軍威)<br>나(羅)씨 | 문서(文瑞) |

※ 나(羅)씨는 중국에서 귀화한 성씨로 축융씨(祝融氏)의 후예
인 운(鄆)씨였는데 춘추시대에 나(羅)에 봉해졌기 때문에 지
명을 성으로 삼아 나씨가 되었다고 함.

| | | | |
|---|---|---|---|
| 금성(錦城)<br>나(羅)씨 | 총예(聰禮) | 나주(羅州)<br>나(羅)씨 | 부(富) |
| 비안(比安)<br>나(羅)씨 | 준기(俊奇) | 안정(安定)<br>나(羅)씨 | 천서(天瑞) |
| 정산(定山)<br>나(羅)씨 | 승간(承幹) | 남원(南原)<br>남(南)씨 | 중룡(仲龍) |
| 영양(英陽),<br>의령(宜寧),<br>고성(固城),<br>남(南) | 남민(南敏) | 함열(咸悅)<br>남궁(南宮) | 원청(元淸) |

※ 남(南)씨의 위의 세 본관은 모두 같은 시조에서 분파한 혈족으로 영의공(英毅公) 남민(南敏)을 유일조로 삼고 있다. 원래 중국 봉양부 여남(지금의 하남성 汝南縣) 사람으로 본명은 김충(金忠)으로 전하며 단기 3088년(경덕왕 14년) 당나라 현종 때 이부상서(吏部尙書)로 안렴사(安廉使)가 되어 일본에 갔다가 돌아오는 길에 풍랑을 만나 신라 유린지(有隣地: 지금의 경북 영덕군 축산면 축산리)에 표착하여 신라에 영주할 뜻을 밝히자 경덕왕은 그를 남쪽으로 왔다 하여 성은 남(南), 이름은 민(敏)으로 사성 명하고 영양현을 식읍으로 하사하였으며 사후에 시호를 영의(英毅)로 내렸다. 고려조에 이르러 남민의 후손 3형제가 있어 맏이 홍보(洪輔)는 영양 남씨, 둘째 군보(君甫)는 의령 남씨, 막내 광보(匡甫)는 고성 남씨의 1세조로 각각 되었다. 그 후 남씨는 조선 개국에 공을 세웠고 현명한 신하와 석학이 많이 배출되었다.

| 양주(揚州)<br>낭(浪)씨 | 충정공(忠正公) | 내(奈)씨 | |
| --- | --- | --- | --- |
| 곡산(谷山)<br>노(盧)씨 | 원(垣) | 광주(光州),<br>광산(光山)<br>노(盧)씨 | 해(垓) |

※ 노(盧)씨는 중국으로부터 귀화한 성씨로 본관은 광주, 교하, 풍천, 장연, 안동, 안강, 연일, 만경, 곡산 등 9관이 있으나 모두 같은 혈족이다. 노씨의 도시조는 원래 중국 범양(范陽) 사람으로 당나라의 한림학사(翰林學士)를 지낸 노수(盧穗)이다. 그는 당나라 말기에 난리를 피하여 아들 9형제를 거느리고 신라로 건너와서 모두 등과하여 고려 초에 해(垓)는 광주백(光州伯), 오(塢)는 교하백(交河伯), 지(址)는 풍천백(豊川伯), 구(坵)는 장연백(長淵伯), 만(瞞)은 안동백(安東伯), 곤(坤)은 안강백(安康伯), 증(增)은 연일백(延日伯), 판(坂)은 평양백(平壤伯), 원(垣)은 곡산백(谷山伯)에 봉작되어 각각 9관으로 나누어 시조(始祖)가 되었다.

| 교하(交河)<br>노(盧)씨 | 강필(康弼) | 동성(童城)<br>노(盧)씨 | 정(挺) |
|---|---|---|---|

※ 교하(交河) 노(盧)씨는 오가 신라조에서 교하백에 봉해졌으나, 세계가 전하지 아니하여 고려의 개국공신인 노강필을 1세조로 하였다.

| 만경(萬頃)<br>노(盧)씨 | 판(阪) | 신창(新昌)<br>노(盧)씨 | 지유(智儒) |
|---|---|---|---|
| 안강(安康),<br>경주(慶州)<br>노(盧)씨 | 곤(坤) | 안동(安東)<br>노(盧)씨 | 만(瞞) |

| | | | |
|---|---|---|---|
| 영광(靈光)<br>노(盧)씨 | 세준(世俊) | 용성(龍城)<br>노(盧)씨 | 정(挺) |
| 장연(長淵)<br>노(盧)씨 | 구(坵) | 청도(淸道)<br>노(盧)씨 | 윤창(允昌) |
| 풍천(豊川)<br>노(盧)씨 | 지(址) | 함평(咸平)<br>노(盧)씨 | 극창(克昌) |
| 해주(海州)<br>노(盧)씨 | 시헌(始憲) | 강화(江華)<br>노(魯)씨 | 중련(仲連) |
| 광주(廣州)<br>노(魯)씨 | 필상(弼商) | 밀양(密陽)<br>노(魯)씨 | 형권(衡權) |

※ 노(魯)씨는 한 분의 조상이며 강화에서 분파된 것으로 전함.

| | | | |
|---|---|---|---|
| 함평(咸平)<br>노(魯)씨 | 목(穆) | 개성(開城)<br>로(路)씨 | 은경(闇儆) |
| 교동(喬桐)<br>뢰(雷)씨 | | 뢰(賴)씨 | |
| 강릉(江陵)<br>단(段)씨 | 간목공(干木公) | 강음(江陰)<br>단(段)씨 | 희상(希詳) |
| 대흥(大興)<br>단(段)씨 | 기(璣) | 연안(延安)<br>단(段)씨 | 유인(由仁) |
| 연안(延安)<br>단(單)씨 | | 한산(韓山)<br>단(單)씨 | |

| | | | |
|---|---|---|---|
| 밀양(密陽)<br>당(唐)씨 | 성(誠) | 대산(大山)<br>대(大)씨 | 문기(文記) |
| 밀양(密陽)<br>대(大)씨 | 중상(仲象) | 성주(星州)<br>도(都)씨 | 순(順) |

※ 성주(星州) 도(都)씨의 시조는 도진(都陳)이고 본관은 성주 단본이다. 근원은 한나라 무제(武帝) 때(BC. 112) 남월의 재상 여가(呂嘉)가 왕건덕(王建德)과 함께 반란을 일으키자 계(稽)가 복파장군(伏波將軍)이 되어 여가를 사로잡아 그 공으로 임채후(臨蔡侯)에 봉하여지고 도씨로 성을 받은 것이 시초라 전한다. 그의 후손 도진이가 고려 건국에 공을 세워 성산부 원군(星山府院君)에 봉해짐으로써 성주 도씨가 생기게 되었다. 그러나 문헌이 없어서 고려 중기에 전리상서(典理尙書)를 지낸 도순(順)을 1세조로 하여 세계를 이어오고 있다.

| | | | |
|---|---|---|---|
| 순천(順天)<br>도(陶)씨 | 구원(球元) | 풍양(豊壤)<br>도(陶)씨 | |

※ 순천(順天) 도(陶)씨의 시조 도구원은 중국 원나라의 진사였으며 고려조에서 벼슬을 하다가 만년에 순천으로 퇴거하였다.

| | | | |
|---|---|---|---|
| 고성(固城)<br>도(道)씨 | | 남원(南原) ,<br>독고(獨孤) | 신(信) |
| 목천(木川)<br>돈(頓)씨 | | 청주(淸州)<br>돈(敦)씨 | |

| | | | |
|---|---|---|---|
| 광천(廣川)<br>동(董)씨 | 중서(仲舒) | 진주(晋州)<br>동방(東方) | 숙(淑) |
| 두능(杜陵)<br>두(杜)씨 | 두경령(杜慶寧)<br>두교림(杜喬林) | 고흥(高興)<br>류(柳)씨 | 영(英) |

※ 두경령(杜慶寧)을 시조로 하는 계통과 두교림(杜喬林)을
시조로 하는 계통.

| | | | |
|---|---|---|---|
| 문화(文化)<br>류(柳)씨 | 차달(車達) | 백천(白川)<br>류(柳)씨 | 인경(仁景) |

※ 류(柳)씨는 일명 유주(濡州) 류씨라 하기도 하며 시조 류차
달은 유주지방의 부호로 고려 태조 왕건(王建)이 견훤(甄萱)을
정벌할 때 사재를 털어 수레 1천 량을 제작하여 군량을 보급해
주었다. 그 공으로 익찬벽상공신(翊贊壁上功臣)에 서훈되고 벼
슬이 대승(大丞)에 올랐다. 문화 류씨를 중흥시킨 대표적인 인
물로는 고려조의 류공권(公權)과 류경(璥)을 들 수 있으며 고려
조의 명족이었던 류씨는 조선조에 와서도 많은 인물을 배출하
였다. 후손이 번성하여 여러 파로 갈라져 각각 시조와 관향을
하고 있다.

| | | | |
|---|---|---|---|
| 부평(富平)<br>류(柳)씨 | 홍정(興廷) | 서산(瑞山)<br>류(柳)씨 | 성간(成澗) |
| 선산(善山)<br>류(柳)씨 | 지비(之庇) | 약목(若木)<br>류(柳)씨 | 하(夏) |

| | | | |
|---|---|---|---|
| 연안(延安)<br>류(柳)씨 | 종발(宗撥) | 령광(靈光)<br>류(柳)씨 | 자택(資澤) |
| 인동(仁同)<br>류(柳)씨 | 한(澣) | 전주(全州)<br>류(柳)씨 | 량재(良梓) |
| 정주(貞州)<br>류(柳)씨 | 소(韶) | 진주(晋州)<br>류(柳)씨 | 정(挺) |
| 풍산(豊山)<br>류(柳)씨 | 절(節) | 목천(木川),<br>장흥(長興)<br>마(馬)씨 | 여(黎) |

※ 마(馬)씨는 마한 때 마겸(馬謙)이란 사람이 처음 들어왔으며 시조인 마여(馬黎)도 그의 후손이라 한다.

| | | | |
|---|---|---|---|
| 상곡(上谷)<br>마(麻)씨 | 귀(貴) | 만(萬)씨 | |

※ 만(萬)씨는 강릉, 강화, 개성, 광주, 영풍, 이곡을 본관으로 삼고 있으나 시조와 연원은 미상으로 남아 있다.

| | | | |
|---|---|---|---|
| 충주(忠州)<br>매(梅)씨 | | 신창(新昌)<br>맹(孟)씨 | 의(儀) |

※ 맹의(孟儀)는 고려조에 이부전서(吏部典書)를 지냈다.

| | | | |
|---|---|---|---|
| 서촉(西蜀)<br>명(明)씨 | 옥진(玉珍) | 모(毛)씨 | |

※ 광주(光州), 공주(公州), 서산(舒山), 김해(金海)를 각각 본관
　으로 삼고 있다.

| | | | |
|---|---|---|---|
| 함평(咸平)<br>모(牟)씨 | 경(慶) | 진주(晉州)<br>모(牟)씨 | 순(恂) |
| 사천(泗川)<br>목(睦)씨 | 효기(孝基) | 광령(廣寧)<br>묵(墨)씨 | 사(泗) |

※ 목(睦)씨는 고려 말에 무반으로 기반을 굳히고 조선 중종 때
　학자인 목세칭(世秤)과 그 자손들이 중흥시켰다.
※ 묵(墨)씨 시조 묵사(墨泗)는 명나라의 병부상서(兵部尚書)
　를 지냈다.

| | | | |
|---|---|---|---|
| 인천(仁川)<br>문(門)씨 | 필대(必大) | 감천(甘泉)<br>문(文)씨 | 구(龜) |

※ 문(門)씨는 고려 때 시어사중승(侍御史中丞)을 지낸 문사명
　(思明)을 시조로 하는 파도 있다.
※ 문구(文龜)는 조선조에 좌의정을 지내고 감천군에 봉해졌다.

| | | | |
|---|---|---|---|
| 강릉(江陵)<br>문(文)씨 | 장필(章弼) | 개령(開寧)<br>문(文)씨 | 세욱(世郁) |
| 남평(南平)<br>문(文)씨 | 다성(多省) | 능성(綾城)<br>문(文)씨 | 량(亮) |

※ 문다성은 5세에 문사(文思)에 저절로 통달하고 무략(武略)이 뛰어났을 뿐만 아니라 사물의 이치를 스스로 깨닫는 총기가 있었다 하여 문(文)을 성으로 삼고 이름을 다성(多省)이라 지어 주었다고 전한다. 지금도 전남 나주군 남평면에는 장자지(長者池)라는 큰 못이 있고 그 곁에는 큰 비가 우뚝 서 있어 남평 문씨 시조의 발상지로 유명하다. 장자지는 시조 문다성의 탄생에 관한 전설이 있으니 어느 날 그곳 군주가 바위 아래에서 놀고 있었는데 갑자기 바위 위에서 오색구름이 피어오르고 갓난아기의 울음소리가 들려와서 바위 위에 올라가 보니 석함(石函)이 놓여 있었고 그 속에 피부가 옥같이 맑고 용모가 아름다운 갓난아기가 들어 있어 군주가 데려다 길렀다고 전한다.

| 단성(丹城)<br>문(文)씨 | 익점(益漸) | 보령(保寧)<br>문(文)씨 | 욱(郁) |
|---|---|---|---|
| 선산(善山)<br>문(文)씨 | 영(英) | 안동(安東)<br>문(文)씨 | 상빈(尙彬) |
| 령산(靈山)<br>문(文)씨 | 영(瑛) | 장연(長淵)<br>문(文)씨 | 정(正) |
| 정선(旌善)<br>문(文)씨 | 림간(林幹) | 하양(河陽)<br>문(文)씨 | 황(晃) |

※ 문(文)씨는 감천과 정선을 제외한 나머지는 모두가 대종(大宗)인 남평 문씨에서 갈라진 분파의 세거지 명을 말하는 것이다.

| 재령(載寧)<br>미(米)씨 | 영성(榮盛) | 려흥(驪興)<br>민(閔)씨 | 칭도(稱道) |
|---|---|---|---|

※ 민(閔)씨는 세도가문으로 널리 알려졌으며 그중에도 역사상 3차에 걸쳐 크게 위세를 떨쳤다. 첫 번째는 고려 말엽에 조선 초에 이르는 기간, 두 번째는 조선 숙종 때부터 영조까지, 세 번째는 한말 고종 때이다.

| 강릉(江陵)<br>박(朴)씨 | 순(純) | 강진(康津)<br>박(朴)씨 | 홍수(鴻壽) |
|---|---|---|---|

※ 박씨는 오래된 배달겨레의 씨족이다. 따라서 모든 박씨는 신라 시조왕인 박혁거세(朴赫居世)를 유일한 시조로 받들고 있다.

| 경주(慶州)<br>박(朴)씨 | 도덕(度德) | 고령(高靈)<br>박(朴)씨 | 언성(彦成) |
|---|---|---|---|

※ 경주 박씨는 영해 박씨의 시조인 박제상의 21대손인 박도덕을 중시조로 하며 그는 나라에 이바지한 충성과 공훈도 크거니와 부모에게 효성이 지극하여 그가 죽으매 왕이 조제(弔祭)를 내리고 정문을 세우게 하였으며 문효(文孝)라는 시호를 내렸다고 한다.

※ 언성(彦成)은 혁거세의 29세손이며 3파로 나누어져 세계를 잇고 있다.

| 고성(固城)<br>박(朴)씨 | 서(犀) | 공주(公州)<br>박(朴)씨 | 문호(門浩) |
|---|---|---|---|
| ※ 서(犀)는 신라 경명왕의 제4자인 죽성대군 언립(彦立)의 11<br>세손임. | | | |
| 광주(廣州)<br>박(朴)씨 | 명훈(明勳) | 구산(龜山)<br>박(朴)씨 | 천(蔵) |
| 군위(軍威)<br>박(朴)씨 | 헌(軒) | 나주(羅州)<br>박(朴)씨 | 병묵(炳黙) |
| 란포(蘭浦)<br>박(朴)씨 | 세헌(世軒) | 남원(南原)<br>박(朴)씨 | 유명(維明) |
| 남주(南州)<br>박(朴)씨 | 장수(長秀) | 노성(魯城)<br>박(朴)씨 | 연(延) |
| 덕원(德源)<br>박(朴)씨 | 청(靑) | 면천(沔川)<br>박(朴)씨 | 술희(述熙) |
| ※ 술희(述熙)는 혁거세의 24세손으로 신라 제5대 파사왕의 21<br>세손이다. | | | |
| 무안(務安)<br>박(朴)씨 | 진승(進昇) | 문의(文義)<br>박(朴)씨 | 의중(宜中) |

※ 진승(進昇)은 혁거세의 38세손이며 신라 제54대 경명왕의
  여섯째 아들인 완산군 언화(彦華)의 9세손이다.

※ 의중(宜中)은 밀성대군 언침의 16세손인 인기(仁杞)의 아들
  이다.

| 문주(文州)<br>박(朴)씨 | 한보(閑甫) | 밀양(密陽)<br>박(朴)씨 | 언침(彦忱) |
|---|---|---|---|

※ 언침(彦忱)은 신라 경명왕의 맏아들로 경명왕이 여덟 왕자
  를 각기 분봉할 때 밀성대군에 봉하였다.

| 반남(潘南)<br>박(朴)씨 | 응주(應珠) | 보성(寶城)<br>박(朴)씨 | 언룡(彦龍) |
|---|---|---|---|
| 비안(比安)<br>박(朴)씨 | 우(瑀) | 사천(泗川)<br>박(朴)씨 | 자문(自文) |

※ 우(瑀)는 혁거세의 9세손인 박제상의 동생 지상의 25세손이
  며 고려조에 상서를 지낸 영주(英柱)의 증손이다.

| 삼척(三陟)<br>박(朴)씨 | 원경(元鏡) | 삼화(三和)<br>박(朴)씨 | 천흥(天興) |
|---|---|---|---|

※ 원경(元鏡)은 혁거세의 9세손인 박제상의 동생 지상의 31세
  손이다.

| 상산(商山)<br>박(朴)씨 | 언창(彦昌) | 상주(尙州)<br>박(朴)씨 | 려(侶) |
|---|---|---|---|

※ 려(侶)는 사벌대군 언창의 후손이다.

| 선산(善山)<br>박(朴)씨 | 선민(善敏) | 순창(淳昌)<br>박(朴)씨 | 두간(斗幹) |
|---|---|---|---|
| ※ 선민(善敏)은 신라 제54대 경명왕의 맏아들인 밀성대군의<br>　21세손이다. | | | |
| 순천(順天)<br>박(朴)씨 | 영규(英規) | 순흥(順興)<br>박(朴)씨 | 영석(英錫) |
| 안동(安東)<br>박(朴)씨 | 명달(命達) | 안성(安城)<br>박(朴)씨 | 윤정(允貞) |
| 압해(押海)<br>박(朴)씨 | 인규(仁規) | 야성(野城)<br>박(朴)씨 | 종문(宗文) |
| 언양(彦陽)<br>박(朴)씨 | 유정(惟精) | 여수(麗水)<br>박(朴)씨 | 륜(倫) |
| 여주(驪州)<br>박(朴)씨 | 지석(之碩) | 영암(靈巖)<br>박(朴)씨 | 항(恒) |
| ※ 항(恒)은 밀성대군 언침의 10세손이다. | | | |
| 영해(寧海)<br>박(朴)씨 | 제상(堤上) | 우봉(牛峯)<br>박(朴)씨 | 후림(厚林) |
| ※ 제상(堤上)은 파사왕의 현손 물품(勿品)의 맏아들이다. | | | |
| 운봉(雲峰)<br>박(朴)씨 | 중화(仲華) | 울산(蔚山)<br>박(朴)씨 | 윤웅(允雄) |

| | | | |
|---|---|---|---|
| 월성(경주)<br>박(朴)씨 | 언의(彦儀) | 은풍(殷豊)<br>박(朴)씨 | 치온(致溫) |

※ 언의(彦儀)는 신라 제54대 경명왕의 여덟째 아들이다.

| | | | |
|---|---|---|---|
| 음성(陰城)<br>박(朴)씨 | 서(犀) | 의흥(義興)<br>박(朴)씨 | 을규(乙規) |
| 인제(麟蹄)<br>박(朴)씨 | 율(律) | 임실(任實)<br>박(朴)씨 | 번(蕃) |
| 전주(全州)<br>박(朴)씨 | 언화(彦華) | 정선(旌善)<br>박(朴)씨 | 지화(枝華) |

※ 언화(彦華)는 신라 경명왕의 여섯째 아들이다.

| | | | |
|---|---|---|---|
| 정주(貞州)<br>박(朴)씨 | 영규(英規) | 죽산(竹山)<br>박(朴)씨 | 기오(奇悟) |

※ 기오(奇悟)는 신라 경명왕의 넷째 아들인 죽성대군 언립(彦立)의 아들이다.

| | | | |
|---|---|---|---|
| 진원(珍原)<br>박(朴)씨 | 진문(進文) | 진주(晉州)<br>박(朴)씨 | 화규(華奎) |
| 창원(昌原)<br>박(朴)씨 | 령(齡) | 천안(天安)<br>박(朴)씨 | 지방(枝芳) |
| 청송(靑松)<br>박(朴)씨 | 인원(仁遠) | 춘천(春川)<br>박(朴)씨 | 항(恒) |

| ※ 항(恒)은 신라 경명왕의 일곱째 아들 강남대군 언지(彦智)의 11세손. | | | |
|---|---|---|---|

| 충주(忠州)<br>박(朴)씨 | 영(英) | 태안(泰安)<br>박(朴)씨 | 원의(元義) |
|---|---|---|---|

| ※ 영(英)은 신라 경명왕의 다섯째 아들인 사벌대군 언창의 12세손. | | | |
|---|---|---|---|

| 태인(泰仁)<br>박(朴)씨 | 언상(彦詳) | 평산(平山)<br>박(朴)씨 | 지윤(智胤) |
|---|---|---|---|
| 평양(平壤)<br>박(朴)씨 | 덕개(德芥) | 평주(平州)<br>박(朴)씨 | 수경(守卿) |
| 평택(平澤)<br>박(朴)씨 | 지영(之永) | 함양(咸陽)<br>박(朴)씨 | 언신(彦信) |
| 거제(巨濟)<br>반(潘)씨 | 부(阜) | 반(班)씨 | |

| ※ 반(潘)씨는 대동운부군옥편(大東韻府群玉編)에 의하면 주문왕(周文王)의 여섯째 아들 필공(畢公)의 후손인 계손(季孫)이 반(潘)에 봉해져서 반을 성으로 삼았다고 전한다. 배달나라 반씨의 시조는 반부(潘阜)이다.<br>※ 반(班)씨의 본판은 개성(開城), 고성(固城), 평해(平海) 3본으로 전한다. | | | |
|---|---|---|---|

| 군위(軍威)<br>방(方)씨 | 적(迪) | 상주(尙州)<br>방(方)씨 | 우현(右賢) |
|---|---|---|---|

※ 방(方)씨는 중국의 성씨로 염제신농씨(炎帝神農氏)의 13세 손인 뇌(雷)가 하남(河南)의 방산(方山)을 봉토(封土)로 받았기 때문에 이로 인하여 방을 성으로 삼게 되었다고 한다. 배달나라 방씨의 시조는 통일신라 초기 당나라의 문화사절로 왔다가 귀화한 방지(智)이다. 그는 온양 방씨의 시조가 되었으나 대를 이어온 세계가 분명하지 아니하여 방운(雲)을 1세조로 하여 세계(世係)를 잇고 있다.

| 신창(新昌) 방(方)씨 | 종거(宗擧) | 온양(溫陽) 방(方)씨 | 지(智) |
| --- | --- | --- | --- |
| 남양(南陽) 방(房)씨 | 계홍(季弘) | 수원(水原) 방(房)씨 | 정유(貞儒) |

※ 방(房)씨의 시조 방준(俊)은 당나라 태종 때의 재상 현령(玄齡)의 둘째 아들로 고구려 보장왕 때 8학사의 한 사람으로 와서 남양에 정착하여 남양으로 관적하였다. 그러나 세계가 전함이 분명하지 아니하여 고려 개국에 공을 세우고 삼중대광보국(三重大匡輔國)의 벼슬에 오른 방계홍을 1세조로 세계를 잇고 있다.

| 방(邦)씨 | 포(苞) | 개성(開城) 방(龐)씨 | 두현(斗賢) |
| --- | --- | --- | --- |

※ 방두현은 원래 중국 노(魯)나라 사람으로 주(周)나라 현왕(顯王) 때 인물인 방연(龐涓) 장군의 후손으로 전한다.

| 태원(太原) 방(龐)씨 | 발(浡) | 경주(慶州) 배(裵)씨 | 현경(玄慶) |
|---|---|---|---|

※ 배(裵)씨의 도시조는 신라 육부촌장 중에 한 분인 금산가리 촌장(金山加利村長) 지타(祗沱)이다. 배현경은 고려 개국일 등공신이다.

| 달성(達城) 배(裵)씨 | 운룡(雲龍) | 분성(盆城), 김해(金海) 배(裵)씨 | 배원룡 (裵元 龍) |
|---|---|---|---|

※ 김해(金海) 배(裵)씨는 고려 공민왕 때 도원수(都元帥)로 분 성군에 봉해진 배원룡(裵元龍)을 3세로 삼고 있다.

| 성주(星州), 성산(星山) 배(裵)씨 | 위준(位俊) | 홍해(興海) 배(裵)씨 | 경분(景分) |
|---|---|---|---|

※ 홍해(興海) 배(裵)씨는 경주 배씨에서 분적되었으며 배경분 은 고려조에 검교장군(檢校將軍)을 지냈다.

| 수원(水原) 백(白)씨 | 우경(宇經) | 금성(錦城) 범(范)씨 | 승조(承祖) |
|---|---|---|---|

※ 우경(宇經)은 당나라에서 벼슬을 하였으며 간신들의 참소 를 받아 신라 선덕왕 때 귀화하여 벼슬이 대상(大相)에 이 르렀다.

| 안주(安州) 범(凡)씨 | 영부(永富) | 원주(原州) 변(邊)씨 | 안열(安烈) |
|---|---|---|---|

※ 변(邊)씨는 은나라 미중(微仲)의 후손으로 전한다. 미중이
   송(宋)에 봉해지고 평공의 아들 어융(御戎)의 자가 자변(子
   邊)인 까닭에 자손들이 변(邊)으로 성을 삼고 농서 의변에서
   살다가 송나라가 망하자 고려에 귀화하여 지금의 황주(黃
   州)에서 살기 시작했다고 전한다.

※ 안열(安烈)은 원(元)나라에서 원수(元帥)로 있다가 공민왕
   비인 노국대장공주(魯國大長公主)를 배행하여 고려에 들어
   와 귀화했다.

| 장연(長淵) 변(邊)씨 | 유령(有寧) | 황주(黃州) 변(邊)씨 | 여(呂) |
|---|---|---|---|

※ 유령(有寧)은 본래 중국 농서 사람으로 송나라에서 대아찬
   을 지낸 변경(邊鏡)의 증손이다. 그는 고려 인종 때 귀화하
   여 벼슬이 중문지후(中門祇候)에 이르고 연성부원군(淵城
   府院君, 연성은 장연의 옛 이름)에 봉해짐으로써 후손들이
   본관을 장연으로 하였다.

※ 변여는 장연 변씨의 시조 변유령의 현손으로 태천 사람이다.
   고려가 몽고병의 침입으로 도성을 강화로 옮기니 적병이 강
   화를 치고자 변여를 붙잡아 바닷길을 물었으나 그는 입을
   다물고 다만 해로가 매우 험하다고만 대답을 하였다. 그러자
   몽고병들은 그의 말을 믿고 배를 불살라 버린 뒤 물러갔다.

| 초계(草溪),<br>밀양(密陽)<br>변(卞)씨 | 정실(庭實) | 면천(沔川)<br>복(卜)씨 | 지겸(智謙) |
|---|---|---|---|

※ 당나라에서 예부상서를 지낸 변원(卞源)이 8학사의 한 사람으로 신라 경덕왕 때 효경(孝經) 한 질을 가지고 귀화했다. 그러나 세계를 모르고 있다가 고려 성종 때 문하시중에 오르고 팔계군(팔계는 초계의 옛 이름)에 봉해진 변원의 후손 변정실(卞庭實)을 시조로 하고 있다.

※ 복(卜)씨는 신라 말에 오계의 난을 피하여 바다를 건너와서 면천(지금의 충남 당진군)에 정착했다고 하며 해적들을 소탕하였다고 전함. 후손 중에 고려 개국 공신인 복지겸을 시조로 하여 세계를 이어 가고 있다.

| 하음(河陰)<br>봉(奉)씨 | 우(佑) | 경주(慶州)<br>봉(鳳)씨 | |
|---|---|---|---|

※ 시조 봉우에 관한 설화가 전해지고 있으며 고려 인종 때 문과에 급제하여 벼슬을 했고 하음백(河陰伯)에 봉해졌다.

| 제주(濟州)<br>부(夫)씨 | 을나(乙那) | 농서(隴西)<br>비(丕)씨 | |
|---|---|---|---|

※ 농서는 중국 감숙성의 서쪽에 있는 지명이다.

| | | | |
|---|---|---|---|
| 수성(隨城),<br>달성(達城,<br>대구(大邱),<br>영광(靈光)<br>빈(賓)씨 | | 대구(大邱),<br>담양(潭陽)<br>빈(彬)씨 | |
| 경주(慶州)<br>빙(氷)씨 | 여경(如鏡) | 거창(居昌)<br>사(史)씨 | |
| 청주(靑州)<br>사(史)씨 | 요(繇) | 사(謝)씨 | |

※ 시조 사요는 명나라 개국공신이며 중국 청주 사람이다.

| | | | |
|---|---|---|---|
| 사(舍)씨 | | 효령(孝令)<br>사공(司空) | 도(圖) |
| 삼가(三嘉)<br>삼(森)씨 | | 목천(木川)<br>상(尙)씨 | 국진(國珍) |
| 남양(南陽)<br>서(徐)씨 | 간(赶) | 남평(南平)<br>서(徐)씨 | 린(鱗) |

※ 시조 서린은 이천 서씨 시조 서신일(徐神逸)의 8세손이며 대
　표적인 인물로는 린의 현손인 서호(灝)가 있다.

| | | | |
|---|---|---|---|
| 달성(達城)<br>서(徐)씨 | 진(晉) | 당성(唐城)<br>서(徐)씨 | 득부(得富) |

※ 시조 진은 고려 때 봉익대부(奉翊大夫), 판도판서(版圖判書) 등을 역임하면서 공이 있어서 달성(대구의 고성)군에 봉해지고 달성을 식읍(食邑)으로 하사받아 그곳에 세거(世居)하게 되었다. 이러하여 후손들이 본관을 달성으로 하여 세계를 계승하고 있다. 고려조와 이조의 역대를 통하여 많은 인물을 배출하였으며 근대사에 이르러 서상일(徐相日)은 보성전문학교를 졸업하고 1909년에 대동청년단을 조직하여 독립운동을 전개하였으며 그 후 만주로 망명하여 독립운동을 계속하였다. 특히 후손 중에 서태룡(徐泰龍)은 만주지역에서 출생한 과학자이며 자력발동기 연구에 인생을 걸고 몰두하던 나머지 회전운동에 성공을 하였으므로 단군의 후손다운 명성을 가지게 되었으며 아들 서준봉(徐峻峰)도 자력발동기 연구에 협조를 하여 부자의 빼어난 업적으로 대접을 받게 되었음은 배달민족의 우수성을 인정받을 수 있는 업적이 되었다.

| 대구(大邱)<br>서(徐)씨 | 한(閈) | 부여(扶餘)<br>서(徐)씨 | 륭(隆) |
|---|---|---|---|

※ 서한을 1세로 하면서 시조라 하지 아니하고 원조(遠祖)라 하며 이유는 서한이 이천 서씨의 시조 서신일의 후손으로 믿어지나 문헌의 자료가 전해지지 아니하여 확실한 세계를 알 수 없어서 원조라 한다 함.
※ 시조 서륭은 백제 의자왕의 셋째 아들이며 백제가 망하자 당나라로 망명하였다가 당나라 고종으로부터 서씨로 사성받고 웅진도독(熊津都督)에 임명되어 귀국했다고 함.

| 연산(連山)<br>서(徐)씨 | 준영(俊英) | 의령(宜寧)<br>서씨 | 시의(時義) |
|---|---|---|---|
| 이천(利川)<br>서(徐)씨 | 신일(神逸) | 장성(長城)<br>서(徐)씨 | 릉(稜) |

※ 시조 서신일은 신라 효공왕 때 아간(阿干)을 지내다가 국운
이 다함을 깨닫고 관직에서 물러나 이천의 효양산 기슭에 복
성당(卜聖堂)을 짓고 은거하면서 후진 양성에 여생을 바쳤
다. 그래서 후손들이 이천을 본관으로 삼았다 함.

| 절강(浙江)<br>서(徐)씨 | 해룡(海龍) | 평당(平當)<br>서(徐)씨 | 준방(俊邦) |
|---|---|---|---|
| 서(西)씨 | | 안음(安陰)<br>서문(西門) | 기(記) |
| 광주(廣州)<br>석(石)씨 | 함(涵) | 조주(潮州)<br>석(石)씨 | 성(星) |
| 충주(忠州)<br>홍주(洪州)<br>석(石)씨 | 린(隣) | 해주(海州)<br>성주(星州)<br>석(石)씨 | 성(星) |
| 월성(경주)<br>석(昔)씨 | | 광주(光州)<br>선(宣)씨 | 문도(文道) |

※ 석(昔)씨의 시조는 신라 제4대 왕인 석탈해왕(昔脫解王)이다.

| 보성(寶城)<br>선씨 | 윤지(允祉) | 태원(太原)<br>선우(鮮于) | 기자(箕子) |
|---|---|---|---|
| ※ 선우(鮮于)씨의 시조는 기자(箕子)이며, 비조(鼻祖) 선우정<br>(鮮于靖), 중조(中祖) 선우협(鮮于浹)이다. | | | |
| 경주(慶州)<br>순창(淳昌)<br>설(薛)씨 | 호진(虎珍) | 경주(慶州)<br>설(卨)씨 | 손(遜) |
| 경주(慶州)<br>엽(葉)씨 | 공제(公濟) | 창녕(昌寧)<br>성(成)씨 | 인보(仁輔) |
| 성(星)씨 | | 진주(晋州)<br>소(蘇)씨 | 소백손(伯孫) |
| ※ 시조를 소백손(伯孫), 중시조를 소경(慶), 1세조를 소계령으<br>로 전함. | | | |
| 평산(平山)<br>소(邵)씨 | 옹(雍) | 경주(慶州)<br>손(孫)씨 | 순(順) |
| 구례(求禮)<br>손(孫)씨 | 정택(正澤) | 라주(羅州)<br>손(孫)씨 | 광유(光裕) |
| 밀양(密陽)<br>손(孫)씨 | 순(順) | 부령(扶寧)<br>손(孫)씨 | 순조(順祖) |

| 비안(比安)<br>손(孫)씨 | 을구(乙口) | 일직(一直)<br>안동(安東)<br>손(孫)씨 | 응(凝) |
|---|---|---|---|

※ 응의 후손 간(幹)이 신라왕을 받들고 일직군(지금의 안동군)<br>에 행차하였다가 그곳에 정착하여 본관으로 삼았다.

| 청주(淸州)<br>손(孫)씨 | 필영(弼榮) | 평해(平海)<br>손(孫)씨 | 순(順) |
|---|---|---|---|
| 송(松)씨 | | 강음(江陰)<br>송(宋)씨 | 도보(道輔) |

※ 송(宋)씨의 도시조(都始祖)는 주은(柱殷)이며 당나라에서<br>호부상서(戶部尚書)를 지냈다.

| 김해(金海)<br>송(宋)씨 | 천봉(天逢) | 라주(羅州)<br>송(宋)씨 | 용억(龍億) |
|---|---|---|---|
| 남양(南陽)<br>송(宋)씨 | 규(奎) | 덕산(德山)<br>송(宋)씨 | 호산(壺山) |
| 문경(聞慶)<br>송(宋)씨 | 신경(臣敬) | 서산(瑞山)<br>송(宋)씨 | 자영(自英) |
| 신평(新平)<br>송(宋)씨 | 구진(丘進) | 안산(安山)<br>송(宋)씨 | 유(維) |
| 야성(冶城)<br>송(宋)씨 | 맹영(孟英) | 양주(楊州)<br>송(宋)씨 | 도성(道成) |

※ 야성(冶城) 송(宋)씨 시조는 고려 목종(穆宗) 때 간의대부총부의랑(諫議大夫摠部議郎)을 지내고 야성(일명 야로(冶爐)라 하기도 함)군에 봉해졌으므로 본관을 야성이라 하여 세계(世系)를 이어 가고 있다.

| 려산(礪山)<br>송(宋)씨 | 유익(惟翊) | 연안(延安)<br>송(宋)씨 | 지겸(之兼) |
|---|---|---|---|
| 옥구(沃溝)<br>송(宋)씨 | 원규(原規) | 룡성(龍城)<br>송(宋)씨 | 엄향(嚴鄕) |
| 은진(恩津)<br>송(宋)씨 | 대원(大原) | 의성(義城)<br>송(宋)씨 | 인창(仁昌) |
| 죽산(竹山)<br>송(宋)씨 | 광언(光彦) | 진천(鎭川)<br>송(宋)씨 | 순공(舜恭) |
| 철원(鐵原)<br>송(宋)씨 | 화길(和吉) | 청주(淸州)<br>송(宋)씨 | 춘(椿) |

※ 시조 춘(椿)은 예부상서를 지냈고 아들 유충(有忠)이 청원(청주의 옛 이름)에 봉해졌으므로 본관을 청주라 하였다.

| 태안(泰安)<br>송(宋)씨 | 지의(之毅) | 태인(泰仁)<br>송(宋)씨 | 수(守) |
|---|---|---|---|
| 홍주(洪州)<br>송(宋)씨 | 계(桂) | 강남, 강릉,<br>고산, 김해<br>수(水)씨 | |

| | | | |
|---|---|---|---|
| 달성(達城)<br>밀양(密陽)<br>수(洙)씨 | | 홍산(鴻山)<br>순(荀)씨 | 경진(慶震) |
| 순(淳)씨 | | 순(順)씨 | |
| 림천(林川),<br>파주(坡州)<br>순(舜)씨 | | 연일(延日),<br>광산(光山)<br>승(承)씨 | 개(愷) |
| 남원(南原),<br>밀양(密陽)<br>승(昇)씨 | 신(信) | 절강(浙江)<br>시(施)씨 | 문용(文用) |
| 릉향(綾鄕),<br>태인(泰仁)<br>시(柴) | 등과(登科) | 고령(高靈)<br>신(申)씨 | 성용(成用) |
| 곡성(谷城)<br>신(申)씨 | 세달(世達) | 삭령(朔寧)<br>신(申)씨 | 윤려(允麗) |
| 신천(信川)<br>신(申)씨 | 찬(贊) | 아주(鵝洲)<br>신(申)씨 | 익휴(益休) |
| 령해(寧海)<br>신(申)씨 | 득청(得淸) | 은풍(殷豊)<br>신(申)씨 | 승휴(承休) |
| 이천(利川)<br>신(申)씨 | | 조종(朝宗)<br>신(申)씨 | 호(豪) |
| 창주(昌洲)<br>신(申)씨 | 보(甫) | 천안(天安)<br>신(申)씨 | 주석(周錫) |

| | | | |
|---|---|---|---|
| 평산(平山)<br>신(申)씨 | 숭겸(嵩謙) | 거창(居昌)<br>신(愼)씨 | 수(修) |
| 령산(靈山),<br>영월(寧越)<br>신(辛)씨 | 경(鏡) | 부유(富有)<br>심(沈)씨 | 립인(立仁) |
| 삼척(三陟)<br>심(沈)씨 | 동로(東老) | 의령(宜寧)<br>심(沈)씨 | 문준(文濬) |
| 전주(全州)<br>심(沈)씨 | 현(賢) | 청송(靑松)<br>심(沈)씨 | 홍부(洪孚) |
| 풍산(豊山)<br>심(沈)씨 | 만승(滿升) | 아(阿)씨 | |
| 공주(公州)<br>안(安)씨 | 익(翊) | 광주(廣州)<br>안씨 | 방걸(邦傑) |

※ 시조 방걸은 고려 태조 때 광주 사람들이 성주를 살해하고
　모반할 때 의병을 일으켜 토평한 공으로 대장군이 되었고 경
　기도 광주군에 봉해졌으므로 본관을 광주로 하게 되었다.

| | | | |
|---|---|---|---|
| 순흥(順興)<br>안씨 | 자미(子美) | 안산(安山)<br>안씨 | 자유(子由) |
| 제천(堤川)<br>안씨 | 적재(迪材) | 주천(酒泉)<br>안씨 | 정방(挺方) |

| | | | |
|---|---|---|---|
| 죽산(竹山)<br>안씨 | 구(舊); 방준<br>(邦俊), 신(新);<br>원형(元衡) | 탐진(耽津)<br>안씨 | 원린(元璘) |
| 태원(太原)<br>안씨 | 만세(萬世) | 애(艾)씨 | |
| 개성, 봉성,<br>석천, 원평,<br>파평 야(夜)씨 | | 나주(羅州)<br>양(梁)씨 | 인(認) |
| 양주(陽州)<br>양(梁)씨 | 희(熙) | 림천(林川)<br>양(梁)씨 | 적(逖) |
| 제주, 남원,<br>충주(忠州)<br>양(梁)씨 | 양을나(良乙<br>那) | 청주(淸州)<br>양(梁)씨 | 성준(聖駿) |
| ※ 모두가 한 조상의 자손이며 제주의 양을나(良乙那)는 양씨<br>　의 조상인 동시에 제주 삼신인 중의 한 분이다. | | | |
| 남원(南原)<br>양(楊)씨 | 경문(敬文) | 밀양(密陽)<br>양(楊)씨 | 근(根) |
| 안악(安岳)<br>양(楊)씨 | 만수(萬壽) | 중화(中和)<br>양(楊)씨 | 포(浦) |
| 청주(淸州)<br>양(楊)씨 | 기(起) | 통주(通州)<br>양(楊)씨 | 복길(福吉) |

| | | | |
|---|---|---|---|
| 양(樑)씨 | | 양(襄)씨 | |
| 경흥(慶興)<br>어(魚)씨 | 계복(繼福) | 충주(忠州)<br>어(魚)씨 | 중익(重翼) |
| 함종(咸從)<br>어(魚)씨 | 화인(化仁) | 상주(尙州)<br>엄(嚴)씨 | |
| 영월(寧越)<br>엄(嚴)씨 | 림의(林義) | 의령(宜寧)<br>여(余)씨 | 선재(善才) |

※ 시조 림의는 본시 당(唐)나라 사람으로 당나라 천보년간(天寶年間; 서기 742년~755년)에 정사(正使)로 부사(副使) 신시랑(辛侍郎)과 함께 파악사(波樂使)라는 사절임무를 띠고 신라에 들어왔다가 머물러 살게 되었다. 嚴씨와 辛씨의 두 성씨가 모두 영월을 본관으로 삼았고, 서로가 종씨(宗氏)라 부르며 의좋게 살아간다고 한다.

| | | | |
|---|---|---|---|
| 성주(星州)<br>여(呂)씨 | 어매(御梅) | 함양(咸陽)<br>여(呂)씨 | |
| 안산(安山)<br>여(汝)씨 | | 곡산(谷山)<br>연(延)씨 | 계령(繼苓) |
| 전주(全州)<br>연(連)씨 | 주(珠) | 곡산, 덕원,<br>영평, 전주,<br>정평, 평주<br>연(燕)씨 | |

| | | | |
|---|---|---|---|
| 파주(坡州) 염(廉)씨 | 형명(邢明) | 영(永)씨 | |
| 영(影)씨 | | 의흥(義興) 예(芮)씨 | 락전(樂全) |
| 예(藝)씨 | | 고창(高敞) 오(吳)씨 | 학인(學麟) |
| 군위(軍威) 오(吳)씨 | 숙귀(淑貴) | 라주(羅州) 오(吳)씨 | 언(偃) |
| 락안(樂安) 오(吳)씨 | 사룡(士龍) | 랑산(郎山) 오(吳)씨 | 응운(應運) |
| 동복(同福) 오(吳)씨 | 현좌(賢佐) | 보성(寶城) 오(吳)씨 | 현필(賢弼) |
| 삼가(三嘉) 오(吳)씨 | 규정(糾正) | 연일(延日) 오(吳)씨 | 연경(延慶) |
| 울산(蔚山) 오(吳)씨 | 연지(延祉) | 의성(義城) 오(吳)씨 | 영년(永年) |
| 장흥(長興) 오(吳)씨 | 천우(天佑) | 전주(全州) 오(吳)씨 | 준민(俊玟) |
| 진원(珍原) 오(吳)씨 | 익(益) | 평해(平海) 오(吳)씨 | 극중(克中) |
| 함양(함양) 오(吳)씨 | 광휘(光輝) | 함평(咸平) 오(吳)씨 | 잠(岑) |

| | | | |
|---|---|---|---|
| 해주(海州)<br>오(吳)씨 | 인유(仁裕) | 화순(和順)<br>오(吳)씨 | 원(元) |
| 홍양(興陽)<br>오(吳)씨 | 광휘(光輝) | 반성(班城)<br>옥(玉)씨 | 사영(思英) |
| 봉성(鳳城),<br>금구(金溝)<br>온(溫)씨 | | 옥천(玉川),<br>순창(淳昌)<br>옹(邕)씨 | 은(闇) |
| ※ 숙우(叔虞)와 온달(溫達)의 이름이 조상님으로 전함. | | | |
| 옹(雍)씨 | | 강릉(江陵)<br>왕(王)씨 | 유(裕) |
| 개성(開城)<br>왕씨 | 왕건(王建) | 제남(濟南)<br>왕씨 | 이문(以文) |
| 해주(海州)<br>왕씨 | 유(儒) | 요(姚)씨 | |
| 홍천(洪川)<br>용(龍)씨 | 득의(得義) | 강주(剛州)<br>우(禹)씨 | 윤성(允成) |
| ※ 우(禹)씨의 본관은 단양 이외에 예안, 영천, 강주(경북 영천의 옛 이름) 등의 본이 전하지만, 모두가 단양의 분파로 알려지고 있음. 고려 말의 석학인 우탁(禹倬)을 비롯하여 많은 인물을 배출하였으므로 조선 초기 이래의 명문으로 이름이 높다. | | | |

| | | | |
|---|---|---|---|
| 단양(丹陽)<br>우(禹)씨 | 현(玄) | 영천(榮川)<br>우(禹)씨 | 부(傅) |
| 예안(禮安)<br>우(禹)씨 | 탁(倬) | 목천(木川)<br>우(于)씨 | 방령(邦寧) |
| 장흥(長興),<br>청주(淸州),<br>함흥(咸興)<br>운(雲)씨 | | 원주(原州)<br>원(元)씨 | 경(鏡) |
| 비안(比安)<br>원(袁)씨 | 뇌보(賚輔) | 수령(遂寧)<br>위(魏)씨 | 문개(文凱) |
| 장흥(長興)<br>위(魏)씨 | 경(鏡) | 강화(江華)<br>위(韋)씨 | 수여(壽餘) |
| 고령(高靈)<br>유(俞)씨 | 진(軫) | 기계(杞溪)<br>유(俞)씨 | 삼재(三宰) |
| 무안(務安)<br>유(俞)씨 | 천우(千遇) | 인동(仁同)<br>유(俞)씨 | 승단(升旦) |
| 장사(長沙)<br>유(俞)씨 | 순직(舜稷) | 창원(昌原)<br>유(俞)씨 | 섭(涉) |
| 천령(川寧)<br>유(俞)씨 | 돈(燉) | 탐진(眈津)<br>유(俞)씨 | 보(寶) |

| | | | |
|---|---|---|---|
| 거창(居昌),<br>강릉(江陵),<br>백천(白川)<br>유(劉)씨 | 유전(劉筌) | 경주(慶州)<br>유(劉)씨 | 경상(景祥) |
| 금성(金城)<br>유(劉)씨 | 돈(暾) | 충주(忠州)<br>유(劉)씨 | 긍달(兢達) |
| 무송(茂松),<br>평산(平山)<br>유(庾)씨 | 검필(黔弼) | 옥천(沃川)<br>육(陸)씨 | 보(普) |
| 경주(慶州)<br>윤(尹)씨 | 통(統) | 고창(高敞)<br>윤(尹)씨 | 세보(世寶) |
| 기계(杞溪)<br>윤(尹)씨 | 유정(維禎) | 남원(南原)<br>윤(尹)씨 | 위(威) |
| 덕산(德山)<br>윤(尹)씨 | 희관(希琯) | 무송(茂松)<br>윤(尹)씨 | 양비(良庇) |
| 신령(新寧)<br>윤(尹)씨 | 자임(自任) | 야성(野城),<br>영덕(盈德)<br>윤(尹)씨 | 혁(赫) |
| 양주(楊州)<br>윤(尹)씨 | 숭(崇) | 여주(驪州)<br>윤(尹)씨 | 신달(莘達) |
| 영천(永川)<br>윤(尹)씨 | 절생(切生) | 예천(醴泉)<br>윤(尹)씨 | 충(忠) |

| | | | |
|---|---|---|---|
| 죽산(竹山)<br>윤(尹)씨 | 정화(挺華) | 청주(淸州)<br>윤(尹)씨 | 취(就) |
| 칠원(漆原)<br>윤(尹)씨 | 시영(始榮) | 파평(坡平)<br>윤(尹)씨 | 신달(莘達) |
| 함안(咸安)<br>윤(尹)씨 | 돈(敦) | 해남(海南)<br>윤(尹)씨 | 존부(存富) |
| 해주(海州)<br>윤(尹)씨 | 중부(重富) | 해평(海平)<br>윤(尹)씨 | 군정(君正) |
| 현풍(玄風)<br>윤(尹)씨 | 보은(輔殷) | 태인(泰仁)<br>은(殷)씨 | 홍순(弘淳) |
| 행주(幸州)<br>은(殷)씨 | 홍열(洪悅) | 괴산(槐山)<br>음(陰)씨 | 정(鼎) |
| 죽산(竹山)<br>음(陰)씨 | 준(俊) | 가리(加利)<br>이(李)씨 | 승휴(承休) |
| 가평(加平)<br>이(李)씨 | 인보(仁輔) | 강동(江東)<br>이(李)씨 | 만욱(萬郁) |
| 강양(江陽)<br>이(李)씨 | 초(超) | 강진(康津)<br>이(李)씨 | 진(珍) |
| 강화(江華)<br>이(李)씨 | 대평(大平) | 개성(開城)<br>이(李)씨 | 차감(次瑊) |
| 거창(居昌)<br>이(李)씨 | 성곤(性坤) | 결성(結城)<br>이(李)씨 | 창욱(昌旭) |

| | | | |
|---|---|---|---|
| 경산(京山)<br>이(李)씨 | 덕부(德富) | 경주(慶州)<br>이(李)씨 | 알평(謁平) |
| 고령(高靈)<br>이(李)씨 | 헌(憲) | 고부(古阜)<br>이(李)씨 | 경조(敬祖) |
| 고성(固城),<br>철성(鐵城)<br>이(李)씨 | 황(璜) | 공주(公州)<br>이(李)씨 | 천일(天一) |
| 광양(光陽)<br>이(李)씨 | 무방(茂方) | 광주(廣州)<br>이(李)씨 | 당(唐) |
| 교하(交河)<br>이(李)씨 | 진형(震亨) | 금구(金溝)<br>이(李)씨 | 주(澍) |
| 김포(金浦)<br>이(李)씨 | 관중(管仲) | 라주(羅州)<br>이(李)씨 | 철우(哲祐) |
| 남평(南平)<br>이(李)씨 | 동말(東秣) | 롱서(隴西)<br>이(李)씨 | 장경(長庚) |
| 단성(丹城)<br>이(李)씨 | 현(峴) | 단양(丹陽)<br>이(李)씨 | 배환(盃煥) |
| 담양(潭陽)<br>이(李)씨 | 덕명(德明) | 대흥(大興)<br>이(李)씨 | 련계(連桂) |
| 덕산(德山)<br>이(李)씨 | 재술(在述) | 덕수(德水)<br>이(李)씨 | 돈수(敦守) |

| | | | |
|---|---|---|---|
| 덕은(德恩)<br>이(李)씨 | 전(荃) | 동성(東城),<br>사천(泗川)<br>이(李)씨 | 식(軾) |
| 목천(木川)<br>이(李)씨 | 검숭(儉崇) | 벽진(碧珍)<br>이(李)씨 | 총언(悤言) |
| 보성(寶城)<br>이(李)씨 | 윤장(胤章) | 봉산(鳳山)<br>이(李)씨 | 수(隨) |
| 부안(扶安)<br>이(李)씨 | 지발(之發) | 부여(扶餘)<br>이(李)씨 | 품(稟) |
| 부평(富平)<br>이(李)씨 | 희목(希穆) | 삼척(三陟)<br>이(李)씨 | 강제(康濟) |
| 상주(尙州),<br>상산(商山)<br>이(李)씨 | 민도(敏道) | 서림(西林),<br>서천(舒川)<br>이(李)씨 | 익존(益存) |
| 서산(瑞山)<br>이(李)씨 | 령모(令謨) | 성산(星山)<br>이(李)씨 | 능일(能一) |
| 성산(星山),<br>광평(廣平)<br>이(李)씨 | 무재(茂材) | 성주(星州)<br>이(李)씨 | 순유(純由) |
| 수안(遂安)<br>이(李)씨 | 견웅(堅雄) | 수원(水原)<br>이(李)씨 | 자송(子松) |

| | | | |
|---|---|---|---|
| 순천(順天)<br>이(李)씨 | 사고(師古) | 신평(新平)<br>이(李)씨 | 덕명(德明) |
| 아산(牙山)<br>이(李)씨 | 주좌(周佐) | 안동(安東)<br>이(李)씨 | 경수(景洙) |
| 안산(安山)<br>이(李)씨 | 京畿系 ;仁守<br>鐵山系 ;希勣 | 안성(安城)<br>이(李)씨 | 중선(仲宣) |
| 안악(安岳)<br>이(李)씨 | 견(堅) | 양산(梁山)<br>이(李)씨 | 만영(萬英) |
| 양산(陽山)<br>이(李)씨 | 천일(天一) | 양성(陽城)<br>이(李)씨 | 수광(秀匡) |
| 양주(楊州)<br>이(李)씨 | 석숭(碩崇) | 여주(驪州)<br>이(李)씨 | 校尉公派;仁<br>德, 文順公派<br>殷伯, 慶州<br>派;世貞 |
| 연안(延安)<br>이(李)씨 | 무(茂) | 영천(寧川)<br>이(李)씨 | 릉간(凌幹) |
| 영천(永川)<br>이(李)씨 | 문한(文漢) | 영해(寧海)<br>이(李)씨 | 정동(廷東) |
| 온양(溫陽)<br>이(李)씨 | 홍서(興瑞) | 룡궁(龍宮)<br>이(李)씨 | 정식(禎植) |
| 용인(龍仁)<br>이(李)씨 | 길권(吉卷) | 용천(龍川)<br>이(李)씨 | 밀(密) |

| | | | |
|---|---|---|---|
| 우계(羽溪)<br>이(李)씨 | 양식(陽植) | 우봉(牛峯)<br>이(李)씨 | 공정(公靖) |
| 울산(蔚山)<br>이(李)씨 | 철(哲) | 원주(原州)<br>이(李)씨 | 신(新); 신우<br>(申佑)<br>구(舊); 춘계<br>(椿桂) |
| 음죽(陰竹)<br>이(李)씨 | 방서(方瑞) | 익산(益山)<br>이(李)씨 | 문진(文眞) |
| 익흥(益興)<br>이(李)씨 | 시정(時楨) | 인천(仁川)<br>이(李)씨 | 허겸(許謙) |
| 림천(林川)<br>이(李)씨 | 현(玄) | 장성(長城)<br>이(李)씨 | 병규(丙奎) |
| 장수(長水)<br>이(李)씨 | 알평(謁平) | 장흥(長興)<br>이(李)씨 | 원성(元成) |
| ※ 신라 양산촌장 알평을 원조로 하고 림간(林幹)을 시조로 받들고 있다. | | | |
| 재령(載寧)<br>이(李)씨 | 우칭(禹偁) | 전의(全義)<br>이(李)씨 | 도(棹) |
| 전주(全州)<br>이(李)씨 | 한(翰) | 예안(禮安)<br>이(李)씨 | 혼(混) |
| ※ 전의 이씨 시조 이도의 7세손. | | | |

| | | | |
|---|---|---|---|
| 정선(旌善)<br>이(李)씨 | 양혼(陽焜) | 정주(貞州)<br>이(李)씨 | 세화(世華) |
| 진보(眞寶),<br>진성(眞城)<br>이(李)씨 | 석(碩) | 진위(振威)<br>이(李)씨 | 자영(自英) |
| 진주(晋州)<br>이(李)씨 | 군재(君梓) | 차성(車城),<br>기장(機張)<br>이(李)씨 | 위(渭) |
| 창녕(昌寧)<br>이(李)씨 | 정현(正賢) | 천안(天安)<br>이(李)씨 | |
| 청송(靑松)<br>이(李)씨 | 덕부(德富) | 청안(淸安)<br>이(李)씨 | 학년(鶴年) |

※ 시조 학년은 고려 광종 때 예부상서(禮部尙書)를 지내고 청안군에 봉해져 본관을 청안으로 하여 세계(世系)를 이어왔다. 그러다가 그의 14세 손에 한번(漢藩)과 항상(恒相) 두 형제가 있었는데, 형 한번의 아들 광경(光慶)은 호남파(湖南派)의 중시조(中始祖)가 되고 아우 항상의 아들 양길(陽吉)은 영남파(嶺南派)의 중시조가 되어 두 파로 갈라져서 후손을 이어 가고 있다.

〈충원공파(忠元公派)〉 항상(恒相)의 아들 양길(陽吉)
〈충간공파(忠簡公派)〉 한번(漢藩)의 아들 광경(光慶)
경북 월성군 안강읍, 월성군 외동면, 경북 영일군 청하면 청계(淸溪)리, 경남 울주군 언양면 반송리와 대곡리(반구대), 농소면 상안리에 분포하고 있다.

호남파: 나주 장성

| | | | |
|---|---|---|---|
| 청주(淸州)<br>이(李)씨 | 능희(能希) | 청해(靑海)<br>이(李)씨 | 지란(之蘭) |
| 초산(楚山)<br>이(李)씨 | 헌(憲) | 충주(忠州)<br>이(李)씨 | 토관(土寬) |
| 태안(泰安)<br>이(李)씨 | 기(奇) | 태원(太原)<br>이(李)씨 | 귀지(貴芝) |
| 통진(通津)<br>이(李)씨 | 인(仁) | 평산(平山)<br>이(李)씨 | 부명(敷明) |
| 평양(平壤)<br>이(李)씨 | 극문(克文) | 평창(平昌)<br>이(李)씨 | 광(匡) |

| | | | |
|---|---|---|---|
| 하빈(河濱)<br>이(李)씨 | 거(琚) | 하음(河陰)<br>이(李)씨 | 영(英) |
| 학성(鶴城)<br>이(李)씨 | 예(藝) | 한산(韓山)<br>이(李)씨 | 戶長公系;允卿, 權和公系;允佑 |
| 함안(咸安)<br>이(李)씨 | 상(尙) | 함양(咸陽)<br>이(李)씨 | 홍(洪) |
| 함평(咸平)<br>이(李)씨 | 언(彦) | 협천(狹川)<br>이(李)씨 | 개(開) |

※ 시조 언(彦)은 고려 광종 때 신무위대장군(神武衛大將軍)
으로 함풍(함평의 옛 이름)군(君)에 봉해졌고 그의 고손 광
봉(光逢)은 충숙왕 때 삼사사(三司使)로 벽상삼한삼중대광
보국숭록대부좌명공신(壁上三韓三重大匡輔國崇祿大夫
佐命功臣)으로 함풍부원군(咸豊府院君)에 봉해졌기 때문
에 후손들이 본관을 함평이라 하였다. 항열의 글자 계(啓)
자는 27대이며, 범(範) 자는 28대, 재(載) 자는 29대, 30대
는 행(行) 이다.

| | | | |
|---|---|---|---|
| 해남(海南)<br>이(李)씨 | 지형(之亨) | 해주(海州)<br>이(李)씨 | 선(璿) |
| 홍주(洪州),<br>안평(安平)<br>이(李)씨 | 유성(維城) | 화산(花山)<br>이(李)씨 | 용상(龍祥) |

| | | | |
|---|---|---|---|
| 회덕(懷德)<br>이(李)씨 | 몽(蒙) | 홍양(興陽)<br>이(李)씨 | 언림(彦林) |
| 밀양(密陽)<br>이(異)씨 | | 이(伊)씨 | |
| 교동(喬桐)<br>인(印)씨 | 서(瑞) | 영안(延安)<br>인(印)씨 | 후(侯) |
| 경주(慶州)<br>임(林)씨 | 계정(繼貞) | 길안(吉安)<br>임(林)씨 | 박(樸) |
| 라주(羅州)<br>임(林)씨 | 비(庇) | 밀양(密陽)<br>임(林)씨 | 계종(繼宗) |
| 보성(寶城)<br>임(林)씨 | 연(然) | 부안(扶安)<br>임(林)씨 | 계미(季美) |
| 선산(善山)<br>임(林)씨 | 양저(良貯) | 순창(淳昌)<br>임(林)씨 | 중연(仲沇) |
| 안동(安東)<br>임(林)씨 | 인성(仁成) | 안의(安義)<br>임(林)씨 | 길(吉) |
| 예천(醴泉)<br>임(林)씨 | 충세(忠世) | 옥구(沃溝)<br>임(林)씨 | 개(槪) |
| 옥야(沃野)<br>임(林)씨 | 돈(敦) | 울진(蔚珍)<br>임(林)씨 | 우(祐) |
| 은진(恩津)<br>임(林)씨 | 성근(成槿) | 이안(利安)<br>임(林)씨 | 세춘(世春) |

| | | | |
|---|---|---|---|
| 익산(益山)<br>임(林)씨 | 완(完) | 임천(林川)<br>임(林)씨 | |

※ 임천(林川) 임(林)씨는 평택 임씨에서 분파.

| | | | |
|---|---|---|---|
| 임하(臨河)<br>임(林)씨 | | 장흥(長興)<br>임(林)씨 | 분(賁) |
| 전주(全州)<br>임(林)씨 | | 조양(兆陽)<br>임(林)씨 | 세미(世味) |
| 진천, 상산<br>임(林)씨 | 희(曦) | 평택(平澤)<br>임(林)씨 | 세춘(世春) |

※ 세춘은 중시조.

| | | | |
|---|---|---|---|
| 곡성(谷城)<br>임(任)씨 | 영진(英進) | 과천(果川)<br>임(任)씨 | 경종(敬宗) |
| 장흥(長興)<br>임(任)씨 | 호(灝) | 진주(晋州)<br>임(任)씨 | 형(衡) |
| 풍천(豊川)<br>임(任)씨 | 온(溫) | 함풍(咸豊)<br>임(任)씨 | 진미(珍美) |
| 회덕(懷德)<br>임(任)씨 | 수성(守城) | 결성(結城)<br>장(張)씨 | 사(穂) |
| 구례(求禮),<br>봉성(鳳城)<br>장(張)씨 | 악(岳) | 라주(羅州)<br>장(張)씨 | 세동(世東) |

| | | | |
|---|---|---|---|
| 단양(丹陽)<br>장(張)씨 | 순익(順翼) | 덕수(德水)<br>장(張)씨 | 순룡(舜龍) |
| 목천(木川)<br>장(張)씨 | 빈(彬) | 부안(扶安)<br>장(張)씨 | 연(淵) |
| 순천(順川)<br>장(張)씨 | 천로(天老) | 안동(安東)<br>장(張)씨 | 정필(貞弼) |
| 려흥(驪興)<br>장(張)씨 | 근(根) | 영동(永東)<br>장(張)씨 | 항(沆) |
| 영천(榮川)<br>장(張)씨 | 준남(俊南) | 예산(禮山)<br>장(張)씨 | 영위(英暐) |
| 옥구(沃溝)<br>장(張)씨 | 목익(木益) | 옥천(沃川)<br>장(張)씨 | 식(栻) |
| 울진(蔚珍)<br>장(張)씨 | 말익(末翼) | 인동(仁同)<br>장(張)씨 | 大提學公派;<br>桂, 張金用<br>系;金用 |

※ 시조 말익은 도시조(都始祖) 장정필(張貞弼)의 증손인 지현
　(之賢)의 다섯째 아들로 고려 정종 때 울진군에 봉해졌다.

| | | | |
|---|---|---|---|
| 전주(全州)<br>장(張)씨 | 응익(應翼) | 절강(浙江)<br>장(張)씨 | 해빈(海濱) |
| 지례(知禮)<br>장(張)씨 | 일성(日成) | 진안(鎭安)<br>장(張)씨 | 원열(原烈) |

| | | | |
|---|---|---|---|
| 진주(晋州)<br>장(張)씨 | 방언(邦彦) | 진천(鎭川)<br>장(張)씨 | 유(裕) |
| 창녕(昌寧)<br>장(張)씨 | 일(鎰) | 천령(川寧)<br>장(張)씨 | 인기(仁起) |
| 청송(靑松)<br>장(張)씨 | 영민(英旼) | 태원(太原),<br>충주(忠州)<br>장(張)씨 | 문한(文翰) |
| 해풍(海豊)<br>장(張)씨 | 맹경(孟卿) | 홍성(興城),<br>홍덕(興德)<br>장(張)씨 | 유(儒) |
| 홍양(興陽)<br>장(張)씨 | 선익(善翼) | 홍해(興海)<br>장(張)씨 | 위(暐) |
| 아산(牙山)<br>장(蔣)씨 | 서(壻) | 거창(居昌)<br>장(章)씨 | 종행(宗行) |
| 장(莊)씨 | | 경성(鏡城)<br>전(全)씨 | 영수(永壽) |

※ 장(莊)씨는 중국 초(楚)나라 장왕(莊王)의 후예로 전해지고
  있다.
※ 전(全)씨는 한 본이고 환성군(歡城君) 전섭(全聶)의 후예이
  며 자손이 늘어나면서 여러 갈래의 관향(貫鄕)으로 분적(分
  籍)되었다.

| | | | |
|---|---|---|---|
| 보성(寶城)<br>전(全)씨 | 영달(潁達) | 광평(廣平)<br>전(田)씨 | 호겸(好謙) |
| 남양(南陽)<br>전(田)씨 | 주(柱) | 담양(潭陽)<br>전(田)씨 | 득시(得時) |
| 연안(延安)<br>전(田)씨 | 가식(可植) | 령광(靈光)<br>전(田)씨 | 종회(宗會) |
| 평택(平澤)<br>전(田)씨 | 광언(光彦) | 하음(河陰)<br>전(田)씨 | 균(畇) |
| 문경(聞慶),<br>관산(冠山)<br>전(錢)씨 | 유겸(惟謙) | 한산(韓山),<br>괴산(槐山)<br>점(占)씨 | |
| 경주(慶州)<br>정(鄭)씨 | 지백호(智伯虎) | 고성(固城)<br>정(鄭)씨 | 가물(可勿) |
| 공산(公山)<br>정(鄭)씨 | 응규(應圭) | 광주(光州)<br>정(鄭)씨 | 신호(臣扈) |
| 금성(錦城)<br>정(鄭)씨 | 성(盛) | 김포(金浦)<br>정(鄭)씨 | 음문(應文) |
| 나주(羅州)<br>정(鄭)씨 | 해(諧) | 랑야(瑯琊)<br>정(鄭)씨 | 선갑(先甲) |
| ※ 선갑은 중국 산동성 랑야 사람. | | | |

| | | | |
|---|---|---|---|
| 돌산(突山)<br>정(鄭)씨 | 응통(應通) | 동래(東萊)<br>정(鄭)씨 | 회문(繪文) |
| 보령(保寧)<br>정(鄭)씨 | 형서(衡瑞) | 봉화(奉化)<br>정(鄭)씨 | 공미(公美) |
| 서경(西京)<br>정(鄭)씨 | 지상(知常) | 서산(瑞山)<br>정(鄭)씨 | 인경(仁卿) |
| 야성(野城),<br>영덕(盈德)<br>정(鄭)씨 | 가후(可侯) | 영일(迎日),<br>연일(延日),<br>오천(烏川)<br>정(鄭)씨 | 종은(宗殷) |
| 영정(永定)<br>정(鄭)씨 | 의(誼) | 영천(永川)<br>정(鄭)씨 | 차공(次恭) |
| 례천(醴泉)<br>정(鄭)씨 | 소유(少游) | 온양(溫陽)<br>정(鄭)씨 | 보천(普天) |
| 옹진(甕津)<br>정(鄭)씨 | 대신(大臣) | 의안(義安)<br>정(鄭)씨 | 선(瑄) |
| 장기(長鬐)<br>정(鄭)씨 | 자여(子輿) | 장흥(長興)<br>정(鄭)씨 | 운붕(雲鵬) |
| 전주(全州)<br>정(鄭)씨 | 원흥(元興) | 정산(定山)<br>정(鄭)씨 | 치형(致亨) |

| | | | |
|---|---|---|---|
| 정주(貞州)<br>정(鄭)씨 | 문정(文靖) | 진주(晋州),<br>진양(晋陽)<br>정(鄭)씨 | 藝, 仲恭,<br>子友, 澤, 莊,<br>优, 安校 |
| 창원(昌原)<br>정(鄭)씨 | 지각(之覺) | 청산(靑山)<br>정(鄭)씨 | 금강(錦綱) |
| 청주(淸州)<br>정(鄭)씨 | 극경(克卿) | 초계(草溪)<br>정(鄭)씨 | 배걸(倍傑) |
| 팔계(八溪)<br>정(鄭)씨 | 승(丞) | 평해(平海)<br>정(鄭)씨 | 자함(自咸) |
| 풍기(豊基)<br>정(鄭)씨 | 의(誼) | 하동(河東)<br>정(鄭)씨 | 道正, 遜位,<br>應 |
| 학성(鶴城)<br>정(鄭)씨 | 송(松) | 함평(咸平)<br>정(鄭)씨 | 언겸(彦謙) |
| 해남(海南)<br>정(鄭)씨 | 공유(公裕) | 해주(海州)<br>정(鄭)씨 | 숙(肅) |
| 나주(羅州)<br>정(丁)씨 | 윤종(允宗) | 령성(靈城)<br>정(丁)씨 | 덕성(德盛) |
| 의성(義城)<br>정(丁)씨 | 령손(令孫) | 창원(昌原)<br>정(丁)씨 | 연방(衍邦) |
| 하남(河南)<br>정(程)씨 | 우(羽) | 칠원(漆原)<br>제(諸)씨 | 문유(文儒) |

| | | | |
|---|---|---|---|
| 남양(南陽) 제갈(諸葛) | 충(忠) | 강진(康津) 조(趙)씨 | 주(注) |
| 김제(金堤) 조(趙)씨 | 련벽(連璧) | 남해(南海) 조(趙)씨 | |
| 밀양(密陽) 조(趙)씨 | 홍사(洪祀) | 백천(白川) 조(趙)씨 | 지린(之遴) |
| 순창(淳昌) 조(趙)씨 | 자장(子長) | 양주(楊州) 조(趙)씨 | 잠(岑) |
| 옥천(玉川), 순창(淳昌) 조(趙)씨 | 장(璋) | 임천(林川) 조(趙)씨 | 천혁(天赫) |
| 주천(酒泉) 조(趙)씨 | 관(琯) | 직산(稷山) 조(趙)씨 | 성(成) |
| 진보(眞寶) 조(趙)씨 | 용(庸) | 태원(太原) 조(趙)씨 | 만(萬) |
| 평산(平山) 조(趙)씨 | 응선(膺善) | 평양(平壤) 조(趙)씨 | 춘(椿) |
| 풍양(豊壤) 조(趙)씨 | 맹(孟) | 하동(河東) 조(趙)씨 | 관(琯) |
| 한양(漢陽) 조(趙)씨 | 지수(之壽) | 함안(咸安) 조(趙)씨 | 정(鼎) |

| | | | |
|---|---|---|---|
| 횡성(橫城) 조(趙)씨 | 익(翌) | 홍양(興陽) 조(趙)씨 | 윤서(允瑞) |
| 가흥(嘉興) 조(曹)씨 | 천령(千齡) | 남평(南平) 조(曹)씨 | 신의(臣義) |
| 릉성(綾城) 조(曹)씨 | 사조(思朝) | 안동(安東) 조(曹)씨 | 석재(碩材) |
| 영암(靈巖) 조(曹)씨 | 상현(尙賢) | 장흥(長興) 조(曹)씨 | 정통(精通) |
| 창녕(昌寧) 조(曹)씨 | 계룡(繼龍) | 청도(清道) 조(曹)씨 | 중도(仲道) |

※ 창녕 부원군 계룡은 신라 선덕여왕의 부군으로 알려졌으며, 고려 태조 왕건의 부마가 된 겸(謙)이 중시조이다.

| | | | |
|---|---|---|---|
| 종(宗)씨 | 종백(宗伯) | 靈岩, 河陰, 江華 鐘씨 | 석(錫) |
| 청주(淸州) 좌(左)씨 | 형소(亨蘇) | 삼계(森溪) 주(周)씨 | 사옹(士雍) |
| 상주(尙州) 주(周)씨 | 이(頤) | 안의(安義) 주(周)씨 | 서(瑞) |
| 장흥(長興) 주(周)씨 | 언방(彦邦) | 철원(鐵原) 주(周)씨 | 승광(承光) |
| 초계(草溪) 주(周)씨 | 황(璜) | 풍기(豊基) 주(周)씨 | 숙손(叔孫) |

| | | | |
|---|---|---|---|
| 함안(咸安)<br>주(周)씨 | 영찬(英贊) | 라주(羅州)<br>주(朱)씨 | 중소(仲紹) |
| 신안(新安)<br>주(朱)씨 | 잠(潛) | 압해(押海)<br>주(朱)씨 | 현진(玄進) |
| 웅천(熊川)<br>주(朱)씨 | 문익(文翊) | 전주(全州)<br>주(朱)씨 | 인(仁) |
| 청주(淸州)<br>준(俊)씨 | | 충주(忠州)<br>지(池)씨 | 경(鏡) |
| 봉산(鳳山)<br>지(智)씨 | 채문(蔡文) | 강릉(江陵)<br>진(陳)씨 | 신언(臣彦) |
| 광동(廣東)<br>진(陳)씨 | 린(璘) | 라주(羅州)<br>진(陳)씨 | 온(溫) |
| 남해(南海)<br>진(陳)씨 | 우(禑) | 덕창(德昌)<br>진(陳)씨 | 력승(力升) |
| 복주(福州)<br>진(陳)씨 | 승서(承緖) | 삼척(三陟)<br>진(陳)씨 | 경(鏡) |
| 신광(神光)<br>진(陳)씨 | 익룡(翼龍) | 양산(梁山)<br>진(陳)씨 | 보재(普材) |
| 양주(楊州)<br>진(陳)씨 | 인광(仁光) | 려양(驪陽)<br>진(陳)씨 | 총후(寵厚) |
| 임피(臨陂)<br>진(陳)씨 | 리(理) | 남원(南原)<br>진(秦)씨 | 왕도(王道) |

| | | | |
|---|---|---|---|
| 삼척(三陟)<br>진(秦)씨 | 충귀(忠貴) | 영춘(永春)<br>진(秦)씨 | 사립(斯立) |
| 용인(龍仁)<br>진(秦)씨 | 응렴(應濂) | 제주(濟州)<br>진(秦)씨 | |
| 진주(晋州)<br>진(秦)씨 | 욱(郁) | 풍기(豊基)<br>진(秦)씨 | 필명(弼明) |
| 남원(南原)<br>진(晉)씨 | 함조(含祚) | 진(眞)씨 | |

※ 진(眞)씨는 삼국시대 때부터 전해 오는 성씨이다.

| | | | |
|---|---|---|---|
| 남해(南海)<br>차(車)씨 | 지보(之普) | 연안(延安)<br>차(車)씨 | 효전(孝全) |
| 용성(龍城)<br>차(車)씨 | 우상(遇尙) | 평산(平山)<br>차(車)씨 | 광한(光翰) |
| 창(昌)씨 | | 창(倉)씨 | |
| 광주(光州)<br>채(蔡)씨 | 순희(順禧) | 음성(陰城)<br>채(蔡)씨 | 충(沖) |
| 인천(仁川)<br>채(蔡)씨 | 선무(先茂) | 평강(平康)<br>채(蔡)씨 | 송년(松年) |
| 려산(礪山)<br>채(采)씨 | | 영양(潁陽)<br>천(千)씨 | 만리(萬里) |

※ 천만리는 중국 명나라 사람.

| | | | |
|---|---|---|---|
| 密陽, 驪陽, 延安, 牛鳳, 忠州 천(天)씨 | | 제주(濟州) 초(肖)씨 | 고도(古道) |
| 파능(巴陵) 초(楚)씨 | 해창(海昌) | 강릉(江陵) 최(崔)씨 | 必達, 文漢, 欣奉 |
| 강화(江華) 최(崔)씨 | 익후(益厚) | 개성(開城) 최(崔)씨 | 우달(佑達) |
| 경주(慶州) 최(崔)씨 | 치원(致遠) | 계림(鷄林) 최(崔)씨 | 윤순(允順) |
| 고부(古阜) 최(崔)씨 | 척(陟) | 광양(光陽) 최(崔)씨 | 한영(漢英) |
| 광주(廣州) 최(崔)씨 | 득보(得寶) | 괴산(槐山) 최(崔)씨 | 세진(世珍) |
| 랑주(朗州) 최(崔)씨 | 흔(昕) | 동주(東州) 최(崔)씨 | 준옹(俊邕) |
| 부안(扶安) 최(崔)씨 | 창일(昌一) | 삭령(朔寧) 최(崔)씨 | 천로(天老) |
| 상원(祥原) 최(崔)씨 | 무철(武哲) | 수성(隨城) 최(崔)씨 | 영규(永奎) |
| 수원(水原) 최(崔)씨 | 정(靖) | 아산(牙山) 최(崔)씨 | 예립(禮立) |

| | | | |
|---|---|---|---|
| 안동(安東)<br>최(崔)씨 | 광윤(光胤) | 양주(楊州)<br>최(崔)씨 | 억(億) |
| 양천(陽川)<br>최(崔)씨 | 원(遠) | 연풍(延豊)<br>최(崔)씨 | 지강(至崗) |
| 령암(靈巖)<br>최(崔)씨 | 홍의(洪儀) | 영천(永川)<br>최(崔)씨 | 한(漢) |
| 영흥(永興)<br>최(崔)씨 | 지미(之美) | 완산(完山)<br>최(崔)씨 | 순작(純爵) |
| 용강(龍崗)<br>최(崔)씨 | 지무(枝茂) | 용궁(龍宮)<br>최(崔)씨 | 현(玄) |
| 용주(龍州)<br>최(崔)씨 | 광(光) | 우봉(牛峯)<br>최(崔)씨 | 원호(元浩) |
| 원주(原州)<br>최(崔)씨 | 치(峙) | 월성(月城)<br>최(崔)씨 | 치원(致遠) |
| 전주(全州)<br>최(崔)씨 | 純爵, 阿, 均,<br>群玉 | 정주(貞州)<br>최(崔)씨 | 인저(仁沮) |
| 죽산(竹山)<br>최(崔)씨 | | 직산(稷山)<br>최(崔)씨 | 홍재(弘宰) |
| 진산(晋山)<br>최(崔)씨 | 개(漑) | 진주(晋州)<br>최(崔)씨 | 서림(瑞琳) |
| 청송(靑松)<br>최(崔)씨 | 세걸(世傑) | 청주(淸州)<br>최(崔)씨 | 단(鄲) |

| | | | |
|---|---|---|---|
| 초계(草溪)<br>최(崔)씨 | 용궁(龍宮) | 충주(忠州)<br>최(崔)씨 | 승(陞) |
| 태인(泰仁)<br>최(崔)씨 | 용전(勇田) | 통천(通川)<br>최(崔)씨 | 경현(景賢) |
| 풍천(豊川)<br>최(崔)씨 | 언영(彦英) | 하양(河陽)<br>최(崔)씨 | 흥윤(興潤) |
| 하음(河陰)<br>최(崔)씨 | 자창(自暢) | 한남(漢南)<br>최(崔)씨 | 홍연(洪衍) |
| 해주(海州)<br>최(崔)씨 | 온(溫) | 화순(和順)<br>최(崔)씨 | 세기(世基) |
| 황주(黃州)<br>최(崔)씨 | 남혁(南赫) | 흥해(興海)<br>최(崔)씨 | 호(湖) |
| 咸興, 秋溪,<br>全州 추(秋)씨 | 엽(饁) | 추(鄒)씨 | |
| 광산(光山)<br>탁(卓)씨 | 지엽(之葉) | 탄(彈)씨 | |
| ※ 탄(彈)씨 해주(海州)와 진주(晉州) 두 본이 있으나 시조는<br>미상. | | | |
| 남원(南原)<br>태(太)씨 | 맹예(孟禮) | 영순(永順)<br>태씨 | 금취(金就) |
| ※ 태맹예는 중시조임.<br>※ 태금취는 중시조임. | | | |

| | | | |
|---|---|---|---|
| 합계(陜磎)<br>태씨 | 집성(集成) | 해주(海州)<br>판(判)씨 | |
| ※ 태집성은 중시조임. | | | |
| 용강(龍岡)<br>팽(彭)씨 | 적(逖) | 절강(浙江)<br>팽씨 | 우덕(友德) |
| 절강(浙江)<br>편(片)씨 | 갈송(碣頌) | 희천(熙川)<br>편(扁)씨 | |
| 충주(忠州)<br>평(平)씨 | 우성(友聖) | 豊德, 順川<br>포(包)씨 | |
| 신창(新昌)<br>표(表)씨 | 대박(大圤) | 임구(臨朐)<br>풍(馮)씨 | 삼사(三仕) |
| 괴산(槐山)<br>피(皮)씨 | 경정(慶廷) | 洪川, 丹陽<br>피(皮)씨 | 위종(謂宗) |
| 대흥(大興)<br>필(弼)씨 | 몽량(夢良) | 강화(江華)<br>하(河)씨 | 일청(一淸) |
| 안음(安陰)<br>하(河)씨 | 천조(千朝) | 진주(晋州),<br>진양(晋陽)<br>하(河)씨 | 拱辰, 珍, 成 |
| 달성(達城)<br>하(夏)씨 | 흠(欽) | 가주(嘉州)<br>한(韓)씨 | 희유(希愈) |
| 곡산(谷山)<br>한씨 | 예(銳) | 금산(錦山)<br>한씨 | |

| | | | |
|---|---|---|---|
| 단천(湍川)<br>한씨 | 총예(聰禮) | 당진(唐津)<br>한씨 | 공서(公瑞) |
| 면천(沔川)<br>한씨 | 자희(自禧) | 부안(扶安)<br>한씨 | 진(珍) |
| 안변(安邊)<br>한씨 | 련(漣) | 양주(楊州)<br>한씨 | 란경(蘭卿) |
| 청주(淸州),<br>충주(忠州)<br>한씨 | 란(蘭) | 평산(平山)<br>한씨 | 후저(侯抵) |
| ※ 한란은 중시조임. | | | |
| 한양(漢陽)<br>한씨 | | 홍산(鴻山)<br>한씨 | 림경 (林卿) |
| 潭陽, 沃川,<br>忠州 한(漢)씨 | | 강릉(江陵),<br>양근(楊根)<br>함(咸)씨 | 규(規) |
| 김해(金海)<br>해(海)씨 | 서필(瑞必) | 김해(金海)<br>허(許)씨 | 염(琰) |
| ※ 가락국 김수로왕이 둘째 아들에게 왕비의 성을 따라 허씨의<br>성을 내렸다. 이러한 이유로 김해 허씨는 김해 김씨와는 혼<br>인을 피하고 있다. | | | |

| | | | |
|---|---|---|---|
| 양천(陽川) 허(許)씨 | 선문(宣文) | 태인(泰仁) 허(許)씨 | 사문(士文) |
| 하양(河陽) 허(許)씨 | 강안(康安) | 함창(咸昌) 허(許)씨 | 종항(從恒) |
| 성주(星州) 현(玄)씨 | 규(珪) | 순천(順川) 현(玄)씨 | |
| 연주(延州) 현(玄)씨 | 담윤(覃胤) | 창원(昌原) 현(玄)씨 | 덕유(德裕) |
| 천령(川寧) 현(玄)씨 | 맹인(孟仁) | 진주(晋州) 형(邢)씨 | 옹(顒) |
| 新平, 保安, 羅州 호(扈)씨 | 의(義) | 전주(全州) 호(扈)씨 | 준(浚) |
| 파능(巴陵), 가평(加平) 호(胡)씨 | 극기(克己) | 개령(開寧) 홍(洪)씨 | 성원(成遠) |
| 경주(慶州) 홍(洪)씨 | 득여(得呂) | 남양(南陽) 홍(洪)씨 | 은열(殷悅) |
| 부계(缶溪) 홍(洪)씨 | 좌(佐) | 의성(義城) 홍(洪)씨 | 유(儒) |
| 풍산(豊山) 홍(洪)씨 | 지경(之慶) | 풍천(豊川) 홍(洪)씨 | 원열(元烈) |

| | | | |
|---|---|---|---|
| 홍주(洪州)<br>홍(洪)씨 | 규(規) | 회인(懷仁)<br>홍(洪)씨 | 연보(延甫) |
| 진양(晋陽)<br>화(化)씨 | 명신(明臣) | 경주(慶州)<br>황(黃)씨 | 사청(士淸) |
| 관성(管城)<br>황(黃)씨 | 수(粹) | 덕산(德山)<br>황(黃)씨 | 언필(彦弼) |
| 상주(尙州)<br>황(黃)씨 | 락(洛) | 성주(星州)<br>황(黃)씨 | 세득(世得) |
| 우주(紆州)<br>황(黃)씨 | 민보(旻甫) | 장수(長水)<br>황(黃)씨 | 경(瓊) |
| 제안(齊安)<br>황(黃)씨 | 을구(乙耈) | 창원(昌原)<br>황(黃)씨 | 충준(忠俊) |
| 평해(平海)<br>황(黃)씨 | 락(洛) | 항주(杭州)<br>황(黃)씨 | 공(功) |
| 황주(黃州)<br>황(黃)씨 | 응성(應星) | 회덕(懷德)<br>황(黃)씨 | 윤보(允寶) |
| 영천(永川)<br>황보(皇甫) | 경(鏡) | 황주(黃州)<br>황보(皇甫) | |
| 당인(唐寅)<br>후(后)씨 | | | |
| ※ 후(后)씨는 당인(唐寅) 한 본으로 전하며 시조와 유래는 미상임. | | | |

# 5장

## 우리나라의 족보

　우리나라의 족보는 세계에서 부러워할 정도로 잘 발달된 족보로 정평이 나 있으며, 계보학의 종주국으로 꼽힌다. 외국에도 '족보학회'나, 심지어는 족보전문 도서관이 있는 곳이 있는 등 가계(家系)에 대한 관심이 많지만, 우리처럼 가문마다 족보를 문헌으로까지 만들어 2천 년 가까이 기록해 온 나라는 없다. 현재 국립중앙도서관의 계보학 자료실에는 600여 종에 13,000여 권의 족보가 소장되어 있다.

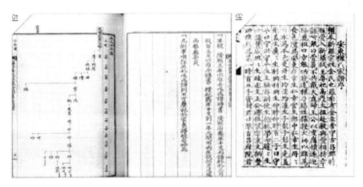

01 해주 오씨 가승보의 첫 페이지.
02 안동 권씨 성화보의 서문.

## 1
## 족보의 기원

  성씨 관계의 가장 중요한 자료라 할 수 있는 족보는 원래 중국의 6조(六朝)시대에 시작되었는데 이는 왕실의 계통을 기록한 것이었으며, 개인의 족보를 갖게 된 것은 한(漢)나라 때 관직 등용을 위한 현량과(賢良科) 제도를 만들어 과거 응시생의 내력과 조상의 업적 등을 기록한 것이 시초이다. 특히 중국 북송(北宋)의 문장가인 소순(蘇洵), 소식(蘇軾), 소철(蘇轍) 형제에 의해서 편찬된 족보는 그 후 모든 족보의 표본이 되었다.

  우리나라의 족보는 고려왕실의 계통을 기록한 것으로 고려 의종(18대, 1146~1170) 때 김관의(金寬毅)가 지은 『왕대종록(王代宗錄)』이 처음이다. 그러나 『고려사』를 보면 고려 때에도 양반 귀족은 그 씨족계보를 기록하는 것을 중요시하였고, 제도적으로 종부시(宗簿寺)에서 족속의 보첩을 관장했다는 것으로 보아 당시의 귀족 사이에는 계보를 기록 보존하는 일이 실제로 있었던 것으로 추정된다. 조선시대에는 사대부 집안에서 사적으로 간행되기 시작하였으나, 1476년(조선 성종 7년)의 『안동권씨 성화보(安東權氏 成化譜)』가 체계적인 족보 형태를 갖춘 최초의 족보이다. 이후 1565년(조선 명종 20년)에는 『문화유씨 가정보(文化柳氏 嘉

靖譜)』가 혈족 전부를 망라하여 간행되면서 이를 표본으로 하여 명문세족에서 앞다투어 족보를 간행하기 시작하였다. 그 결과 17세기 이후 여러 가문에서 족보가 쏟아져 나오게 되었으며, 대부분의 족보가 이때 만들어지기 시작했다. 조선 초기에 간행된 족보 대부분은 족보간행을 위해 초안을 하고 관계 자료를 충실히 보완한 뒤 간행에 착수하여 내용에 하자가 없었다. 그러나 이후의 족보들은 초안이나 관계 자료의 검토, 고증도 없이 자의적으로 기록하여 간행된 것이 많았다. 그리하여 자의적인 수식이 가하여졌음은 물론이며 조상을 극단적으로 미화하고, 선대의 벼슬을 지나치게 과장하거나 조작하고, 심지어 명문 집안의 족보를 사고팔거나 훔치는 경우도 있었다. 뿐만 아니라 사대주의 사상에 젖어 시조의 유래를 중국에서 왔다고 하거나, 중국의 인물을 고증도 없이 조상이라고 하는 식으로 족보를 꾸미기도 하였다.

## 2
## 족보의 종류

『대동보(大同譜)』 - 같은 시조 아래에 각각 다른 계파와 본관을 가지고 있는 씨족을 함께 수록하여 만든 족보 책이다.

『족보(族譜)』, 『종보(宗譜)』 - 본관을 단위로 같은 씨족의 세계를 수록한 족보 책으로, 한 가문의 역사와 집안의 계통을 수록한 책이다.

『세보(世譜)』, 『세지(世誌)』 - 한 종파 또는 그 이상이 같이 수록되어 있거나, 한 종파만 수록된 것을 말하며 동보(同譜), 합보(合譜)라고도 한다.

『파보(派譜)』, 『지보(支譜)』 - 시조(始祖)로부터 시작하여 한 종파(宗派)만의 이름과 벼슬, 업적 등을 수록한 책이다. 이들 파보에는 그 권수가 많아 족보를 능가하는 것도 적지 않다. 파보는 시대가 변천함에 따라 증가하고, 그 표제에 연안김씨파보(延安金氏派譜), 경주이씨좌랑공파보(慶州李氏佐郞公派譜), 순창설씨함경파세보(淳昌薛氏咸鏡派世譜) 등과 같이 본관과 성씨 외에 지파(支派)의 중시조명(中始祖名) 또는 집성촌(集成村), 세거지(世居地) 지명(地名)을 붙이고 있으나, 내용과 형식에서는 족보와 다름없다.

『가승보(家乘譜)』 - 본인을 중심으로 수록하되, 시조로부터 자기 윗대와 아랫대에 이르기까지 이름과 업적, 전설(傳說), 사적(史蹟)을 기록한 책으로 족보 편찬의 기본이 된다.

『계보(系譜)』 - 한 가문(家門)의 혈통관계를 표시하기 위하여 이름자만을 계통적으로 나타낸 도표로서, 한 씨족(氏族) 전체 또는 한 부분만을 수록한 것이다.

『**가보(家譜)**』와 『**가첩(家牒)**』 - 편찬된 형태, 내용에 상관없이 동족 전부에 걸친 것이 아니라 자기 일가의 직계에 한하여 발췌한 세계표(世系表)를 가리킨다.

『**만성보(萬姓譜)**』 - 『만성대동보(萬姓大同譜)』라고도 하며, 국내 모든 성씨의 족보에서 큰 줄기를 추려서 모아 놓은 책으로 모든 족보의 사전 구실을 하는 것이다. 『청구씨보(靑丘氏譜)』, 『잠영보(簪纓譜)』, 『만성대동보(萬成大同譜)』, 『조선씨족통보(朝鮮氏族統譜)』 등이 있다.

〈**기타**〉 - 『문보(文譜)』, 『삼반십세보(三班十世譜)』, 『진신오세보(縉紳五世譜)』, 『호보(號譜)』와 같이 현달한 조상의 세계를 명백히 하려고 한 보서(譜書)나 『대방세가언행록(帶方世家言行錄)』, 『보성선씨오세충의록(寶城宣氏五世忠義錄)』 등과 같이 조상 중에 충, 효, 절, 의가 특히 뛰어난 사적(事績)과 공훈을 수록한 것도 있다. 또한 환관(내시) 사이에도 계보를 끊이지 않게 하려고 성이 다른 자손을 입양시켜 자손으로 삼고 가계(家系)를 보존하고 있는 『양세계보(養世系譜)』 등도 있다.

# 3
## 촌수 따지는 법

　촌수는 기본적으로는 부모와 자식의 관계를 한마디로 간주하여 계산된다. 촌수로 정해지는 숫자체계는 친족 간의 멀고 가까움을 나타낸다. 나의 형제자매는 부모와 관계가 있어서 나와 부모 간의 1촌과 부모와 형제의 1촌을 합하여 2촌 관계에 있는 것이다. 또 나는 아버지를 통해 할아버지로 연결되기 때문에 2촌 관계가 된다. 할아버지와 1촌 관계에 있는 큰아버지와 작은아버지는 나와 할아버지의 2촌을 합하면 3촌 관계가 된다. 3촌의 자녀들은 4촌 관계에 있는 형제자매가 된다. 촌수는 부모와 자식의 관계를 한 마디로 추적하기 때문에 짝수(4촌, 6촌, 8촌)는 나와 같은 항렬의 사람들이고, 홀수(3촌, 5촌, 7촌)는 나보다 높은 항렬이거나 낮은 항렬의 사람들이다.

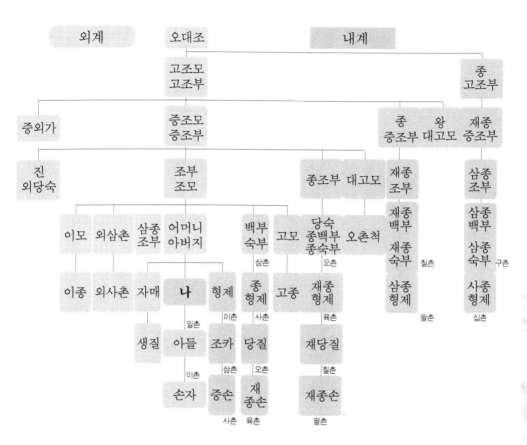

## 항렬표(行列表)

항렬(行列)이란 같은 혈족 사이의 세계(世系) 위치를 분명히
하기 위한 문중 율법이며, 항렬자(行列字)란 이름자 중에 한 글

자를 공통으로 사용하여 같은 혈족, 같은 세대임을 나타내는 글자로서 돌림자라고도 한다. 항렬은 가문(家門)과 파(派)마다 각기 다르나 대략 다음과 같은 방법으로 정한다.

1. 오행상생법(五行相生法)으로 쓰는 경우: 金·水·木·火·土(금·수·목·화·토)를 변(한자의 왼쪽에 붙는 부수)으로 사용하여 세대순으로 앞뒤 이름자에 번갈아 쓰는 경우인데 이를 가장 많이 사용한다.

2. 십간(十干)순으로 쓰는 경우: 甲·乙·丙 (……) 壬·癸(갑·을·병 (……) 임·계)를 순서로 쓴다.

3. 십이지(十二支)순으로 쓰는 경우: 子·丑·寅 (……) 戌·亥(자·축·인 (……) 술·해)를 순서로 쓴다.

4. 숫자를 포함시키는 경우: 일(一:丙·尤)·이(二:宗·重)·삼(三:泰)·사(四:寧) 등으로 쓰는 경우.

# 6장

## 다른 나라의 성씨

중국은 한자가 많은 것만큼이나 성씨도 많고 사람도 많으며 종족도 다양하다. 그러나 우리처럼 항렬자와 족보로서 가문과 씨족을 이어 가는 것은 매우 드물다. 그러므로 같은 글자의 성씨로서 같은 종족이라는 것으로 믿으며 관계를 맺고 살아가는 것이 일반적이라 할 수 있으나 그중에는 문중과 씨족을 중요시하며 이어 가는 혈족도 있다.

중국에서 현재 사용되고 있는 성씨의 종류는 약 4,700여 종에 이른다. 인구 순서로 보면, 왕(王)씨가 약 9288.1만 명으로 1위이며, 중국 전체 인구 중 약 7.25%에 해당하는 수치이다. 두 번째로 많은 성은 리(李)씨로 약 9207.4만 명, 인구대비 비율 7.19%이다. 이어서 장(張)씨가 8750.2만 명 6.83%로 3위이다. 인구가 가장 적은 성은 선비족에 유래를 두는 난(難)씨이다.

- 1위부터 2천만 명 이상의 성(10): 王(왕), 李(리), 張(장), 劉(류), 陳(천), 楊(양), 黃(황), 趙(자오), 吳(우), 周(저우).
- 1천만~2천만 명 사이의 성(12): 徐, 孫, 馬, 朱, 胡, 郭, 何, 高, 林, 羅, 鄭, 梁.
- 이하 순위별로 많은 성씨: 謝, 宋, 唐, 許, 韓, 馮, 鄧, 曹, 彭, 曾, 肖, 田, 董, 袁, 潘, 於, 蔣, 蔡, 余, 杜, 葉, 程, 蘇, 魏, 呂, 丁, 任, 沈, 姚, 盧, 姜, 崔, 鍾, 譚, 陸, 汪, 范, 金, 石, 廖, 賈, 夏, 韋, 付, 方, 白, 鄒, 孟, 熊, 秦, 邱, 江, 尹, 薛, 閆, 段, 雷, 侯, 龍, 史, 陶, 黎, 賀, 顧, 毛, 郝, 龔, 邵, 萬, 錢, 嚴, 覃, 洪, 武, 戴, 莫, 孔, 向, 湯.

중국 전 인구 중 상위 100개 성이 전체 인구의 84.77%를 차지한다. 고대 중국의 저명한 서적인 『백가성(百家姓)』에는 한족이 자주 쓰는 성씨가 실려 있는데, 현재 한족 성씨와 똑같지는 않다.

중국에서 가장 적은 성은, 가장 많은 성이 있듯이 반대로 가장 적은 희귀 성도 존재한다. 난(難), 쓰(死)자를 성으로 쓰는 사람도 각각 수천 명 정도 존재하는 것으로 중국과학원 조사 결과 나타났다. 하지만 이들 희귀 성씨는 사용 인구가 해마다 줄어들고 있다고 한다.

중국 역대 성씨 2만 4천 개였으나 2만 개는 사라져 현재 중국에서 사용되는 성씨는 모두 4천 7백여 개인 것으로 조사됐다. 중국 과학원 유전발육연구소 화샤(华夏) 성씨 기원 연구센터의 위안이다(袁义达) 주임은 중국 전역의 3억 명을 상대로 2년간 성씨를 조사해 최근 '중국 성씨 통계'를 완성했다.

위안이다 주임은 '중국 성씨 통계'는 중국 사상 처음으로 가장 많이 사용되는 성씨를 순서로 배열한 것으로 중국의 역대 성씨는 총 2만 4천 개였으나, 이 중 2만 개는 사라지고 현재 4천 7백여 개만 남아 사용되고 있다'고 밝혔다.

'중국 성씨 통계'에 따르면 현재 중국에서 가장 많은 성씨는 리(李), 왕(王), 장(張)씨로 이들 성을 가진 사람이 전체인구의 21.4%를 차지했다. 이외 류(劉), 진(陳), 양(楊), 조(趙), 황(黃), 주(周), 우(吳)씨가 나란히 10대 성씨에 포함됐다.

위안이다 주임은 "현재 중국에서 상용글자로 사용되는 3~4천 자 대부분이 성씨로 사용되고 있는 것으로 볼 수 있다"고 말했다. 현재 중국에서 사용되는 성씨 중 두 글자 성씨(쌍성 双姓), 세 글자 성씨(삼성 三姓)를 제외하고 대부분이 한 글자 성씨를 사용하는 것으로 조사됐다.

## 2
## 일본

도요토미 히데요시가 천하통일을 하는 과정에서 오랜 전쟁으로 남자들이 너무 많이 전쟁터에서 죽자. 왕명으로 모든 여자들에게 외출할 때 항상 담요 같은 걸 매고 아랫도리 내의는 절대 입지 말고 다니다가 어디에서건 남자를 만나면 아기를 만들게 했다. 이것이 일본 여인의 전통 의상인 기모노의 유래이며, 오늘날에도 기모노를 입을 땐 팬티를 입지 않는 풍습이 전해지고 있다.

그 덕에 운이 좋아 전쟁에서 살아남은 남자들은 아무 여자고 맘에 들면 다 차지할 수 있는 행운이 주어졌다. 때문에 일본의 남녀는 아무 데서나 성관계를 가지곤 하였다. 그 결과 아이의 아버지가 누군지 몰라 이름을 지을 때 할 수 없이 남녀가 함께하여 아이를 만든 장소를 가지고 작명하였는데 그것이 전래의 일본인들의 성이 되었다 한다.

예를 들면,

(야마모토) -

산속에서 만난 남자와의 사이에서 낳은 아이.

(다케다) -

대나무밭에서 만난 남자와의 사이에서 낳은 아이.

(야마노) - 산의 들판에서….

(무라이) - 마을 우물가에서… 등이다.

일본인이 가지는 성씨가 흔히 '소나무 아래(松下) - 마쓰시타', '밭 한가운데(田中)- 다나카'식으로 지명을 나타내는 것이 대부분인 것은 사실이다.

하지만 그런 성씨들이 생긴 연유는 루머가 전하는 바와는 사실 전혀 다르다. 일단, 일본의 성씨란 대부분 메이지유신(明治維新) 이후에 생겨난 것으로 보인다.

근대(近代) 이전엔 대부분의 나라가 그러했듯이 일본의 경우도 귀족을 제외한 대부분의 일본인은 성씨가 없었다. 성씨란 가문과 혈통을 따져야 하는 귀족들의 전유물이었다. 다시 말하자면 풍신수길(豐臣秀吉)이 활약하던 전국시대(戰國時代)나 후대인 에도시대(江戶時代)에도 대다수 일본인은 성씨 자체가 없었다는 말이다. 일본에 있어서 오래도록 성씨 없이 살아오다가 메이지유신 이후 성씨가 보편화된 이유는 바로 당시 시행되었던 호구 조사와 관련이 있다. 일본은 메이지유신 이후 급속도로 국가를 근대화시켰는데, 계급제가 철폐되고 관료제가 시행되어 모든 일반 시민들에게서 직접 세수(稅收)를 걷는 시스템이 도입된 게 일본인 대부분이 성씨를 가지게 된 발단이었다.

전 국민적으로 일반 주민들의 목록을 작성하고 보니 이름이 비슷한 사람이 한둘이 아니었다. 그 이전에야 이 사람들이 마을이라는 테두리를 벗어날 일이 적어서, 전국적으로 이름 비슷한 사람이 여럿 있어도 문제가 되지 않았지만, 전 국민적 규모의 센서스를 하기엔 여간 애로점이 아닐 수 없었다.

일본 정부는 1870년 '평민묘지허가령(平民苗字許可領)', 1875년 '평민묘지필칭의무령(平民苗字必稱義務領)'을 통해 일반인들에게 성씨를 붙여주게 되었다.

대부분은 사찰이나 마을의 지식인, 요컨대 글을 쓸 줄 아는 이들에게 적당히 작명을 받았으며, 아예 관리가 목록 작성을 위해 즉석에서 붙여주는 경우도 있었다고 전해진다. 바로 이때 대부분이 사는 곳을 중심으로 성씨를 '급조'했기 때문에 지금의 성씨가 형성된 것이다.

일본의 성씨가 10만 개가 된다는데, 이 중 95% 이상은 이렇게 지어진 성씨라고 한다.

이해를 돕기 위해 다른 나라의 경우를 보면 사실 성씨들이 '조상이 살던 장소'를 따서 만들어지는 일은 다른 문화권에서도 흔한 일이다. 가령 가장 흔한 경우가 유대인들의 성씨이다. 유대인들은 특히 지형지물에서 유래한 성씨들이 많은데, 저 유명한 영화감독 '스필버그(Spielberg)'의 성은 '기쁨의 동산'이란 뜻이고, 최초로 대서양을 횡단 비행한 '린드버그(Lindberg)'의 성은 '보리나무 산'이란 뜻이다.

또 영어권에서도, 가령 미국의 초대 대통령인 조지 워싱턴의 성, 'Washington'은 '세탁하는 마을'이란 뜻이고, 조지 부시 전

대통령의 성인 'Bush'는 '덤불'이란 뜻이다.

중세 유럽 귀족들도 자신의 영지(領地)를 가문의 성씨로 삼은 경우가 많았다. 프랑스와 스페인의 'de', 독일의 'von', 이탈리아의 'di' 등이 장소를 나타내는 전치사다. 귀족 신분을 사칭하려 'de'를 넣는 사람들이 많아지자 법으로 금지하기도 했다.

일본인의 성씨는 오래된 귀족 가문의 몇몇 성씨를 제외하고는 어느 한 시점에서 '급조'되었다고 볼 수 있는데 그러나 이러한 장소를 따서 성씨를 짓는 일은 세계적으로 흔하다는 것을 알 수 있다.

## 3
## 영국과 미국

이들 나라의 사람들도 성씨를 중요시하며 계보를 이어 가는 가문이 있으나 우리처럼 족보의 전통이 일반화되어 있지는 않다. 그중에서는 씨족을 중요시여기며 이어 가는 가문들도 있다. 그러나 우리와는 다르게 여자가 결혼을 하게 되면 남편의 성을 따르는 것이다. '제크린'이라는 여성이 '오스틴(Austin)'의 가문으로 시집을 가게 되면 '제크린 오스틴'이라고 하는 것이다.


<br>

## 4
## 멕시코

멕시코의 여성 중에서 남편을 두 번 바꾼 경우가 되었을 때는
전남편의 성씨를 앞에 모두 붙이고 나중에 자기의 이름을 나타
내는데 이러한 경우는 우리와 매우 다르다. 성씨는 조상의 뿌리
와 부모로부터 물려받은 것이며 변할 수 없기 때문이다. 우리 겨
레의 성명 제도와 풍속이 합리적이라는 것을 알 수 있다.

# 7장

## 성명학과 인생이란?

사람들은 누구나 자신의 인생에 관하여 생각하게 된다.

그러나 막상 인생이 무엇인지를 생각하려고 하면 막연하게 될 때가 많이 있다. 인생과 그 이름이 자신의 인생에 미치는 영향이 무엇인지를 생각하지 않고 그냥 살아가기 때문이다.

인생이란 별것이냐, 그저 그런 것이지. 하면서도 각자의 인생이 소중하다는 것은 알고 있다. 얼마나 소중하기에 무엇 때문에 어떻게 살아가야 하는지를 생각할 때가 있다. 그러나 인생이란 수학문제를 풀고 해석하는 것처럼 되는 것이 아니기 때문이다. 각자 자기에게 관계되는 모든 인간관계와 사물과의 관계들로부터 다양한 분야에서 경험을 가지게 된다.

인생의 경험으로부터 인생을 깨닫게 되고 선택하게 된다. 인생은 경험과 깨달음과 선택과 노력이라 해야 할 것이다. 배우고 노력을 하여 각자가 소망하고 희망하는 것을 이루고 얻을 수 있도록 해야 한다.

경험하고 깨달았으면 그다음에는 각자가 소원하고 희망하는 것을 위해 선택하고 공부하며 노력을 해야 한다. 이렇게 경험하고 깨달으며 선택하고 공부하며 노력하여 소망을 얻고 이루기 위하여 살아가는 것이 인생이라 할 수 있다. 결과에 따라 사람마다 천차만별의 차이가 생기는 것처럼 각각의 인생에 따라 모습이 만들어진다.

또 한편으로 인생이란 자기가 해야 하는 일이나 소망하는 일을 위하여 자기를 바치는 것이다. 억지로 힘겹게 살아가는 사람과 천직으로 삼아 즐겁게 살아가는 사람이 있다. 자기의 선택으로 자기의 인생을 만들어 가는 것이 인생이라 할 수 있다. 이와 같은 말씀은 일반적으로 사람들이 알고 생각하거나 느끼며 살아가는 인생이기에 사람에 따라서는 인생을 느끼는 것이라 말을 하기도 한다. 그러나 인생이란 사람의 생명을 타고 이 세상에 태어났기 때문에 사람답게 살아가야 하는 이치와 도리가 있다.

그 이치와 도리를 알아야 만이 인생의 뜻을 더욱 확실하게 알수 있게 되며 오직 하나밖에 없는 높고 귀한 자기의 유일한 존재에 대하여 소중함도 알 수 있게 된다. 즉, 사리일도(四理一道)의 근본진리를 깨닫고 알아야 각자의 인생을 여기에 합당한 모습으로 살아가려고 힘쓰게 된다. '삼극생명조화법(三極生命造化法)'을 함께 깨달아야 자기 자신을 스스로 알게 되는 동시에 각자의 인생이 처하고 있는 현재의 입장을 정직하게 판단할 수 있게 될 것이다. 자기 자신을 더욱 냉정한 입장에서 바르게 알 수 있는 방법이 되는 동시에 자기 자신을 이기면서 더욱 밝은 길을 개척하게 된다. 사람의 생명과 함께 타고 태어나는 사리일도 근본진리를 깨달아 이에 합당한 인생으로 살아가며 성공의 길을 개척하는 것이 중요하다.

❖ **사리일도(四理一道) 근본진리란 각자의 유일한 존재가 생명과 함께 타고 태어나는 4가지의 근본이치를 말함이다.**

첫째, 하늘의 근본에 합당한 지혜가 있어야 하고,

둘째, 땅의 근본진리에 합당한 힘이 있어야 하므로 굳센 마음

으로 힘을 기르고 쌓아야 하며,

셋째, 생명의 근본에 합당한 사랑과 윤리도덕의 행함이 건전하고 합리적이어야 하며,

넷째, 타고난 얼굴을 부끄럽지 아니하도록 하여야 하므로 자존심을 지키며 부끄러운 인생이 아니되도록 하여야 한다.


❖ **자존심의 근본은 조상의 뿌리에 있으므로 조상을 섬기는 것은 자기 자신을 섬기는 것과 같은 것이다.**

즉, 나의 힘이 어느 정도인가?,

지금 하고 있는 일이나 살아가는 방법과 모습이 얼마나 지혜로운가?

조상과 부모 형제와 기타 모든 사람들과의 관계에서 사랑과 윤리도덕의 실천으로 인간관계가 원만하게 되고 있는가?

자존심을 상하도록 하며 부끄러운 일이 되는 말과 행동을 하고 있지는 아니한가? 등을 사리일도 근본진리의 거울에 자신을 비추어 보면서 인생을 생각하고 정직하게 판단을 해야 한다.

자기의 힘, 지혜, 사랑과 윤리도덕의 실천 그리고 자존심을 지키며 얼굴을 부끄럽지 아니하도록 하고 살아가는 모습이다. 자기의 인생과 어떤 형편이나 처지를 만들고 있는지를 스스로 판단하면서 인생의 거울을 바르게 보고 정직하게 알며 매사를 대하고 살아가는 과정이다. 자기를 이기며 성공과 보람과 사랑과 행

복을 위해 노력하고 바치면서 살아가는 것을 인생이라 해야 한다. 때문에 인생에는 도전이 있는 반면에 상대의 도전에는 응전을 해야 할 때도 있다.

인생에는 경험, 깨달음, 선택, 배움(공부), 소망, 도전과 응전, 노력(바침), 사랑과 도리, 성공과 실패로 엮어지게 된다.

천지인(天地人) 삼극생명조화법(三極生命造化法)의 심판으로부터 스스로 죄인이 되도록 해서는 아니 된다는 것은 다 같은 사람의 자격으로 태어났기 때문이다. 비록 잘못이나 억울한 일이나 불행한 일이 있다 하여도 그 책임은 자기 자신에게 있으므로 변명을 해서는 안 된다. 솔직하게 인정하거나 깨달아서 인생의 진로에 등불이나 등대로 삼아 도전이나 응전의 기회로 삼아야 한다.

'삼극생명조화법(三極生命造化法)'은 일반적인 사회법과는 완전히 다른 경우가 있게 된다. 예를 든다면 식민지를 만든 백성보다 식민지가 된 백성에게 죄가 있게 되며 지배를 받는 백성들이 자기 자신을 깨닫지 못하고 지배하는 백성들을 욕을 하고 원망만을 하게 된다면 결코 피지배의 울타리와 구속에서 벗어날 수가 없다는 것은 자기 스스로 죄인의 입장이 되었기 때문이다.

주인이 주인 행세를 하지 못하고 나그네가 주인 행세를 하도록 한다면 주인은 삼극생명조화법의 심판으로부터 자기 자신에게 죄를 지은 죄인의 신세가 되고 말았다는 것을 깨달아야 한다.

이것을 깨닫지 못하는 경우가 되면 죄인의 굴레를 벗어나는 것이 어렵게 된다는 것을 생각하면 이해가 될 것이다.

또 만약에 자기의 조상을 천대하고 욕을 하며 버리면서도 기뻐하는 자손이 되는 것도 삼극생명조화법(三極生命造化法)의 심판으로부터 죄인이 되었음을 깨닫지 못하고 있기 때문이다. 인류의 역사에서 강하고 지혜로운 백성과 나라는 절대로 자기 스스로 죄인이 되어 기뻐하는 모습을 만들지 아니한다는 것을 깨달아야 한다. 서양인들의 인생과 역사를 만들어 가는 전통문화와 풍속을 정직하게 보고 바르게 판단을 해야 할 것이며 중국, 일본, 아랍, 이스라엘 사람들의 정신문화와 역사를 살펴보면서 자기 자신들의 것과 비교를 하여 보아야 할 것이다. 사리일도 근본진리의 이치와 도리를 생각하고 판단을 바르게 해야 한다.

개인의 인생이나 무리의 역사에는 사리일도(四理一道) 근본진리와 '삼극생명조화법(三極生命造化法)'의 냉정하고 정직한 심판에 따라 흥망성쇠의 모습을 만들게 되나니 인생 또한 이와 같다고 보아야 할 것이다.

인생이란 역사를 만들어가는 핵과 같기도 하고 기본적인 요소이기 때문에 사대주의 사상에 병이 들거나 빠져서 불행한 인생과 역사를 만들어서도 아니 된다. 남의 간사하고 악한 힘과 지혜의 함정에 빠져서 타고난 마음이 병들거나 정신이 어리석고 얼빠진 사람이 되어도 아니 된다. 각자는 스스로 자랑스러운 자손, 슬기로운 민족, 위대한 주인, 강인한 인간의 모습으로 인생과 역사의 주체가 되어야 할 것이다. 삶과 믿음 길에서 문화의 정체성이 확실한 문화민족이 되어야 문화의 공해에 의하여 함부로 방황을 하지 아니하도록 하여야 할 것이다. 지구촌의 어떤 환경에서도 멸망의 길에 빠지는 법이 없도록 하여야 할 것을 명심하고 살아가는 인생이 되어야 한다.

인생에는 행복과 불행이 있고 흥하고 망하는 모습이 있으며 기쁘고 슬픔의 세월이 있지만, 이들 중에서 좋은 것을 선택할 수 있기를 힘써야 한다. 운명에만 지나치게 기울어지기보다는 진리를 깨달아 이에 합당한 인생이 되게 하려고 힘쓰고 살아가면서 운명의 길을 개척해야 할 것이다.

인생을 연극처럼 살아가려고 한다면 희극배우처럼 살아가면서 세상의 일을 긍정적이고 적극적인 자세로 대하면서 도전과 응전을 하여야 할 것이다.

언제나 푸른 하늘을 우러러보는 정신으로 총명하기를 힘써야 하고 땅에서 만물들이 저마다 주어진 환경에서 최선을 다하며, 경쟁하고 있는 것을 바라보면서 자기 자신의 위치를 위대하고 자랑스러우며 슬기롭고 강인한 인간의 모습이 되도록 한다. 깨닫고 경험하며 공부하고 노력하는 것을 인생으로 여기면서 절망과 불행을 이기며 살아가려고 하는 것을 인생으로 여겨야 할 것이다.

## 1
## 운명(運命)과 사명(使命)의 관계

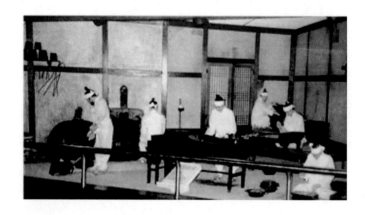

　운명이란 누구나 다 가지고 있는 인생의 전부이자 일부가 되는 중요한 부분이다.

　때문에 모든 사람들은 인생문제를 운명으로 여기는 경우가 많이 있다. 사실은 운명을 운명으로 받아들이게 되면 잘못되거나 불행한 운명에 처하는 경우가 된다. 자기의 운명을 스스로 위대하고 찬란한 모습으로 개척하려는 지혜와 용기와 자존심을 가지는 것이 어렵게 되어 인생의 도중에서 불행한 모습을 만들게 되는 것이 쉬워진다. 인생길의 개척을 위해서는 운명을 이기며 새로운 길을 개척할 수 있도록 해야 한다. 운명의 개척을 어떻게 할 것인가?

운명이 무엇인가 하는 것을 깨닫는 것이 중요하게 된다.

운명이란 자기 자신에 관계되는 경우와 가족이나 혈연적인 관계로부터 일어나는 일들이 있게 된다. 자기의 운명 길이 잘못되면 관계를 맺고 있는 가족들에게도 나쁜 영향을 끼치게 된다. 각자는 자기의 운명이 자기만의 일이 아니라 자기와 관계하고 있는 사람들에게까지도 영향을 끼치게 된다는 것을 생각해야 한다. 운명의 길을 훌륭하게 개척하려고 힘써야 하는 것이 중요하게 된다. 때문에 자기 자신을 먼저 알아야 하는 것이 중요하게 된다.

서양의 철학자가 "너 자신을 알라."라는 말을 하였을 때 알아야 한다는 말은 하였으나 어떻게 알아야 한다는 답은 말을 하지 않았다. 사람들은 중요한 줄은 알지만 자기 자신을 알 수 있는 방법을 찾지 못하고 그냥 바람이 지나가는 것처럼 가버리고 말게 된다.

각자의 운명을 이해하고 알기 위하여서는 각자의 생명과 함께 타고 태어나는 네 가지 근본진리를 깨닫는 것이 중요하다. 각자에게 주어진 네 가지의 근본진리를 배달경에서는 사리일도 근본진리라 한다.

즉, 생명과 함께 타고 태어나는 지혜(정신), 힘(마음), 사랑(생명), 자존심(얼굴 모습)을 뜻하므로, 각자가 운명의 개척을 위해 먼저 자기 자신을 알아야 한다.

**첫째로** 지혜의 정도를 알아야 한다.

즉, 지금 얼마나 지혜롭게 살아가고 있는가?

아니면 어리석게 살아가고 있는지를 알아야 한다.

**둘째로** 자기가 얼마의 힘을 가지고 살아가고 있는가?

하는 것을 알아야 한다. 지식과 자본이나 부동산 등을 뜻한다.

**셋째로** 사랑의 관계이다.

사랑의 근본은 생명에 있으므로 자기의 조상과 부모와 형제자매와의 사이에서 얼마나 윤리 도덕적으로 합당한 사랑을 실천하며 살아가고 있는지가 중요하게 된다.

**넷째는** 각자가 타고 태어난 얼굴 모습이다.

사람은 누구나 자기의 얼굴을 부끄럽게 하지 말아야 자존심을 사람답게 지킬 수 있게 된다. 때문에 부끄러운 일을 저지르게 되었거나 죄를 지었을 때는 본능적으로 얼굴을 가리게 된다. 자존심이 있기 때문이며 부끄러움을 알기 때문이다.

이와 같이 4가지의 근본이 자기 자신을 저울질하며 각자는 자기 자신을 알려고 하여야 자기를 참으로 안다. 인생의 길과 운명의 길을 자기다운 모습으로 개척하게 된다. 자기의 얼굴과 이름을 부끄럽게 하거나 더럽히지 아니하게 되어 운명 길의 개척에서 절대적인 영향을 끼치게 된다. 스스로 깨달으며 소원하고 희망하는 인생길을 자기다운 목적과 방향과 목표를 향하여 계속하여 줄기찬 전진을 거듭하게 되고 성공적인 모습이 되도록 하게 된다.

　이와 같이 운명이란 자기 자신의 개인과 관계되는 가족들의 사이에서 일어나는 인생문제를 주로 말을 하게 된다는 것을 이해한다. 행복하고 보람되며 성공적인 인생이 될 수 있도록 노력을 해야 한다.

## 2
## 사명이란 무엇인가?

　사명이란 자기 개인에게만 해당되는 것이 아니다. 많은 사람들이 사회와 나라를 위해 자기가 꼭 해야만 하겠다는 사명의 의식

을 가지고 인인을 바치는 것을 운명으로 여기는 것이다.

때문에 운명적으로 생각하는 것보다 그 범위나 크기가 다르다는 것을 이해해야 할 것이다. 운명의 그릇과 사명의 그릇에도 크게 차이가 있다는 것을 이해하고 알아야 하는 것이 중요하다.

간단하게 비교를 한다면 인생의 운명을 위한 그릇은 사명을 위한 그릇보다 작다. 운명의 그릇에 사명의 그릇은 넣을 수가 없지만, 사명의 그릇에는 운명의 그릇을 넣을 수가 있다. 이것을 생각하게 되면 그 차이점을 이해하는 데 도움이 될 것이다.

옛날에 민족의 독립을 위하여 사명의식이 강하여 사랑하는 가족을 뒤로하고 만주와 같은 추운 곳으로 떠난 사람들을 생각할 때 그들은 사명의식이 강한 것이다. 자기의 운명의 짐을 뒤로하고 나라를 찾기 위하여 사명의 길을 선택하게 되었다는 것을 생각하게 되면 운명의 짐과 사명의 짐이 얼마나 크게 차이가 있는가를 이해하게 된다.

때문에 사람들은 일반적으로 운명을 중요시함으로 사명에 대한 의식을 잃어버리거나 생각 밖으로 미뤄버리기가 쉬워지게 된다.

일반적으로 운명을 첫째로 소중하게 생각을 함으로 성명철학에도 운명을 주로 설명을 하게 되지만 속담에 "사람은 죽어서 이름을 남기고 범은 죽어서 가죽을 남긴다."라고 말을 하는데 여기에서 운명의 이름이 되느냐 아니면 사명의 이름이 되느냐 하는 것을 구별하게 되면 그 무개와 중요함을 알 수 있게 된다.

성명철학에서 일반적으로 운명을 중요시하면서 사명에 관한 내용도 중요시한다. 인생의 범위를 스스로 정할 수 있도록 하여 자기를 알고 인생의 길을 개척할 수 있도록 인도하는 것이 중요한 과제가 되고 있다. 더불어 더욱 큰 인생길에서 감당하여야 하거나 소망하는 경우에 사명과는 어떤 관계를 가질 수 있도록 하겠는가 하는 것이 중요하게 된다. 일반적으로는 운명만을 중요시하므로 사명에 대한 인생문제를 소홀하게 다루게 되는 경향이 있다.

그러나 사명이 더욱 빛나는 이름으로 남도록 한다는 것을 생각한다면 사명을 위하여 운명의 길을 어떻게 알고 개척하려고 힘써야 하는가 하는 문제를 두고 자기의 타고난 지혜, 힘, 사랑, 자존심을 어떻게 사용하거나 행사를 하면서 훌륭한 사명의 실천이 될 수 있도록 하는 것이 중요하다. 이때 사명의 큰 그릇 안에 운명의 탑을 세울 수 있도록 하거나 소망하는 기둥을 높게 세울 수 있어야 한다. 성명의 이름이 세상을 빛나도록 하는 빛처럼 되어 세상의 많은 사람들의 머리와 가슴에 심어지도록 한다. 비록 인생은 오래가지 못하는 경우가 되어도 성명의 탑은 오랜 세월이나 영원의 세월에서 높게 세워져서 많은 사람들에게 사명의 참뜻을 전하게 된다.

## 3
## 남자와 여자의 주도적 역할

　남자와 여자가 함께 살아가는 세상에는 반드시 주도적인 역할을 구별해야 하는 이치나 법은 없다.

　다만 전적으로 책임져야 하는 일이 아니라 주도적으로 담당하여야 하는 분야와 과업이 있다는 것이다. 경우에 따라서는 남자가 여자의 일을 모두 맡아서 행하는 경우도 있다. 반대로 여자가 남자의 역할이나 일을 맡아서 행하여야 하는 경우도 있게 된다. 여기에서는 주도적인 역할을 이야기하려고 한다.

　개인적인 운명과 무리의 사명을 위하여 하여야 하는 일이나 좋아하는 일들을 위하여 남녀 모두가 협력을 잘해야 한다는 것은 당연하다.

그러나 개인의 인생이나 무리의 역사를 이어감에 있어서는 주도적인 역할이 있게 된다. 여성들에게는 가정과 사회의 주도적인 역할이 있고, 남성들에게는 가문과 역사의 주도적인 역할이 있다는 것을 이해한다면 건전하고 합리적인 문화의 기반을 지키며 역사의 탑을 세울 수 있게 된다.

여성이나, 남성이나 이러한 문화의 기반을 바탕으로 하여 각자가 소망하는 일을 해야 한다. 자기 자신들을 바치면서 큰일을 만들어 내거나 기둥을 세우며 집을 짓거나 탑을 쌓아야 한다. 자기의 성명을 아름답게 하기도 하고 세상에 떨치기도 하기 때문에 민족이나 백성들의 전체적인 명예와 명성을 위하여 또는 역사를 위하여 남녀의 주도적인 역할이 중요하게 되므로 이러한 이치와 도리를 잘 알고 원만하게 실천함으로써 사회와 역사의 바탕에는 높고 아름다운 기둥을 세우게 되거나 탑을 쌓아 올릴 수 있게 된다는 것을 알아야 한다.

여성의 주도적인 역할이 가정과 사회에 있고 남성들의 주도적인 역할이 가문과 역사에 있다는 것을 알고 노력하는 가정과 사회와 가문과 역사가 되어야 그들의 인생과 역사도 따라서 위대하고 찬란한 모습이 된다.

각자가 일생을 통해 가지고 살아가야 하는 성명의 입장에서 본다 하더라도 성명의 영역이 가정과 사회와 가문과 역사에 있다는 것은 당연함이다. 이러한 것이 건전하고 합리적이며 영원성을 가질 수 있을 때 개인과 민족이나 백성들의 인생과 역사에도 자연적으로 위대하고 찬란한 모습이 나타나게 된다.

여기에서 특별하게 관심을 하여야 하는 문제는 여성들의 주도적인 가정과 사회의 역할이 건전하고 합리적이며 영원성에 합당하지 아니하는 경우에는 남성들이 가문과 역사를 아무리 위대하고 찬란하도록 하고 싶다 하여도 잘되지 아니한다는 점이다.

가정과 사회의 기반이 보편성, 건전성, 합리성, 영원성에 합당하지 않은 경우에는 가문과 역사의 탑을 높고 튼튼하게 할 수가 없다는 것은 기반이 건전하고 튼튼하지 못한 토대에서는 높고 튼튼한 가문과 역사의 탑을 세울 수가 없는 이치가 되기 때문이다.

인생과 역사의 생명 길을 개척하는 과정에서 여성과 남성의 주도적인 역할이 얼마나 어떻게 중요한 위치에 있는지를 알고 노력하며 살아가는 것이 중요하다는 것을 깨닫고 노력하여야 한다.

각자가 가지고 있는 성명의 무대가 되는 것도 가정과 사회와 가문과 역사에 있게 되므로 모든 분야에서 빛나는 경우가 되면 좋은 일이 되겠지만, 욕심대로 되는 것은 아니기 때문에 최소한의 주도적인 역할은 알고 살아가면서 충실하게 행하려고 힘써야 한다.

삶과 믿음의 길에서 여성의 마음이 병들고 얼빠지게 되면 가정과 사회가 방황하게 되고, 남성의 마음이 병들고 얼빠진 모습이 되면 가문과 역사가 방황하거나 불행하게 되므로 이러한 이

치와 도리를 깨닫고 알아서 각자의 성명이 빼어나고 훌륭하게
되도록 힘써야 한다.

# 8장

## 성명학과 천부경(天符經)

---

### 1

### 배달민족이란?

**배달민족의 뜻:** 밝은 빛(광명)의 민족

'배달'이란 말의 뜻이 몇 가지로 이해(理解)되고 있으나 공통으로 밝다는 빛의 의미가 있으니 예를 들어 뜻을 풀어본다면 이렇다.

배달=밝은 달=밝은 빛=광명(光明)=배달(倍達)

한밝산의 밝은 땅=밝달(檀)=배달(倍達)

양지=양달, 음지=음달, 밝달=밝은 땅=배달

아배달=아버지의 달(빛)=천부(天父)의 광명으로부터 아배의 '배'자와 '달'의 글자가 합하여 배달이라는 말이 됨.

한아배 밝달=크신 아'배'님의 밝은 '달'=배달

여기에서 배(倍)는 조상을 뜻하고 달(達)은 빛을 뜻한다. 위의 예로 미루어 본다면 예로부터 겨레를 일컬어 배달민족이니, 배달겨레라 하였음은 밝은 광명의 민족=지혜로운 민족=태양을 가장 먼저 맞이하는 밝은 땅에서 살아가는 민족=하늘이 낳은 하늘님의 백성=천손민족(天孫民族)이라는 뜻이 함께 있음을 나타내고 있다.

성명학과 천부경과는 밀접한 숫자와 관련이 있다.

배달겨레는 수천 년 동안 이어 오고 있는 철학이 있으니 가장 오래된 천부경(天符經)이다.

81자에 함축된 뜻과 이치가 깊으며 크고 넓기 때문에 만교와 만법의 근본이라 하며 심오한 뜻을 풀이함에 있어서 생각과 능력에 따라 여러 가닥으로 해석될 수 있다. 일(1)의 진리는 배달경의 사리일도 근본진리와 밀접한 관계를 맺고 있으며 장차 배달의 천손민족이 지구촌 인류문화의 중심역할을 할 수 있는 진리의 뿌리가 천부경에 있게 되는 동시에 천지인(天地人) 삼극생명조화법(三極生命造化法)의 심판으로부터 죄인의 신세가 되지 아니하고 위대한 주인, 자랑스러운 자손, 슬기로운 민족, 강인한 인간의 자격과 능력으로 지구촌 중심국가가 되도록 해야 한다. 이단과 반목과 분열로 비롯되는 불행을 해결하고 홍익인간의 개국이념에 합당한 평화로운 세상을 건설할 수 있는 문화의 기반이 천부경에서 발견할 수 있다는 것은 놀라운 일이며, 인류세계에서 문화의 충돌로 인한 불행을 해결할 수 있는 만법과 만교의 근본이 천부경에 있음을 생각할 때 이러한 철학과 진리가 그 옛날에 있었다는 것은 그저 놀라움이 될 뿐이며 겨레의 자랑이라 해야 한다. 따라서 천부경의 깊고 묘한 진리와 영원한 철학을 평생 연구하는 사람들도 많이 있음이다. 천부경의 해석을 두고 시비와 주장을 하는 것은 어리석음이 되므로 끊임없는 연구가 필요할 뿐이다.

배달겨레의 성서인 배달경의 근본진리에 근거하여 일(1)의 조화이치를 하늘, 땅, 생명, 모습으로 증명하였으며 각각의 사람과 생물들은 하나의 씨알에서 시작되어 생사와 생멸을 거듭하게 되므로 일(1)의 작은 점(.)에서 시작하여 실물로 존재하다가 영원한 공(0)의 조화세계로 돌아가게 된다.

이러하므로,

* 일시무시일(一始無始一)

* 석삼극 무진본(析三極 無盡本)

* 천일일지일이인일삼(天地一二人一三)

* 일적십거무궤(一積十鉅無櫃)

* 화삼, 천이삼, 지이삼, 인이삼

  (化三, 天二三, 地二三, 人二三)

* 대삼합 육생칠팔구(大三合 六生七八九)

* 운삼사성환 오칠일묘연(運三四成環 五七一妙衍)

* 만왕만래 용변부동본(萬往萬來 用變不動本)

* 본심본태양(本心本太陽)

* 앙명인중천지일(昻明人中天地一)

* 일종무종일 (一終無終一)의 81자로 되어 있다.


### * 일시무시일(一始無始一):

1(일)의 진리는 영원하다는 것을 나타내고 있다.

### * 석삼극 무진본(析三極 無盡本):

천지인 삼극의 생명조화는 근본이치에 따라 끊임없이 계속된
다는 뜻이다.

### * 천일일 지일이 인일삼(天一一 地一二 人一三):

창조의 순서를 나타내고 있음으로 하늘이 첫째이고, 땅이 둘

째이며, 사람이 셋째이다.

### * 일적십거무궤(一積十鉅無櫃):

영원하다는 것을 십진법으로 나타내고 있으며 1에서 10이 되고 11에서 20이 되며 21에서 30이 되는 것처럼 끊임없이 이어지는 십진법의 수리학적인 이치로 하여금 영원함을 나타낸 것이다. 전자계산기와 같은 문명의 이기가 만들어질 수 있다는 과학적인 이론을 수천 년 전에 겨레의 천부경에서 이미 가르치고 있었음을 알 수 있게 된다.

### * 화삼, 천이삼, 지이삼, 인이삼(化三, 天二三, 地二三, 人二三):

순리와 변화로 하여금 조화가 일어나게 되는데 여기에서는 조화의 상대 숫자인 2에서 3이라는 조화의 결과가 나타나게 된다는 뜻이다. 하늘과 땅이 조화의 상대 숫자인 2가 되어 모든 생물들을 탄생시키니 이것을 3이라는 숫자로 나타내고 있으며 공통으로 조화의 상대 숫자인 2와 결과 숫자인 3을 합하게 되면 5(2+3)의 숫자가 된다.

창조에는 순서가 있으므로 천(天)일일(1+1=2) 지(地)일이(1+2=3) 인(人)일삼(1+3=4)의 숫자로 각각 다르게 나타내고 있지만, 조화에는 순서가 있지 아니하고 순리와 변화가 있으므로 각각은 똑같이 5의 조화 숫자로 나타내고 있다. 즉, 모든 조화의 질서와 이치에는 상대가 있어야 제3이 탄생할 수 있다는 뜻이니 상대이치에 관한 문제를 이미 천부경에서 나타내고 있다.

이러하므로 하늘의 창조 숫자는 2, 땅의 창조 숫자는 3, 사람의 창조 숫자는 4가 된다.

### * 대삼합 육생칠팔구(大三合 六生七八九):

천지인(天地人)의 상대 숫자 2를 모두 합하게 되면 6이 되어 이것을 대삼합이라 하며 여기에서 7, 8, 9가 생긴다고 하였으니, 천지인의 창조 숫자인 2, 3, 4에 조화의 공통된 숫자인 5를 각각 합하면 하늘의 조화 숫자는 7(2+5) 이 되고 땅의 조화 숫자는 8(3+5)이 되며 사람의 조화 숫자는 9(4+5)가 되어 六生 7, 8, 9가 된다.

하늘의 조화 질서에는 7신기화(七神氣化) 또는 7변조화(七變造化)가 있고 땅에는 8자의 생명조화가 있으니 일반적으로 사람들이 말하는 생년, 생월, 생일, 생시의 합한 숫자인 8자(팔자)의 운명이 있으며 또 한 편으로는 지역, 온도, 수분, 종자의 조건으로 생명이 탄생하는 팔자(8자)의 자연적인 운명도 있게 되므로 지구촌 언제 어느 땅에서 태어난다 하더라도 이와 같은 8자의 조건에 따라 단군의 자손으로 태어나면 천손민족이 되는 것이다.

사람에게는 9개의 구멍이 있어서 생명을 유지하게 되므로 두 개의 귀, 두 개의 눈, 두 개의 콧구멍, 하나의 입, 소변을 보는 음부와 대변을 보는 항문을 합하여 9규라 하며 이와 같은 조직을 통하여 생명을 유지하게 된다.

기타 동물들도 이와 같거나 비슷한 조직으로 생명을 유지 하고 있음은 생명조화의 이치에서 비롯되었음을 알 수 있으며 조화주 하느님께서 이러한 조직으로 생명을 유지하도록 하였다는 것을 생각하게 되면 참으로 신기하다는 생각을 하게 된다. 인생의 운명을 위하여서도 이러한 생명의 조직들을 건강하게 지키면서 각자가 주어진 운명이나 소망하는 사명을 위하여 사용하며 살아가야 한다는 것을 생각하게 되므로 천지만물의 조화이치에는 조금도 어긋남이 없다는 것을 깨닫게 된다.

### * 운삼사성환 오칠일묘연(運三四成環 五七一妙衍):

삼변조화(三變造化)와 사변조화(四變造化)로 비롯되는 칠변조화(七變造化) 또는 칠신기화(七神氣化)는 천지인(天地人)의 공통된 5의 조화 숫자에 따라 하나의 생명체가 되어 유일한 1의 존재로 생명조화가 이어지게 된다. 동시에 삼변과 사변의 생명조화에 근거하여 탄생한 각각의 생명체는 오욕(五慾)과 칠정(七情)을 가진 하나의 유일한 존재로 계속 이어지게 된다는 뜻으로도 해석이 가능한 것은 사람을 만물의 영장으로 삼았기 때문이며 오욕과 칠정을 가지고 있기 때문이다.

여기에서 삼변조화와 사변조화라고 하는 것은 암컷과 수컷이

상대 숫자 2가 되어 제3이라는 새끼를 낳으니 이것을 삼변조화라 하고 식물이 씨앗-뿌리-줄기에서 잎과 꽃이 피고-열매를 맺게 되는 것처럼 4단계의 변화가 있게 되는 것을 사변조화라 하며 곤충들처럼 알-애벌레-나방이-성충이 되는 것도 4단계의 변화를 거치게 되므로 이것도 사변조화라 할 수 있다.

모든 동물과 곤충들이나 식물들도 이와 같은 조화이치의 질서를 따르고 있다.

### * 만왕만래 용변부동본(萬往萬來 用變不動本):

동식물들이 하나의 유일한 개체로 존재하게 되는데 아무리 오래도록 살고 싶어도 때가 되면 생사(生死)와 생멸(生滅)이라는 생명조화의 질서와 법에 따라 자연으로 돌아가야 하고 또다시 오게 된다는 뜻이니 모든 생물은 조화질서에 따라가고 오고 하는 근본에 어긋남이 없다는 것이므로 사람들이 영생을 소망하게 되는 것도 만왕만래라고 하는 생명조화질서와 법이 있기 때문이라 생각해야 한다.

특별히 여기에서 강조되는 것과 인간 세상에 존재하는 어떤 주장보다 다르게 나타내고 있는 것은 모든 것은 가면 온다는 뜻이니, 왔으니 가야 한다는 것과는 비교가 되지 아니하며 인간이 영생을 소망하게 되는 근본이치를 잘 나타내고 있음을 알 수 있다.

막연하게 영생을 소망하며 기도하는 것이 막연한 소망이 될 것이라는 것은 천부경에서 이르는 생명조화이치를 깨달아 알지 못하면서 행하는 일이라 생각해야 한다. 일일명심경에서 일도영생 생사일도라 하였음도 영원한 생명조화의 이치를 나타내고 있다.

### * 본심본태양(本心本太陽) 앙명인중천지일(昻明人中天地 一):

생명조화의 근본은 태양에 있고 하늘과 땅 사이에 사람이 으뜸이라는 뜻이니 태양이 없으면 생물이 존재할 수가 없으며 사람이 만물을 대표하는 으뜸이라는 뜻으로 사람이 어리석어져서 자연의 공해를 만들게 되면 다른 모든 생물의 생존을 어렵게 만들며, 간악한 꾀와 힘으로 문화의 공해를 만들게 되면 방황과 멸망의 길에 빠지도록 하므로 "자연의 공해는 만물의 생존을 어렵게 만들고 문화의 공해는 방황과 멸망을 재촉한다."는 것을 깨달아 지구촌이 홍익인간 공생공존의 세상이 될 수 있도록 힘써야 함을 명심해야 한다.

자연에서 살아가는 풀들이 살아갈 수 없게 되면 만물의 영장이라고 말을 하며 살아가는 사람도 살아갈 수가 없다는 것을 생각해야 한다. 자연이라는 집은 모든 생물이 함께 살아가야 하는 집이 되므로 모든 생물이 함께 살아갈 수 있는 공생공존의 보금자리가 되어야 한다.

### * 일종무종일 (一終無終一):

영원한 1의 진리를 뜻하므로 천부경은 일의 영원한 진리를 '일시무시일'로 시작하여 '일종무종일'로 끝을 맺으므로 하여금 영원한 진리를 나타내고 있다.

비록 사람의 생명을 타고 만물의 영장이란 자격으로 신비의 세계에 빠져들기도 하고 이(理)상의 세계를 추구하는 경우가 된다 하여도 사람의 영적인 생명에서 비롯되었음을 생각해야 한다.

그러므로 각자가 자기의 운명이 길과 사명의 길을 개척하면서 천부경의 일반적인 뜻이라도 이해함으로써 성공을 하거나 보람을 가질 수 있도록 하는 인생의 뜻이 있음을 이해하고 힘써야 한다. 사람이 살아가는 과정에서 부지런하고 열심히 일을 하는 것은 중요하다.

이치와 도리를 알고 노력하여야 각자가 소원하고 희망하는 일을 성공으로 인도할 수 있도록 하는 데 크게 도움이 된다.

아무리 훌륭한 성명을 가지고 있다 할지라도 이름을 빛나게 하고 아름답게 하며 세상 사람들이 그 이름을 기억하며 선망의 대상으로 여길 수 있도록 하기 위해서는 이치와 도리에 합당한 방법으로 꾸준하게 노력을 하는 것이 중요하다.

자기를 정직하게 알고 최선을 다하며 부지런하게 살아가야 하므로 첫째는 어리석은 일이 아니되도록 하여야 하며 최소한 자기의 힘으로 소망하는 일을 위하여 사용할 수 있어야 하고 생명을 소중하게 여기는 사랑의 근본에 합당한 방법으로 인간관계를 가짐으로 하여금 많은 사람들이 자기의 이름을 기억할 수 있도록 하는 것이 중요하게 된다.

자존심을 지키며 살아가는 것이 중요하므로 자기의 타고난 얼굴을 부끄럽지 아니하도록 하기 위하여서는 자기의 조상을 섬길 줄 알고 부모에게 효도하며 형제를 일신으로 사랑하고 자손을 보배로 지킬 줄 아는 인간의 맛과 멋이 함께 있어야 한다.

성명학과 천부경의 깊고 묘한 이치와 철학을 전부 아는 것은 누구에게나 어려운 일이 되겠지만, 대략적인 이치와 뜻을 이해함으로써 각자가 인생을 갈아가는 이치와 도리를 깨닫는 경우도 크게 도움이 되므로 겨레의 고대 철학인 천부경의 원문을 암기하면서 그 심오한 뜻을 음미하며 살아가는 것이 중요하게 된다는 것을 명심하며 각자의 인생길에 등대처럼 여길 수 있도록 힘써야 세월이 가고 그 뜻을 점점 이해하는 과정에서 인생의 참된 맛과 성명의 중요함도 함께 알거나 느낄 수가 있게 된다는 것을 깨달아야 한다.

## 2
## 삼일신고(三一神誥)

삼일신고는 천지만물(天地萬物) 생명조화(生命造化)의 이치를 삼신일체(三神一體)에 근거하여 깨달은 겨레의 고대 철학이다. 비록 인류 세상에서 창조를 말하고 유일신을 말하는 경우가 있다 하여도 배달겨레의 고대 조화철학에서 이미 그 맥을 명백하게 이어오고 있었기 때문에 새로운 것이 될 수가 없으며 삼일신고 내용이 유일하게 으뜸이 되고 있음을 알 수 있다.

오랜 역사와 함께 이어오고 있는 겨레의 철학을 접하지 못하고 그 심오한 조화이치를 깨닫지 못한 입장이 되면 남의 문화에 어리석게 빠지거나 흉내를 내며 기뻐하는 모습에 의하여 어리석은 언행을 하면서도 부끄러움을 알지 못하게 된다.


❖ 천훈(天訓)

**제왈 원보 팽우 창창 비천 현현 비천 천무형질**

帝曰 元輔 彭虞 蒼蒼 非天 玄玄 非天 天無形質

**무단예 무상하사방 허허공공 무부재 무불용**

無端倪 無上下四方 虛虛空空 無不在 無不容


해설

하느님(하나님)께서 이르시기를 저 푸른 것이 하늘이 아니며, 까마득한 것도 하늘이 아니니라. 하늘은 허울도 바탕도 없고, 처음도 끝도 없으며, 위아래 사방도 없고, 겉과 속이 다 비어서

어디나 있지 않은 곳이 없으며, 무엇이나 감싸 안지 않은 것이
없느니라.

❖ **신훈**(神訓)

**신재무상일위 유 대덕 대혜 대력 생천 주무수세계**

神在無上一位 有 大德 大慧 大力 生天 主無數世界

**조신신물 섬진무루 소소영영 불감명량**

造牲牲物 纖塵無漏 昭昭靈靈 不敢名量

**성기원도 절친견 자성구자 강재이뇌**

聲氣願禱 絶親見 自聲求子 降在爾腦

**해설**

하느님은 위없는 첫자리에 계시어, 큰 덕과 큰 지혜와 큰 힘을
가지시고 한울 이치를 내시며, 수 없는 누리를 차지하시고 만물
을 창조하시되, 티끌만 한 것도 빠뜨리심이 없으며, 밝고도 신령
하시어 감히 이름 지어 헤아릴 길이 없느니라. 소리 내어 간절하
게 기도하면 직접 눈에 보이시지는 아니하나 스스로 구하는 자
에게는 머릿속에 내려와 계시느니라.

## ❖ 천궁훈(天宮訓)

**천신국 유천궁 개만선 문만덕 일신유거 군령제철**

天神國　有天宮　皆萬善　門萬德　一神攸居　群靈諸喆

**호시 대길상 대광명처 유성통공완자 조 영득쾌락**

護侍　大吉祥　大光明處　惟性通功完子　朝　永得快樂

해설

　한울은 하느님의 나라이며 천궁이 있어서 온갖 착함과 덕으로
써 문을 삼았느니라. 하느님이 계시는 곳에는 여러 신령님과 밝
은이들이 모시고 있으므로 지극히 복되고 큰 광명이 있는 곳이
며 오직 참된 본성이 트이고 공을 닦은 사람이라야 하늘나라에
서 영원토록 쾌락을 누리게 되느니라.

## ❖ 세계훈(世界訓)

**이관삼열성신 수무진 대소명암 고락부동**

爾觀森列星辰　數無盡　大小明暗　苦樂不同

**일신조군세계 신칙일 세계사자 할칠백세계**

一神造群世界　神勅日　世界使者　轄七百世界

**이지자대 일환세계 중화진탕 해환육천 내성견상**

爾地自大　一丸世界　中火震盪　海幻陸遷　乃成見象

**신가기포저 후일색열 행저화유재 물번식**

神呵氣包底　煦日色熱　行底化游裁　物繁殖

해설

　너희는 총총하게 널려 있는 별들을 바라보라! 그 수가 한없이 많으며 크고 작고 밝은 것과 어둡고 괴로워하며 즐거워함이 같지 않으니라. 하느님께서 모든 세계(누리)를 거느리게 하시니 너의 땅이 저절로 큰 것처럼 보이지만 작은 원(공)과 같은 세계이니라. 속의 불이 터져 나와서 바다로 변하고 육지가 되었으니 마침내 보이는 모든 형상이 이루어졌느니라. 하느님께서 김(기)을 불어 밑바닥까지 감싸 안으시며 햇빛의 열로 쪼이시니 기고, 날고, 탈바꿈하고, 헤엄치는 온갖 동물들과 식물들이 번식하였느니라.

❖ **진리훈(眞理訓)**

**인물동수삼진 왈 성명정 인전지 물편지**

人物同受三眞　曰　性命精　人全之　物偏之

**진성 무선악 상철통 진명 무청탁**

眞性　無善惡　上喆通　眞命　無淸濁

**중철 지 진정무후박 하철 보 반진일신**

中喆　知　眞情無厚薄　下喆　保　返眞一神

　사람과 만물이 다 함께 세 가지 착함을 받았으니 이는 성품과 목숨과 정기이니라. 사람은 이것을 온전하게(전부를) 받지만, 다른 만물들은 치우치게(다르게) 받느니라. 참 성품에는 착함도 악함도 없으니 이는 으뜸의 밝음으로써 두루 통하며, 참 목숨에는 맑음도 탁함도 없으니 이는 중간 밝음으로써 다 알며, 참 정기에는 두터움도 엷음도 없으니 이는 아래 밝음으로써 잘 보존하여 착함으로 돌아가면 한얼님과 하나가 되느니라.


**유중 미지 삼망 착근 왈 심 기 신,**

惟衆 迷地 三妄 着根 曰 心 氣 身,

**심의성 유선악 선복악화**

心依性 有善惡 善福惡禍

**기의명 유청탁 청수탁요**

氣依命 有淸濁 淸壽濁妖

**신의정 유후박 후귀박천**

身依精 有厚薄 厚貴薄賤

뭇사람들은 아득한 옛날 땅에 태어나면서부터 세 가지 가닥으로(다른 것으로) 뿌리를 내렸으니 이는 마음과 기와 몸이니라. 마음은 성품에 의지한 것으로써 착함과 악함이 있으니 착하면 복되고 악하면 화가 되며, 기는 목숨에 의지한 것으로서 맑고 탁함이 있으니 맑으면 오래 살고 탁하면 일찍 죽으며, 몸은 정에 의지한 것으로서 두텁고 엷음이 있으니 두터우면 귀하고 엷으면(박하면) 천하게 되느니라.

진망 대 작삼도 왈 감, 식, 촉
眞妄 對 作三途 曰 感, 息, 觸
전성 십팔 경,
轉成 十八 境,
감 희구애노탐염
感 喜懼哀怒貪厭
식 분란 한열진습
息 芬爛 寒熱震濕
촉 성색취미음저
觸 聲色臭味淫抵

 해설

참함과 그렇지 아니한 것이 서로 맞서 세 가닥의 길이 만들어

짐으로 이는 느낌과 숨 쉬는 것과 살 닿음(접촉함)이니 이것들이 18경지를 만들게 되었느니라. 느낌에는 기쁨, 두려움, 슬픔, 성냄, 탐냄과 싫어함이 있고, 숨 쉼에는 향내, 술내, 추위, 더위, 마른 것과 습기가 있으며, 살 닿음(접촉)에는 소리, 빛깔, 냄새, 맛, 음탕함과 살 닿음이 있느니라.

사람은 세 가닥의 서로 다른 경지를 가지고 있으니 느낌과 숨을 쉬는 것과 살 닿음을 말하며 여기에는 전부 열여덟 경지가 있으니,

첫째, 느낌에는 1기쁨, 2두려움, 3슬픔, 4성냄, 5탐냄, 6싫어함이 있고,

둘째, 숨을 쉬는 것에는 1향내, 2술내, 3추위, 4더위, 5마른 것, 6습기가 있으며,

셋째, 살 닿음(접촉)에는 1소리, 2빛깔, 3냄새, 4맛, 5음탕함, 6살 닿음이 있다는 말씀이니 감, 식, 촉을 모두 합하게 되면 18경지가 된다


**중 선악 청탁 후박 상잡 종경도**

衆 善惡 淸濁 厚薄 相雜 從境途

**임주 타생장소병몰고**

任走 墮生長消病沒苦

**철 지감조식 금촉일의화행**

嚞 止感調息 禁觸一意化行

# 반망 즉진 발대신기 성통공완 시

返妄 卽眞 發大神機 性通功完 是

뭇 사람들은 착하고 악함과 맑고 탁함과 두텁고 엷음이 서로 섞여서 각각 다른 길을 따라 나아가면서 태어나고 자라며 늙고 병들어 죽음에 이르게 되는 괴로움에 떨어지고 말지만, 밝은이는 느낌을 그치며 숨을 고르게 하고 부딪침을 금하며 한뜻으로 되어서(생명조화이치에 합당한 모습으로 되어서) 가달을 돌이켜(참된 영생의 길에 돌아가서) 크게 한울 기틀을 열게 되나니 성품을 트고(영생의 길을 열도록 하고) 공적을 마치도록 하는 것이 곧 이러하느니라.(이 세상의 생을 마치고 영생의 문에 드는 것이 곧 이러하느니라.)

# 9장

## 성명학과 일일명심경(一日銘心經)
### (성명을 빛내려면 매일 읽고 명심하여 힘쓰라는 말씀)

제1조: 경천애인(敬天愛人)-천지인도(天地人道)

제2조: 이화세계(理化世界)-순리변화(順理變化)

제3조: 홍익인간(弘益人間)-공생공존(共生共存)

제4조: 숭조충효(崇祖忠孝)-천륜도리(天倫道理)

제5조: 제가수도(齊家修道)-행복가정(幸福家庭)

제6조: 제세구민(濟世救民)-낙원세상(樂園世上)

제7조: 사리일도(四理一道)-근본진리(根本眞理)

제8조: 일도영생(一道永生)-생사일도(生死一道)

제9조: 생명은혜(生命恩惠)-지성보답(至誠報答)

제10조: 일생봉사(一生奉仕)-적선공덕(積善功德)

제11조: 자손만대(子孫萬代)-대혜대력(大惠大力)

제12조: 자손보존(子孫保存)-역사생명(歷史生命)

제13조: 민족언어(民族言語)-천륜수족(天倫手足)

제14조: 삼체가족(三體家族)-인연대도(因緣大道)

제15조: 인생소망(人生所望)-기필성취(期必成就)

제16조: 삼극생명(三極生命)-조화심판(造化審判)

제17조: 죄인신세(罪人身世)-자업자득(自業自得)

제18조: 인간세상(人間世上)-필유경쟁(必有競爭)

제19조: 역사심판(歷史審判)-흥망성쇠(興亡盛衰)

제20조: 밝달법도(倍達法道)-흥성만세(興盛萬歲) 만만세(萬萬歲)

일일명심경(一日銘心經)은 성명과 생활철학에 필요한 내용을 소개하므로 수행에 힘써서 성공적인 인생이 될 수 있도록 하기 바라며 인간의 운명 중에서 70~80%를 성공시켜서 각자가 소원하는 것을 이룰 수 있도록 힘써야 할 것이다.

### 제1조: 경천애인(敬天愛人)-천지인도(天地人道)

사람은 작은 하늘과 같기 때문에 인(人)은 소천(小天)이라 하며 하늘을 우러러보듯 사랑해야 하고 땅에서 함께 살아가기 위해 상대를 인정하고 존중하며 좋은 관계를 맺고 살아가야 경천애인을 훌륭하게 행하는 천지인의 도가 된다.

특히 지구촌에서는 아무리 빈천한 사람이라 할지라도 상대에게 절을 먼저 하는 태도로 대하며 사람다운 대접을 할 줄 알아야 언제 어느 땅에서 살아가는 경우에도 천지인의 도가 원만하게 된다는 것을 깨닫고 실천을 해야 하기 때문에 비록 거지라 할지라도 먼저 절을 하면서 사람다운 대접을 할 줄 아는 사람이 되어야 이 세상 언제 어느 땅에서 살아가는 경우가 된다 하여도 어려움이 없게 될 것이며 자기의 이름이 더러워지거나 나쁘게 되지 아니하게 된다.

### 제2조: 이화세계(理化世界)-순리변화(順理變化)

만물이 순리와 변화의 법과 질서에 따라 모습으로 나타나는 것처럼 가장 참된 이치와 도리를 깨닫고 알아서 삶과 믿음 길의 모습도 진리에 합당할 수 있도록 힘써야 하며 동식물들이 살아가는 모습에도 질서와 길이 있으므로 언제나 정견, 정각, 정행을 해야 한다.

자연의 법과 인간의 도리에 합당하도록 건전하고 합리적으로 세상의 일을 대하고 조화롭게 살아가야 정도와 정법이 통하게 된다.

사람은 가장 강할 수도 있고 가장 약할 수도 있으며 가장 지혜로울 수도 있고 가장 어리석을 수도 있으며 가장 선할 수도 있고 악할 수도 있다. 때문에 비록 강하다 할지라도 어리석으면 오히려 화를 만들고 불행하게 되는 경우가 있다. 자연에는 자연의 질서와 법이 있고 인간의 사회에는 인간적인 도리와 이치가 있으므로 진리가 있다.

"가장 자연적인 것이 가장 진리적이다."라는 말이 있는 것은 사람다운 도리와 이치에 어긋나는 언행을 하게 되면 자연의 법과 질서를 따르며 살아가는 짐승들보다 더욱 못한 인생이 되기 때문이다.

생존경쟁의 질서는 자연의 현상에서나 인간의 사회에서나 어디에서도 있기 때문이다. 사리일도 근본진리와 천지인 삼극생명조화법(三極生命造化法)의 심판에 어긋나는 모습이 아니되도록 하여야 한다. 인간세상의 경쟁에서 이길 수 있게 되며 남을 도와줄 수 있는 사람이 되려고 하여도 먼저 자기 자신부터 그렇게 할 수 있는 능력이 있어야 함이다. 자연의 모습을 주의하여 보면서 자기의 인생을 위하여 잘 이용하거나 사용을 할 수 있어야 성공적인 인생이 된다. 유명하게 될 수 있는 성공적인 인생의 모습도 되도록 한다.

잔디는 강한 뿌리의 힘으로 단결하여 자기들의 세상을 만들고, 클로버는 그들끼리 강하게 손을 잡고 단결하여 그들만의 세상을 만들며 땅을 차지하고 있다. 개미는 부지런하게 일을 하고 협력을 잘하기 때문에 생존경쟁에서 이길 수 있다. 벌은 그들의 단결력으로 환경을 이기며 살아가고 하이에나 같은 짐승도 강한 단결력으로 맹수를 상대하게 된다.

가장 자연적인 것이 진리라는 것을 생각하면서 인생을 성공적으로 운명의 길을 개척하려고 힘써야 하며 이 세상에 태어난 보람을 가질 수 있도록 힘써야 한다. 무작정 부지런하기만 하다고 하여 성공적인 인생이 되는 것이 아니다. 이치와 도리를 알고 이에 합당한 길에서 노력을 하여야 운명의 길이 원만하게 개척될 수 있다는 것을 명심하며 살아가야 할 것이다.

### 제3조: 홍익인간(弘益人間)-공생공존(共生共存)

사람을 널리 이롭게 하고 도와야 한다고 하는 것은 자연의 법과 인생의 이치와 도리를 깨달아 만물을 함께 존재할 수 있도록 해야 한다. 책임이 인간에게 있다는 뜻임으로 모든 생물도 함께 살아갈 수 있는 공생공존의 책임이 인간에게 있다.

상대를 이단시하고 적을 만들거나 차별을 하지 말아야 한다. 장차 지구촌에는 홍익인간의 실천을 가장 잘 행하는 민족에 의하여 평화로운 세상을 지키며 인류가 함께 살아갈 수 있도록 할 것이다.

### 제4조: 숭조충효(崇祖忠孝)-천륜도리(天倫道理)

조상을 섬기고 어버이에게 효도하며 자손을 생명과 역사를 이어갈 보배로 여긴다. 가족과 겨레와 나라에 충성을 바치는 것은 하늘이 정한 윤리이다. 인간적인 도리가 되므로 숭조충효 천륜도리를 가장 자손답게 잘 행하는 백성이 가장 성공하는 민족이 된다는 것을 일깨우는 말씀이다.

숭조충효 천륜도리의 전통문화를 잘 행하고 지키는 천손민족의 모습으로 행복하고 보람된 인생과 위대하고 찬란한 역사의 생명 길을 줄기차게 이어 가야 함을 깨달아야 한다.

서기 1930년대 초에 중국의 노동자와 조선의 노동자들이 멕시코 유카탄 반도에서 노동을 하였을 때 중국의 노동자들은 돈을 벌어서 멕시코의 수도인 멕시코시티에 차이나타운을 만들었다. 지금까지 막강한 경제력과 문화의 힘을 행사하며 숭조충효의 도리를 잘 지키는 작은 중국을 만들어놓고 있는데, 조선의 노동자들은 돈을 벌어서 남의 조상을 섬기는 성전을 지었기 때문에 지금은 조선 사람들의 조상과 자손들은 없어지고, 그 성전에는 남의 백성이 복을 빌고 있으니 숭조충효의 천륜도리를 지킨 백성과 지키지 아니한 백성이 어떻게 다른가를 잘 보여주는 일이 되고 있으며 근본진리와 삼극생명조화 법의 심판으로 나타내는 모습이 얼마나 정직하고 냉정한가를 깨달아야 한다.

## 제5조: 제가수도(齊家修道)-행복가정(幸福家庭)

가정에서 도를 잘 닦으면 행복한 가정이 된다는 뜻이다.

부부와 가족들이 삼체가족과 같은 가정이 되어야 하며 사랑의 실천을 생명의 근본에 합당하도록 서로가 자기의 몸과 생명처럼 관심하며 사랑을 하여야 한다. 윤리도덕이 건전하고 행복한 가정이 될 것이므로 가화만사성(家和萬事成)이 되도록 힘써야 한다.

청춘 남녀들이나 부부들이 명심경의 수행으로 행복한 가정이 되도록 노력해야 한다. 사랑의 근본이 생명에 있다는 것을 깨달아 인내심과 희생정신으로 생명의 근본에 당한 사랑을 실천해야 한다.


### 제6조: 제세구민(濟世救民)-낙원세상(樂園世上)

세상을 다스리거나 나라의 짐을 지는 것과 관직에 있는 사람들은 백성을 구하는 일이 첫째가 되어야 한다. 지도자나 높고 낮은 관직에 있는 사람들과 겨레를 위해 훌륭한 뜻을 가진 인물들이 백성을 구하고 나라를 평화롭게 해야 한다. 정성을 바치며 노력하게 되는 것은 낙원세상을 위한 과업과 책임과 사명을 실천하는 일이 된다. 이름을 날리고 출세를 하려면 제세구민의 실천을 지극한 정성으로 하여야 한다.

## 제7조: 사리일도(四理一道)-근본진리(根本眞理)

한 사람의 생명에는 4가지 근본이치를 타고 태어나게 되므로 이것을 가리켜 사리일도 근본진리라 한다.

일도의 근본진리는 천부경에서 일(1)의 영원한 진리와도 서로가 상통하고 있음은 수천 년 전인 옛날부터 겨레에는 근본진리를 천부경에서 일러두었으며, 성조 하느님(하나님)께서 모습으로 보여주시고 깨닫도록 하신 것을 감사하게 생각하며 행복으로 느낄 뿐이다. 배달의 천손들은 모름지기 천부경과 사리일도 근본진리와 천지인 삼극생명조화법을 깨달아야 한다. 지구촌 인류세계에서 가장 뛰어난 민족의 능력으로 중심국가의 백성이 되고 지구촌 경영의 주역이 되어야 하며 홍익인간의 세상을 열어 가야 한다.

**첫째, 하늘의 근본은** 빛이며 사람에게는 지혜를 뜻한다.

지혜의 경쟁에서는 어리석고 얼빠진 모습으로 방황하거나 망하지 말아야 함이다. 하늘의 근본에 합당하도록 지혜롭고 밝은 인생의 길을 열어가려고 힘써야 한다. 지혜의 경쟁에서는 어리석고 얼빠진 모습으로 방황하거나 망할 짓이 되도록 하지 말아야 한다. 망하는 것은 죽음보다 불행한 일이 되며 죽음은 누구에게나 있는 일이지만 망하는 것은 누구에게나 있는 일이 아니기 때문이다.

인류의 역사에서 불행과 고난의 인생과 역사를 거듭하는 백성들의 공통점은 어리석고 얼빠진 짓을 망하는 줄도 모르고 오히려 자랑으로 여기며 행하였기 때문에 근본진리를 깨달아야 한다.

**둘째, 땅의 근본은** 힘이며 마음을 뜻한다.

땅의 근본을 닮아 마음에도 단단하고 부드러움이 있으며 따뜻하고 냉정함이 있다. 힘의 경쟁에서 남의 간악한 욕심과 힘에 의하여 이용을 당하고 지배를 받지 아니하기 위하여 단결을 할 줄 알아야 한다. 유비무환을 위해 민족삼체(일심협력 단결체, 역사운명 공동체, 민족생존 구심체)가 되어야 한다.

비록 적고 작은 힘이라 할지라도 방향이 지혜로운 모습으로 바르게 되면 세월이 가면 갈수록 힘은 커지고 발전을 하게 된다.

그러나 이와 반대로 비록 큰 힘이 있다 할지라도 방향이 잘못되고 어리석게 되면 세월이 가면 갈수록 망하는 길에 빠지게 된다.

때문에 인간세상의 만사에는 작은 힘으로 성공하는 사람이 있고 큰 힘을 가지고도 망하는 사람이 있는 것은 어리석음 때문이다.

**셋째, 피의 근본은** 생명을 뜻하고 사랑과 윤리도덕의 근본이 된다. 가장 진하고 질기며 속이지 못하는 사랑은 생명을 이어주고 이어받은 부모와 자식의 사이에 있다.

사랑과 윤리도덕의 실천이 건전해야 다른 모든 인간관계에서도 건전하고 아름답게 된다. 그러나 사랑의 근본에 어긋나는 사랑을 믿으며 조상과 부모 형제와 자손들과 겨레를 이단시하거나 적으로 삼는 날에는 타락한 세상이 되고 불행한 피를 흘리게 된다.

**넷째, 모습의 근본**은 각자가 타고 태어난 얼굴임으로 유일하고 존귀한 존재의 뜻을 나타내고 있다. 자존심의 근본이 되는 동시에 자존심은 각자가 타고난 유일하고 존귀한 얼굴과 조상의 뿌리에 있는 것이다. 조상을 섬기는 것은 자기의 타고난 얼굴을 섬기는 것과 같으며 자존심을 지키는 일이 된다. 일반적으로 부끄러운 일을 행하였을 때 얼굴을 가리는 것은 자존심을 지키려는 본능에서 행하는 일이다.

### 제8조: 일도영생(一道永生)-생사일도(生死一道)

영원한 생명질서와 순리에는 삶과 죽음이 생명조화의 길에 함께 있다는 뜻이다. 생명조화에는 태어나서 살다가 죽음의 길을 가야 하거나 생멸의 질서가 끊임없이 계속되므로 사람은 영원한 생명의 질서에서 영생을 소망하게 된다.

모든 생물은 가면 오고 왔으니 가야 하는 생명조화의 질서를 천부경에서도 만왕만래(萬往萬來)라 하였다.

죽음은 누구에게나 있는 일이지만, 망하는 것은 누구에게나 있는 일이 아니다. 인생과 역사에는 죽음보다 망하는 것이 더욱 불행한 일이 될 때가 많이 있으므로 삶과 믿음의 길에서 망할 짓을 행하지 말아야 부끄러운 이름이 되지 아니한다.

## 제9조: 생명은혜(生命恩惠)-지성보답(至誠報答)

조상과 부모의 인연을 따라 자손의 생명으로 태어났으며 은혜와 덕으로 자랐기 때문에 그 은덕에 보답하는 생각과 마음으로 부지런하고 적극적이며 지혜롭고 활기찬 모습으로 노력하며 살아가야 한다는 뜻이다.

남자나 여자나 이왕 겨레를 위하여 지성보답으로 바치려면 사리일도 근본진리와 천지인 삼극 생명조화 법에 합당하도록 바쳐야 인생과 역사에 보람이 되고 빛이 된다.

매사를 대함에 있어서 마지못해 또는 죽지 못해 억지로 일을 하는 것처럼 해서는 아니 된다. 생명은혜에 지극한 정성으로 보답해야 한다. 생각과 정성으로 즐거운 마음과 적극적인 태도로 세상의 일들을 대하면서 살아가야 행복과 보람을 느끼게 된다. 지성이면 감천하는 인생이 되어 소망하는 것을 얻고 이루게 되며 건강관리에도 좋은 습관이 되는 동시에 이름도 유명하게 된다.

## 제10조: 일생봉사(一生奉仕)-적선공덕(積善功德)

항상 봉사하는 마음을 가지고 살아가면 즐거운 인생이 되고 착한 마음으로 공덕을 쌓으면 보람된 인생이 된다.

배달겨레 삼체수련회, 모심향크럽(모심향삼체가족회), 삼체학
도단과 후손관리위원회와 같은 단체를 위하여 봉사한다. 적선
공덕이 되도록 행하는 날에 인생에는 보람과 영광이 있고 역사
에는 공헌하는 일이 되므로 비록 작고 적은 것이라 할지라도 일
생봉사 되도록 힘써야 한다.

## 제11조: 자손만대(子孫萬代)-대혜대력(大惠大力)

자손만대에 큰 은혜와 큰 힘이 되어야 한다. 배달겨레 모두가
명심경 9조(생명은혜 지성보답)와 10조(일생봉사 적선공덕)의 실
천을 지극하게 행하여야 겨레는 물론이며 나와 우리의 자손들
모두에게 큰 은혜와 힘이 되는 훌륭한 전통을 만들게 된다.

**"나라가 가난하면 백성이 천대를 받고 나라와 백성이 모두 가
난하면 불행과 고난의 세상을 감당하게 된다."**는 것을 명심하며
삼체모심단과 삼체도의 지혜, 힘, 사랑, 자존심으로 자손들에게
큰 힘이 되도록 하여 행복하고 보람된 인생이 되도록 해야 한다.
동시에 후손관리에 힘쓰도록 해야 하므로 부모와 조상의 재물
때문에 자손들이 싸우거나 원수처럼 되어서는 아니 될 것이다.
일부를 삼체도와 삼체모심단(三體母心團) 또는 후손관리위원회
에 정성으로 바쳐서 자손들이 불행하고 어려울 때 도움이 되도

록 해야 모두가 행복을 누리게 될 것이며 이름이 자손 대대로 전해질 것이다.

### 제12조: 자손보존(子孫保存)-역사생명(歷史生命)

조상의 뿌리와 자손을 잘 지키고 모든 상속을 온전하게 하는 것은 인생과 역사의 생명 길을 이어갈 수 있는 힘과 지혜가 되고 길과 방법이 된다. 농부가 비록 땅이 있다 하여도 씨앗이 없으면 농사를 지을 수 없다는 것은 금방 알면서도 조상이 천대를 받고 자손이 망하면 뿌리가 없는 나무와 같거나 씨앗 없는 농부처럼 되어 인생과 역사의 생명 길을 이어갈 수 없고 망하게 된다는 것을 미처 깨닫고 알지 못하는 것이 사람의 어리석음이 되므로 가장 지혜로울 수도 있고 어리석을 수도 있는 것이 사람이다.

그러므로 예로부터 농사 중에서 가장 큰 농사는 자식농사이며 새 중에서 가장 큰 새는 먹새라 하였으니 자식농사를 잘 짓는 것과 먹는 농사를 잘 짓는 것이 인생에 있어서 중요하다는 것을 뜻하고 있다.

공부를 아무리 많이 하고, 좋은 직장에서 돈을 잘 버는 사람이 되어 높은 자리를 얻었다 할지라도 얼빠진 생각과 어리석은 판단으로 여성은 다른 종족의 남편을 선택하고 남성은 자기의 씨앗을 지킬 수 없는 다른 종족의 아내를 맞이하는 경우가 된다면 반드시 망하게 되는 것이 천륜의 도리가 되고 자연의 이치가 된다는 것을 깨달아야 한다.

이러한 이치와 도리를 무시하거나 고집하며 스스로 망할 짓을 하면서도 오히려 자랑스럽게 여기고 복을 받을 수 있는 일이 되는 것으로 착각하는 경우가 되면 하늘에서는 천벌이 내리고 땅에서는 버림을 당하는 것과 같아서 망한다는 것을 깨닫고 명심해야 하는 것이다.

시베리아의 연해주에서 살고 있었던 동포들(고려인)을 스탈린의 독재에 의하여 짐을 싣는 기차의 화물칸에 짐짝처럼 실어서 중앙아시아의 황무지로 강제추방을 당하였으나 그때 단군의 자손인 고려인들은 베개 속에 씨앗을 숨겨서 갔기 때문에 굶어 죽지 아니하고 살아남을 수가 있었음을 기억해야 할 것이다. 자손의 보존과 함께 온전한 상속이 인생과 역사를 이어감에 있어서 중요함을 입증하는 일이 될 것이다.


## 제13조: 민족언어(民族言語)-천륜수족(天倫手足)

자기 민족의 언어가 하늘이 내린 윤리와 인간의 도리로 만들어준 손발과 같다고 하는 뜻이다. 민족의 언어가 자손과 민족을 지키는 소중한 문화의 도구나 무기가 되기 때문이다.

자기 민족의 언어를 잊어버린 자손과 백성들은 손과 발이 없는 불구자처럼 되어버린다. 형제 겨레의 손을 잡을 수가 없고 서로가 가고 오고 하지 못하며 사리일도 근본 지리에 합당할 수 있는 지혜, 힘, 사랑, 자존심으로 민족 삼체의 모습이 되어 문화의 경쟁에서 이길 수가 없으므로 남의 언어문화에 의하여 방황하게 되고 조상의 뿌리와 자손을 지키지 못하게 되므로 결국에는 멸망하게 된다.

그 민족의 언어는 민족의 힘을 나타내는 저울과 같음으로 강하면 그만큼 넓은 땅을 차지하게 된다는 것을 명심하며 조상의 뿌리와 함께 이름이 영원하기를 힘써야 할 것이다.

### 제14조: 삼체가족(三體家族)-인연대도(因緣大道)

삼체수련의 소중함은 장차 세상이 극도로 복잡하게 되고 어렵게 되는 날에 생존경쟁의 환경도 더욱 뜨거우며 어렵게 된다.

이러한 환경에서는 삼체가족의 인연이 상생의 큰길이 된다는 뜻이다. 이렇게 인연의 큰길이 되어야 가난하고 소외된 자의 손을 잡으며 함께 살아갈 수 있는 생존구심체가 되고 홍익인간의 사회와 상생의 세상도 될 수 있다.

### 제15조: 인생소망(人生所望)-기필성취(期必成就)

누구나 인생에는 소망이 있으므로 이것을 반드시 이루고 얻기 위하여 노력하게 된다. 소원하고 희망하는 것을 성취하기 위해서는 더욱 큰 힘과 지혜와 끈끈한 사랑과 강한 자존심으로 노력해야 하기 때문에 삼체가족의 조직에 가입하는 것과 수련으로 하여금 큰 힘과 지혜와 사랑으로 뭉칠 수 있도록 하여 소망하는 것을 반드시 이루고 얻을 수 있도록 해야 하는 것이 소망을 성취하는 지름길이 된다.

자손들에게 재물을 물려주어서 싸움질을 하거나 사이가 나빠지도록 하는 것보다 삼체조직과 모심향가족이나 후손관리위원회를 통하여 관리하도록 하고 자손들이 어려움을 당하였을 때 조상과 부모가 남겨준 재물로 도와줄 수 있도록 하는 것이 현명한 방법과 재물을 지키는 길이 된다.

이러하므로 삼체수련조직과 모심향가족의 조직들은 물려준 재물을 자기 개인의 것보다 더욱 소중함을 알고 후손들을 위하여 잘 관리하여 천손민족의 지구촌 경영에도 크게 도움이 되도록 해야 할 것이다. 삼체도 조직과 모심향가족이 부자이면 모두가 부자처럼 되어 각자가 소원하고 희망하는 일을 성공시키기 위하여 전심전력을 다 바치며 신나는 인생을 살아갈 수 있도록 해야 한다.

## 제16조: 삼극생명(三極生命)-조화심판(造化審判)

삼극생명 조화심판이란 천지만물생명조화 법의 심판을 말하는 것이다. 땅의 모든 생물은 생명조화 법에 따라 생사와 생멸의 모습을 나타내고 있다.

삶과 믿음의 길에서 어리석고 불쌍한 모습으로 이끌려가거나 스스로 방황하며 망하는 모습이 된다 하여도 어느 누가 심판을 하며 구원의 길로 인도될 수 있도록 하지 못하는 것은 생명조화 법의 심판에 근거한 결과의 책임은 당사자 자신이나 무리의 백성들 자신에게 있을 뿐이기 때문에 자업자득(自業自得)의 경우가 되기 때문이다.

이러하므로 각자는 위대한 주인, 자랑스러운 자손, 슬기로운 민족, 강인한 인간의 모습으로 살아가면서 이름을 더럽히거나 부끄럽게 만들지 아니하도록 하는 것이 중요하다.

비록 출세를 하여 한때 이름을 날리는 경우가 되었다 하더라도 어떤 실수나 잘못으로 인하여 부끄러운 일이 된 경우가 되면 유명하게 되었던 것만큼이나 나쁜 영향이 자기에게 돌아올 수가 있으므로 이름과 명예의 관리를 잘하도록 힘써야 한다.

## 제17조: 죄인신세(罪人身世)-자업자득(自業自得)

앞의 제16조에서 이미 언급한 바와 같이 삼극생명조화법(三極

生命造化法)의 심판으로부터 위대한 주인, 자랑스러운 자손, 슬기로운 민족, 강인한 인간의 모습이 되지 못하고 스스로 죄인의 신세가 된다 하여도 여기에 관하여서는 아무도 책임을 지거나 잘못을 바르게 할 수 있는 사회의 법이나 규정이 없으므로 죄인의 신세가 되느냐 아니되느냐 하는 것은 본인의 깨달음과 노력에 달려 있을 뿐이다.

사리일도 근본진리와 천지인 삼극생명조화법(三極生命造化法)의 심판을 깨달아 죄인의 신세가 아니되도록 해야 한다.


### 제18조: 인간세상(人間世上)-필유경쟁(必有競爭)

인간의 세상에는 반드시 경쟁이 있다는 뜻이다.

힘의 경쟁에는 이기고 지는 것이 있으며 지혜의 경쟁에는 흥하고 망하는 것이 있다. 힘의 경쟁에서는 어느 한쪽이 지거나 항복을 하면 끝나는 날짜가 있지만, 지혜의 경쟁에서는 어느 한쪽이 망하는 경우가 된다 하여도 경쟁은 계속 되므로 힘의 경쟁에서 지는 것보다 지혜의 경쟁에서 어리석은 모습으로 망하는 것이 더욱 무서운 경쟁이 된다는 것을 깨달아야 한다. 무한경쟁의 질서가 존재하는 인간의 세상에서 지혜의 경쟁에서는 망하지 아니하고 힘의 경쟁에서는 지는 일이 아니되도록 힘써야 위대하고 빛나는 인생이 된다.

## 제19조: 역사심판(歷史審判)-흥망성쇠(興亡盛衰)

인간의 역사는 흥망성쇠의 모습으로 심판을 하게 되므로 힘의 경쟁에는 이기고 지는 것과 성하고 쇠함의 모습이 있고 지혜의 경쟁에는 흥하고 망함의 모습이 있으므로 사리일도 근본진리와 삼극 생명조화 법의 심판을 깨달아 흥하고 강성한 인생과 역사의 주인이 될 수 있도록 힘써야 한다.

## 제20조: 밝달법도(倍達法道) 흥성만세(興盛萬歲) 만만세(萬萬歲)

밝달님께서 기록하신 배달경(倍達經)의 사리일도(四理一道) 근본진리와 천지인(天地人) 삼극생명조화법(三極生命造化法)의 심판을 깨달아 보람된 인생과 빛나는 업적이 되도록 하여 오래도록 자기의 이름과 명성이 역사와 함께 빛날 수 있도록 하여야 한다는 말씀이라는 것을 기억하며 일일명심경(一日銘心經)의 수행으로 인생과 역사가 영원토록 흥하고 강성할 수 있기를 기도하며 지극한 정성을 바쳐야 한다. 천부경이 만교(萬敎)와 만법(萬法)의 근본이 되는 것처럼 밝달법도(사리일도 근본진리와 삼극생명조화법)을 근본으로 삼아 일생을 살아가는 모습이 영원토록 대흥하고 강성하도록 힘써야 한다.

＊＊ 강물은 말이 없어도 정직하게 제 갈 길을 따라 흘러가게 되며 어떤

장벽에도 굴하지 아니하므로 인간에게는 정직한 자연의 법과 필승의 신념과 길을 가르치는 교훈이다.

** 민족과 가문의 조상은 섬김의 절대적 대상이며 믿음은 선택의 대상이다. 섬김의 문화가 확실한 민족은 단결이 잘 되고 불행과 고난의 역사를 만들지 아니한다.

따라서 신앙과 믿음의 자유는 있어도 섬김의 자유는 있을 수 없는 것은 조상과 부모와 자신과 자손을 부정하거나 속일 수가 없기 때문이며 천륜의 관계이기 때문이다.

천륜도리를 어기는 가족과 민족은 반드시 방황하고 망하게 되는 것은 천벌은 막을 수가 없고 땅에서는 피할 곳이 없기 때문이다.

이러하므로 좋은 말과 진리를 구별할 줄 알아서 삶과 믿음의 길이 어리석지 아니하도록 힘써야 한다.

# 1
## 삼체수련(三體修練)

배달겨레 삼체수련으로 인류역사의 물결에 떠내려가는 것이 아니라 스스로 인생과 역사의 생명 길을 개척하기 위해서 확실한 목적의식을 가져야 한다. 정확한 방향을 설정하여 위대하고 찬란한 소망의 목표에 도달할 수 있도록 능력을 길러야 한다. 어떠한 어려움이 닥치거나 사나운 역사의 파도가 밀려온다 해도 이것을 이기고 일어서기 위하여 모두는 민족삼체(民族三體) 즉, 일심협력단결체, 역사운명공동체, 민족생존구심체가 되어야 한다.

단결체(團結體)는 어렵고 힘이 필요할 때 있어야 하고 운명공동체는 불행을 이기며 일어서기 위하여 무조건 있어야 하며 생존구심체는 생사의 갈림길에서 위험할 때 반드시 있어야 한다.

때문에 몇 사람이 모이는 경우가 된다 하여도 개미처럼 부지런하면 가난과 어려움을 이길 수 있다. 벌처럼 단결하면 어떤 강자도 이길 수 있으므로 개미는 흉년에도 굶지 않는다. 벌은 사람을 도망치도록 하므로 삼체도의 부지런함과 단결력으로 겨레를 구하고 지구촌 경영 민족이 되도록 힘써야 한다.

삼체(三體)조직이 부자이면 모두가 부자가 되고 강하면 모두가 강하게 된다. 천손민족의 인생이 행복하고 보람되며 역사가 위대하고 찬란할 수 있도록 삼체수련에 힘써야 한다. 남성들은 삼체수련단(三體修練團)의 성원이 되고 여성들은 삼체모심단(三體母心團)의 조직원이 되어 각자의 소원하는 일을 성취할 수 있도록 노력하고, 혼자서 이루기 어려운 것을 삼체도의 조직에서 성공하도록 해야 성과 이름이 함께 드러나게 되므로 스스로 빛나도록 하는 일이 되고 공헌하는 일이 된다.

## 2
## 삼체도십계(三體徒 十誡)

(1) 천손민족다운 자존심과 긍지를 가지고 살아가야 한다.

(2) 자기 자신을 알고 근본진리에 합당하도록 생활한다.

　(세상이 혼탁하고 복잡하며 어렵게 될수록 또는 지구촌 일일생활권의 환경이 될수록 자기를 알아야 하고 남의 문화에 의하여 마음이 병들거나 어리석지 않아야 한다. 근본진리와 삼극생명조화법(三極生命造化法)을 깨달아 자기를 알며 힘과 지혜의 정도를 알고 세상의 일에 대처해야 하며 사랑과 윤리도덕의 실천이 근본진리에 합당해야 하고 조상을 섬기는 자존심으로 자기를 지키도록 해야 한다.)

(3) 삼체수련을 생활화하고 일터에서는 모범이 되며, 삼체기업과 사업장에서는 노동조합에 관계없이 노사는 삼체가 되도록 힘써야 한다.

(4) 인생과 역사의 정의를 위하여 바칠 수 있어야 한다.

(5) 지혜, 용기, 사랑, 자존심으로 민족삼체가 되어야 한다.

(6) 삼체협동사업(농, 공, 상)으로 상생의 길을 개척해야 한다.

**(7)** 일일명심경의 뜻을 깨닫고 수행에 힘써야 한다.

**(8)** 상대를 인정하고 존중하며 좋은 관계를 맺도록 한다.

**(9)** 좋은 말과 진리를 분별하고 신용과 약속을 지킨다.

**(10)** 인생을 보편성, 건전성, 합리성, 영원성에 합당하게 한다.

## 3
## 삼체모심단(三體母心團)

삼체모심단(三體母心團)은 개인과 겨레의 무궁한 발전과 함께 지구촌 경영 민족이 되기 위하여 삼체수련의 수행에 힘써야 한다. 삼체모심단의 소중한 역할을 위하여 근본진리와 삼극생명 조화법(三極生命造化法)의 심판을 깨달아야 한다.

인생과 역사의 운명이 걸려 있기 때문이며 인간의 이름으로 만들어 가는 중요한 부분이기 때문이다.

지구촌 일일생활권의 환경에서는 옛날처럼 고향을 찾아가는 것은 어려운 일이 되므로 삼체모심단(三體母心團)의 어머니 마음이 고향의 역할을 대신 해야 한다. 동포가족 중에 어렵거나 불행한 일이 있으면 먼저 모심단의 지극한 보살핌과 사랑으로 도움이 될 수 있도록 무한한 봉사심과 거룩한 희생정신을 나타낼 수 있어야 한다.

인생이란 누구나 항상 행복할 수도 없고 불행할 수도 없으며 성공과 실패가 있기 마련이다. 내가 잘나갈 때 모심단의 가족과 삼체수련단의 조직을 통하여 정성을 바치고 어렵거나 불행하게 되었을 때 도움을 받으며 함께 살아갈 수 있도록 하기 위하여 삼체도십계(三體徒十誡)를 수련의 기본으로 삼고 수행에 힘써야 한다.

삼체수련단(三體修練團)과 삼체모심단(三體母心團)의 가족이 부자가 되면 모두는 부자가 될 것이다. 혼자서 이루기 어려운 일이라 할지라도 삼체도와 모심단의 도움으로 소원하는 것을 이루고 얻을 수 있도록 하는 것이다. 보람되고 영광된 인생의 지름길이 된다는 것을 확신하면서 남녀노소 모두는 삼체도의 충성심과 삼체모심단의 강인한 모성애로 하여금 위대한 주인 자랑스러운 자손 슬기로운 민족 강인한 인간의 모습으로 전진을 거듭해야 한다.

# 10장

## 상생 에너지의 생활 철학

**1**

### 왜 교권이 흔들리는가?

### ❖ 생활철학과 자녀교육

지구촌 시대를 살아가는 어버이의 책임은 더욱 크기 때문에 더욱 희망적이고 적극적이어야 하며 지혜로워야 하고 선진적이어야 한다.

그러므로 어버이는 서로가 의견이 달라서 고집을 부리고 주장을 너무 일방적으로 강하게 하면 자녀의 교육에 어려움이 있게 된다. 지혜롭게 협심하고 협력을 잘해야 한다.

(1) 지구촌 일일생활권의 환경에서 살아가려면 자녀들에게 남의 언어를 먼저 익히고 가르치도록 하는 것보다 자기의 말을 가르쳐야 한다. 가정에서도 자기의 말을 사용하는 가정이 되도록 부모가 모범적으로 사용하면서 훌륭한 가정교육이 되도록 힘써야 한다. 자기의 언어문화 때문에 어려움이나 정체성을 잃어버리도록 하거나 문화적으로 방황하는 자녀가 되지 아니하도록 해야 한다.

(2) 자기의 형제 동포들은 자기의 말로써 대화를 할 것이다. 미풍양속을 잘 지켜서 자기 겨레의 맛과 멋을 자녀들에게 보이고 가르쳐야 한다. 조상을 섬겨야 하는 것은 절대적 대상임을 깨닫도록 하며 실천하도록 하여 뿌리가 튼튼한 가정과 민족이 되도록 해야 한다.

(3) 하늘을 우러러보고 지혜의 근본을 깨달으며 지혜롭고 총명한 어버이의 모습으로 자손들에게 모범이 되도록 힘써야 할 것이다. 대대로 상속함이 온전하도록 하여 병든 모습으로 방황

을 하거나 어리석고 얼빠진 모습으로 망하는 일이 없도록 힘써야 한다.

(4) 제가수도(齊家修道)의 길을 충실하게 행하여 천국 가정이 되도록 힘써야 한다. 훌륭한 어버이상을 자녀들에게 보여주며 가르치는 교육이 될 것이다. 서로가 유일하고 존귀한 존재로 함께 살아가고 있다는 것을 언제나 기억해야 한다. 이해하고 존중하는 사랑과 헌신의 관계가 될 수 있도록 힘써야 할 것이다. 어버이는 자녀들에게 세상에서 가장 소중하고 훌륭한 인생의 본보기가 되고 있다는 것을 명심해야 한다.

(5) 제세구민(濟世救民)의 수행을 잘하여 자신을 구하고 동포와 남들도 함께 구하기를 힘써야 한다. 훌륭한 인간관계를 가지고 살아가는 모범이 되어 서로를 살릴 수 있는 상생의 도가 자리 잡게 될 것으로 모범적인 교육이 되도록 힘써야 한다.

(6) 사리일도 근본진리와 영원상의 이치를 깨닫고 알며 실천하기를 노력하여야 한다. 지혜롭고 부지런하게 살아가는 삶과 믿음 길의 모습을 보여주며 가르쳐서 자기의 힘과 지혜로 살아갈 수 있는 인생과 생활의 교육이 되도록 힘써야 한다.

(7) 자녀의 소질과 능력을 주의하여 살피고 바르게 알아서 용기와 적극성을 가져야 한다. 자기의 타고난 소질을 위해 스스로 힘을 기르며 지혜를 밝힐 수 있도록 한다. 칭찬하는 것과 재능을 기르고 인생의 뜻을 바르게 개척하게 하려고 타이르고 조언

하는 것을 분명하게 하여 이해와 대화가 잘되도록 힘써야 한다.

**(8)** 효도할 줄 아는 자식으로 기르고 싶으면 자기 자신부터 효도하기를 힘써야 한다. 행동으로 보여주는 모범적인 교육이 되도록 해야 한다.

**(9)** 자기의 가정과 가문에 대하여 교육할 것이며 족보와 가문의 역사를 보존하고 자손들에게 반드시 전해야 한다는 책임감을 느끼도록 한다.

**(10)** 배달성서의 가르침으로 민족의 주체적이고 정체성이 확실한 신앙관을 확립해야 한다. 언제, 어느 나라, 어느 곳에서 살아간다 하더라도 스스로 주인과 자손과 민족과 사람다운 자격으로 살아간다. 위대하고 자랑스러우며 슬기롭고 힘찬 인생의 터를 닦고 기둥을 세워 능력에 맞는 집을 짓고, 거룩하신 단검성조 하늘님의 성스러운 자손과 배달천사의 영원한 백성으로 대대를 이어 가도록 노력해야 한다. 겨레는 모두가 사람의 생명과 함께 타고 태어난 사리일도 근본진리의 깨달음과 이해와 함께 이에 합당한 인생과 역사가 되도록 힘써야 한다.

위험한 물건을 가지고 노는 어린 자식에게 가지고 놀지 못하도록 타일러야 하는 어머니의 마음은 괴롭게 될 것이다. 아기는 기어코 가지려고 하는데 어머니는 말려야 하니 어려운 일이라는 것은 당연하리라. 속으로는 마음이 아파도 겉으로는 그렇게 할 수도 없으니 부드럽게 타이르며 철없는 아이가 알아차리도록 해야 하기 때문에 어머니는 지혜롭게 인내심을 가지고 노력해야 한다. 때문에 속으로는 강해야 하고 겉으로는 부드러워야 하는 것이 어린 자식을 대하는 어머니의 마음이 되어야 할 것이며 안 되는 것은 기어코 안 된다. 되는 것은 된다고 하는 분명한 태도로 교육을 시켜야 어머니의 말을 듣게 되는 동시에 교육이 바르게 되리라.

만약에 아이의 고집을 무작정 들어주게 되면 잘못된 고집만 늘어서 결국에는 교육을 시키는 것도 어렵게 된다. 잘못된 이기심과 고집이 자라나게 될 것이며 아이의 성장에 나쁜 영향을 주게 될 것을 생각해야 한다. 한 번 잘못된 습관을 고치는 것은 매우 어렵다는 것을 생각하며 교육에 힘써야 한다. 부모의 분명한 태도와 함께 진실한 사랑의 표현을 나타내어야 하기 때문에 아기가 좋아하는 다른 것을 선택할 수 있도록 한다. 왜 가지고 놀지 못하게 하는가에 대한 설명을 알아들을 수 있도록 해야 앞으로 아기의 교육에 도움이 될 수 있을 것이다.

가정 형편이 부유하며 부모의 수평도 높지만, 자식의 교육이 잘못될 경우에는 어떻게 해야 하겠는가? 사람은 환경에 많은 영향을 받게 된다. 물론 다른 동물들도 마찬가지라 하겠지만, 사람이 받는 영향은 지능이 다르고 말을 하며 사람의 마음과 생각으로 행동을 하기 때문이다. 사람다운 모습으로 영향을 받게 된다. 때문에 자식의 교육이란 돈이나 맛있는 음식으로 되는 것이 아니다. 사람의 마음을 훌륭하게 가질 수 있도록 심리적으로 교육이 되어야 한다. 앞을 내다보거나 바라볼 줄 아는 지혜를 가지고 있기 때문에 희망을 가질 수 있도록 해야 한다. 훌륭한 인물들의 이야기와 비록 가난했지만, 이러한 어려운 환경을 이겨내며 노력할 줄 알아야 한다. 도전정신과 남보다 더욱 노력한 결과가 그 사람의 훌륭한 인생을 만들게 되었다는 것을 일깨워준다. 스스로 깨달을 수 있는 기회를 가질 수 있도록 하는 것이 중요하다.

사람은 자기 혼자서만 살아가는 것이 아니며 많은 사람을 대하고 관계를 맺으며 살아간다. 인정받고 대접받을 수 있는 인간이 되어야 하는 것이 중요하기 때문에 남을 생각할 줄 아는 인간미, 어버이의 은혜, 남들로부터 받은 은혜를 아는 것, 남을 위하여 또는 친우를 사귀며 도와주는 것을 기쁘게 어기는 마음씨를 가지는 것, 본인이 원하는 것이 무엇인가? 그렇게 하기 위해서는 어떻게 해야 하겠는가? 등 이러한 것들을 스스로 깨닫거나 알도록 하는 것이 중요하다. 따라서 자식의 잘못을 이야기하거나 야단을 쳐야 하는 경우에는 다른 사람의 자식을 비교해서 말을 해서는 안 된다. 자존심을 상하게 하기 때문이다.

사람은 나이와 관계없이 나의 마음에 나타나는 거울이 상대의 마음에도 똑같이 나타날 수 있다는 것을 생각하면서 비록 자식을 위한 마음이라 하더라도 자기 마음의 거울에 어떻게 비추어질 것인가를 생각하며 말을 해야 한다. 마음이 서로 통하여 말의 뜻이 정확하게 전달될 수 있다. 가장 쉬운 문제를 두고 말을 한다면 "눈이 녹으면 무엇이 되느냐?" 하면서 부모가 물었을 때 자식은 "봄이 온다."라는 대답을 하였고 부모는 "물이 된다."라고 말을 하였다면 부모의 심리적 교육 방법에 문제가 있다고 보아야 한다는 것은 세상을 보는 시야의 폭이 넓지 못하기 때문이다.

어머니가 자녀들에게 물이 귀하게 되면 너는 어떻게 하겠느냐? 하며 물었을 때 아들은 "먼저 세수하고 다음에는 빨래를 하고 나중에는 가축에게 준다."라고 하자 어머니가 말하기를 "너는 무엇을 마시느냐?"라고 했을 때 아들은 "물이 많은 과일을 먹으면 된다."라고 대답을 하였으므로 사람은 자연환경에 적응할 줄 알아야 한다는 깨달음이니 참으로 총명한 발상으로 여기며 칭찬을 해야 할 것이다. 만약에 아들이 물이 없으니 먼저 자기부터 마셔야 한다면 자연의 환경을 이용하는 것도 어렵게 되고 세수하는 것과 빨래를 하는 것 그리고 가축에게 줄 물이 부족하거나 없어지고 말 것이다.

세수하고 빨래하는 것과 가축에게 필요한 물은 자연을 이용하는 것이 어려우므로 결국에는 사람이 자연의 환경을 지혜롭게 이용할 줄 알아야 다른 일들이 잘 해결될 수 있게 될 것이므로 홍익인간의 뜻은 인간만을 위한 말이 아니다. 자연에 존재하는 모든 생물을 대표하여 인간이라 하였을 뿐임으로 자연에서 생물들이 살아갈 수 없는 환경이 되면 결국에는 인간들도 살아남을 수 없기 때문이다. 홍익인간이란 모든 생물이 함께 살아야 하는 입장에 있다는 것을 먼저 생각해야 참뜻을 바르게 아는 것이 된다.

또 한편으로 재물을 많이 물려주는 것보다 돈을 버는 방법과 운용하고 경영하는 방법을 가르쳐주는 것이 더욱 참되며 효과적인 교육이 될 것이다.

어린이들이 자라면서 부모나 할아버지 할머니를 도와드리며 자라는 것은 대단히 좋은 가정교육이 된다. 이것은 앞으로 가정을 이루고 살아갈 때나 사회생활을 할 때나 일생을 살아가는 동안에 큰 경험이 되고 생활을 하는 데 좋은 교육이 되기 때문이다. 또 한편으로 생각하여 보아야 하는 것은 공부함에 있어서도 시간을 아깝게 여기며 잘 사용하려고 힘쓰기 때문에 자기의 인생을 위해서 시간을 사용하는 경우에도 특별하게 관심을 가지고 잘 사용하게 될 것이다.

모든 분야에 있어서 시간을 소중하게 여기고 시간을 잘 사용하며 그런 경험을 하며 자라게 된다. 장차 자라서 살림을 하거나 가족들을 위하여 열심히 살아가면서 자기의 발전을 위하여 스스로 계획을 세우며 살아가야 할 것이다. 어릴 때의 경험은 어려움을 이기고 가족과 가정을 원만하게 만들며 살아가는 데 크게 도움이 된다.

이러하므로 자녀들을 기름에 있어서 가능한 일을 시키지 아니하고 가정의 일을 돕지 아니하는 것을 귀하게 기르는 것으로 생각하면 안 된다. 부모는 자식에게 좋은 교육을 시키지 못하거나 아니하는 일이 될 것이므로 좋은 교육의 기회를 가지지 못하도록 하는 것처럼 되어 나중에 자라서 살림살이를 하게 될 때 어려움을 겪게 될 수 있다. 가족을 부양하며 알뜰하게 살아가지 못하는 경우가 될 수도 있으므로 자녀들을 너무 아끼면 그들에게 좋은 교육이 되지 못하고 앞날에 어려움을 이겨내며 가족과 가정을 원만하게 이루고 살아가는데 힘들거나 어렵게 만드는 일이 된다는 것을 생각해야 한다. 부모나 조부모를 적극적으로 도우며 인생의 경험담을 듣고 자란 아이들은 사회생활을 함에서도 적극적인 태도를 가지게 되는 동시에 게으르지 아니하고 성실하게 자기의 할 일을 처리하는 습관을 가지게 될 것이므로 직장의 생활에도 좋은 습관과 함께 자기 자신의 발전에도 크게 도움이 된다.

속담에는 '귀하게 기른 자식 효자 없다.'는 말이 전해지는 것도 부모나 형제들을 도우며 살아가는 좋은 습관이나 적극적인 봉사심이 없기 때문이다. 어릴 때부터 앞날의 삶을 위해 경험을 하는 것은 좋은 가정교육이 되는 동시에 협동심을 기르고 부지런한 습관을 기르는 일도 되므로 인생의 소중한 경험을 일찍부터 배우는 것이 되며 앞날에 행복을 준비하는 일이 되기도 한다. 성공하는 인생을 미리 연습하는 생활이 되기도 한다는 것을 생각하며 어린 자녀들에게 가능한 가정에서 부모의 일을 도우며 경험할 수 있도록 하는 기회를 만드는 것이다.

부모나 조부모의 지혜로운 교육이 된다는 것을 생각하며 실천에 힘써야하므로 일을 만들어서라도 어린 자녀들과 함께 일을 하게 되면 즐거움도 되고 인생을 공부하는 것도 된다. 비록 어렵지 아니하다 하더라도 어려운 것처럼 하면서 어린 자손들에게 도움이 필요하다는 것을 인식하도록 하여 함께 협력하여 일을 처리한다. 가족의 소중함과 협동심을 기르며 운명공동체의 소중함을 경험하도록 하는 일이 되어 창자 자기들의 인생에 큰 도움이 된다는 것을 생각하면서 가정교육에 힘써야 한다.

효도를 하고 조상을 섬기는 일도 먼저 부모가 솔선하여 모범을 보이는 것이 진실한 교육이 된다는 것을 생각해야 한다. 실천을 잘해야 말을 하지 아니하고도 보여주며 경험하도록 하는 좋은 교육이 된다, 실천에 힘써야 효자 자녀를 기르는 일이 되므로 말을 하는 것보다 모범을 보이는 것이 참된 교육이 된다는 것을 생각해야 한다. 부모가 조상을 섬기지 아니하고 어버이에게 효도하지 아니하며 형제자매 동기간에 서로 사랑하며 인정스럽게 지내지 아니하면 결국 이와 같은 생활모습은 자녀들도 부모처럼 똑같은 모습으로 배우고 자라나도록 만드는 일이 된다는 것을 생각해야 한다.

이러하므로 부모가 자녀의 손을 잡고 위대한 꿈을 심어주며 훌륭한 주인과 자랑스러운 자손으로 자라도록 인도해야 한다. 자기의 조상과 부모를 무시하면서 병들고 어리석은 사람으로 자라도록 인도하느냐 하는 것은 전적으로 부모의 책임이 된다는 것을 깨달아야 한다. 지구촌 인류 세상에서 자기의 뿌리가 깊으며 주인과 자손다운 주체성과 정체성이 확실한 민족은 언제 어느 땅에서 살아가는 경우가 된다 하여도 조상이 욕되지 아니하고 부모가 어리석게 되지 아니하며 자손이 부끄럽게 되지 아니한다는 것을 인간적인 교훈과 정직한 경험으로 보여주고 있다는 것을 냉정하게 판단해야 한다.

윤리도덕이 타락되고 인간세상이 각박하게 되면 물질은 풍요하다고 하나 인심이 메마르게 되는 것은 인간교육이 잘못되고 사람의 생명을 타고 태어난 근본이치와 도리에 어긋나게 살아가기 때문이라는 것을 깨달아야 한다. 숭조충효(崇朝忠孝)의 천륜도리를 잘 행하려고 힘쓰며 살아가야 하고 자녀들에게도 모범을 보이도록 해야 가정과 사회가 아름답고 행복하게 된다. 나라를 위하여서도 성실함과 충성심을 나타내는 일이 된다. 일일명심경(一日銘心經)을 하루도 잊지 아니하고 암송하며 이치와 도리에 합당하도록 실천하려고 노력하는 삶과 믿음의 길이 되어야 사람의 생명을 타고 태어난 이치와 도리에도 합당한 모습이 되어 인생길을 스스로 위대하고 자랑스럽게 하며 슬기롭고 강인하게 할 수가 있다.

자녀들을 참으로 사랑하고 소중하게 여기거든 일일명심경의 수행에 힘쓰도록 한다. 부모가 먼저 모범을 보이며 살아가려고 힘써야 좋은 교육이 되고 본보기가 되어서 자녀들의 앞날에 영광과 행복과 보람이 있게 된다. 인간적으로 바르게 그리고 성실하게 자라지 아니하게 되면 아무리 공부를 잘하고 돈을 많이 벌었다 하더라도 결국에는 성공하는 것이 어렵게 된다. 이와 반대로 아무리 재물이 부족하고 공부를 많이 하지 못하였다 하더라도 인간교육이 사리일도 근본진리에 합당하도록 되었다면 학창시절에만 공부에 전념하는 것이 아니라 평생을 통하여 공부의 중요함을 알고 노력하게 될 것이다. 결국에는 꾸준하게 계속한 공부로 하여금 인간적으로 성공을 하게 되고 따라서 재물도 넉넉하게 되어 그들의 자녀들에게도 축복이 돌아가게 된다.

　조상이 돕지 아니하고 어버이가 관심하지 아니하는 자손들은 아무리 재물이 넉넉하게 되었다 하더라도 바다에 뜬 거품처럼 되기가 쉬운 법이니 인간세상의 법도를 무시하면 인생의 길도 무시하는 일이 되어 버린다. 진실로 행복과 보람을 가지고 살아가는 것이 어렵게 된다. 재물 때문에 부모가 자살을 하고 자식들이 싸움을 하게 되며 형제들이 갈라지게 된다면 이를 두고 콩가루와 같은 집이라는 말을 하게 된다. 자녀들을 능력을 갖춘 사람으로 기르고 싶으면 가정에서부터 능력자로 기르기 위해 노력해야 한다.

진실로 능력자가 되도록 하려면 먼저 자기 자신의 일을 스스로 만들어서 할 수 있는 사람이 되어야 한다. 이 세상을 살아가는데 어려운 일을 스스로 해결하면서 살아갈 수 있는 능력을 가질 수 있게 된다. 자기의 힘으로 스스로 살아갈 수 있는 능력을 가지지 못한 사람이 어떻게 경쟁에서 이기는 사람이 될 수 있겠는가 하는 것을 생각해야 한다. 부모님과 조부모님을 도와드려야 하겠다는 생각과 행동으로 실천하는 과정에서 남을 배려하고 남들에게 도움을 줄 수 있는 사람이 될 수 있다.

성공을 너무 쉽게 생각하면 아니 된다는 것과 자기가 원하는 일이나 해야 하는 일을 위해서는 평생을 끊임없이 노력을 해야 한다. 인생의 보람이나 어느 정도의 성공을 바라볼 수 있다는 것을 생각하며 살아가도록 해야 쉽게 절망을 하거나 불행의 늪에 빠지지 아니하며 행복감을 가지면서 살아갈 수 있게 되고 성공도 가능하게 된다는 것이다. 가정에서부터 경험하고 공부를 하면서 자라나야 학교에서도 공부에 열중하면서 자기개발에 힘쓰게 된다는 것을 명심하고 자녀들의 성장과 성공을 위해서 도와주는 부모와 조부모가 되려고 힘써야 한다.

말처럼 쉬운 일이 아니므로 자녀들을 소유로 여기지 아니하고 유일하고 존귀한 존재로 여기며 소질과 능력을 발견하고 기르기 위해 관심해야 할 것이다. 재물을 아무리 많이 물려주는 경우가 되어도 인간적으로 성공하지 못하면 재물은 물거품처럼 사라지고 만다는 것을 생각해야 한다. 인간적인 윤리도덕이 확실하게 자리 잡지 못한 사람에게는 쉽게 얻은 재물 때문에 오히려 타락의 원인이 된다는 것을 깨닫고 아는 것이 중요하다.

사람의 한평생이 길다고 생각하면 길지만 짧다고 생각하면 너무나 짧아서 누구나 저마다 소망하는 일이 있다 해도 자기의 평생에 다 이룰 수 있는 일은 대단히 적다는 것을 생각해야 한다. 부단하게 자기의 길을 정하여 노력하며 살다가 가야 어느 정도의 가치 있는 일을 하게 된다. 자기의 소망하는 일을 위해 후회가 적도록 바친 인생이 된다는 것을 알아야 하는 것이 중요하게 된다. 조금 더 아는 지식보다 자기를 바칠 수 있는 일을 스스로 만들 줄 알고 발견할 줄 알아야 한다. 적극적으로 신나게 노력하며 자기를 한없이 바칠 수 있는 일을 발견하는 것이 행복을 만들고 성공의 길을 선택하는 것으로 생각해야 한다.

세상이 발달하여 어렵고 복잡하게 될수록 전문적인 지식이 필요하게 되지만 이것보다 더욱 큰 지식은 여러 사람의 지식을 얼마나 더욱 크게 융합하여 세상에서 가장 큰 지식의 힘을 만들고 가장 밝은 지혜의 등불을 만들 수 있느냐 하는 것이 진정으로 이기는 길이 된다는 것을 생각해야 하기에 자녀들을 소유로 여기며 욕심을 가지는 것보다 유일하고 존귀한 존재라는 것을 생각하며 소질을 발견하고 능력을 기를 수 있도록 도와주는 것이 더욱 중요한 교육이 될 것이다. 자기가 해야 할 일은 자기 스스로 할 수 있도록 도와주어야 하는 것이 부모의 역할이라고 보아야 한다.

인생이란 경험하고 깨달으며 공부하고 소망을 위해 노력하는 것이라고 한다면 어린이를 지도하는 것도 이와 같은 입장에서 해야 한다. 의문을 만들어 물어보면 어떤 대답이 나오게 되는가를 알 수 있게 되므로 어떻게 가르쳐야 하겠는가 하는 방법을 찾게 되거나 생각하게 된다. 어린이를 지도한다는 것은 모든 분야에서 고루 보고 듣고 느끼면서 상대를 어떻게 해야 가장 좋은 답이 되고 스스로 할 수 있도록 하는 가르침의 방법이 될 수 있겠는가 하는 것이 어린이들의 교육이라 생각해야 한다. 똑같은 그림을 보고도 대답은 어린이들에 따라 여러 가지의 형태로 다르게 나타난다.

이러한 생각과 상상력으로부터 새로운 것을 발견할 수 있도록 노력해야 한다. 순수한 생각과 느낌과 마음으로부터 미처 생각하고 느끼지 못하였던 답이 나올 수 있으므로 나이와 관계없이 나타나는 인간의 능력이라 해야 하기 때문에 어린이들이 자라면서 중요하게 여기며 노력하도록 해야 하는 것이 있다면 이러한 것들을 들 수가 있을 것이다.

여기에서 이야기하는 것은 자라나는 청소년들이 어떻게 하면 올바른 배움이 되어 저마다 인생을 보람되고 훌륭한 모습이 될 수 있도록 할 수 있겠는가? 하는데 소중한 요소와 조건들이 있게 될 것이므로 이와 같은 것을 매일의 생활을 통하여 관심하며 관찰하려고 힘써야 한다.

### 첫째, 자신감을 가지도록 해야 한다.

자기의 인생길을 스스로 개척하기 위해 재주를 기르면서 소질과 능력을 발휘할 수 있도록 해야 하기 때문이다. 무엇보다 먼저 자기 스스로 자기 자신을 믿으며 자신감을 가지도록 하는 것이 중요하게 된다. 세상일을 함부로 어렵다고 생각을 먼저 하게 된다든지 자기의 능력으로는 할 수 없다는 생각을 가지게 되면 할 수 있는 일을 찾아서 노력하며 자신의 능력을 발휘하도록 하는 것은 더욱 어렵게 될 것이다.

자기 스스로 자신감을 가지지 못하는 경우가 되면 자기를 이길 수 있게 하는 것이 어렵게 되어 자신감을 가지고 적극적으로 도전하지 못하게 될 것이다. 함부로 어렵다고 느끼거나 할 수 없다며 자기 자신의 능력을 믿지 아니하는 청소년들에게는 도전정신과 적극적인 응전의 태도를 가지는 것도 매우 어렵기 때문에 남들에게는 할 수 없는 일이 된다 할지라도 자기는 할 수 있다는 자신감으로 용기와 적극성을 가지려고 해야 한다.

이러하므로 용기를 가지도록 하고 적극적인 생각으로 도전할 수 있는 마음과 생각을 가기 위해 칭찬을 하면서 할 수 있다는 용기와 함께 자신감을 가지도록 관심해야 하며 훌륭한 업적을 남긴 인물들의 이야기를 들려주거나 책을 읽도록 해야 할 것이며 자녀들에게 똑같은 능력을 가지고 있다는 것을 스스로 인식하고 노력하도록 해야 한다.

**둘째, 희망을 가지도록 하기 위해 꿈이 있는 사람으로 성장하는 것이 중요하다.**

꿈이 없는 어린이들에게는 희망을 가지고 그 목표를 향하여 노력하며 자기 자신을 바치도록 하는 것이 어렵게 되므로 삶의 목적을 뚜렷하게 가지는 것이 어렵게 된다. 따라서 꿈이 없으면 희망도 가지는 것이 어려우므로 공부하고 노력하는 목적과 방향과 목표가 뚜렷하지 못한 노력은 뜻이 없는 것과 같고 뜻이 없는 노력이란 그저 좋은 음식을 먹고 부유하게 살면 된다는 단순한 인생을 위해 살아가는 모습이 되기가 쉬워진다.

꿈은 바로 소원과 희망을 뜻하게 되므로 특히 한참 배움의 시기에 있는 청소년들에게는 꿈을 키우며 앞날의 자신을 설계하고 그리며 열심히 노력하는 것이 중요하게 된다. 사람은 자기의 꿈과 희망을 위해 지극한 정성을 다하여 자신을 바칠 수 있을 때 특별한 인생의 보람을 가질 수 있으며 남다르게 행복도 느낄 수 있기 때문에 마치 소망하는 인생의 열매를 키워가는 것과 같을 것이다. 아무리 인생의 꿈이 있고 원대한 희망이 있는 경우에도 한꺼번에 이루어지는 것이 아니므로 큰 과일도 하나의 작은 씨알에서 시작하여 크게 되는 것처럼 인생의 꿈과 희망의 열매도 이와 같다는 것을 생각하며 노력해야 한다.

### 셋째, 창의력을 길러야 한다.

여기에는 인생의 큰 틀을 스스로 만들면서 이것을 위해 힘을 기르며 그 틀에 합당한 사람이 되려고 하는 과정에 훌륭한 사람의 모습이 자라게 된다. 자기 자신을 위해 좋은 습관을 기르면서 소망하는 인생의 큰 틀을 만들거나 그렇게 될 수 있는 인물이 되기 위하여 노력하는 것은 소망의 그릇을 스스로 만들어가는 일이 되므로 이를 위해 새로운 지식을 쌓기도 하고 필요한 많은 경험도 하면서 자신을 발전하는 인물이나 인재로 자라도록 하거나 그렇게 되기를 힘쓰게 된다.

창의력이란 자기의 발전을 위해 스스로 자신을 만들어갈 수 있는 능력을 기르는 것이라 해야 한다. 항상 세상만사의 이치를 생각하면서 자기 자신을 볼 수 있는 거울을 스스로 만들려고 힘써야 하며 인간관계에서는 이치와 도리에 합당한 언행을 하면서 훌륭한 인간의 모습이 될 수 있도록 힘써야 한다. 새로운 것을 발견한다는 것은 그냥 막연하게 되는 것이 아니라 인생만사의 경험을 통하여 또는 깊은 사색과 통찰력에 의하여 새로운 것을 발견하게 되므로 관심을 가지고 지혜롭기를 힘써야 할 것이므로 일일명심경(一日銘心經)의 수행에 힘써야 한다.

### 넷째, 좋은 인간관계를 가질 수 있는 사람이 되어야 한다.

여기에는 남을 생각할 줄 알고 함께 잘 통할 수 있는 사람이 되어야 한다는 뜻이 있다. 남을 생각할 줄 아는 사람이 되고 남을 위해 봉사하는 것을 기쁘게 여기는 사람이 되며 자기의 이익과 욕심을 지나치게 앞세우지 아니하면서 자기의 힘을 기를 줄 아는 지혜로운 사람이 되려고 힘써야 한다. 사람은 누구나 혼자서 살아가는 것이 아니므로 먼저 자기의 가족들 사이에서 훌륭한 인간관계가 될 수 있도록 힘써야 한다. 남을 생각하는 마음을 가지도록 해야 하며 먼저 인정하고 존중하는 습관을 길러야하는 것이 중요하다. 남들과 좋은 관계를 맺으려고 한다면 먼저상대를 인정하고 존중할 줄 아는 사람이 되어야 자기에게도 인정과 존중이 돌아오게 된다.

즉, 폭이 넓은 사람으로 자라나서 어떠한 경우에도 소통이 가능한 사람이 되어 인기가 있는 사람으로 대접을 받으면서 원만한 인간관계를 가질 수 있도록 해야 한다. 인생의 폭이 좁거나 독선적인 생각을 가지는 경우에는 비록 높은 자리를 얻었다 하더라도 아집과 독선으로 인하여 훌륭한 인물로 대접받는 것이 어려우므로 생명의 근본에 합당한 사랑과 윤리도덕의 실천에 힘써야 한다.

**다섯째, 자기의 존재가치를 스스로 알고 노력하며 살아가는 사람이 되려고 힘써야 한다.**

누구나 각자는 유일하고 존귀한 존재이지만, 이것을 깨달아 자기 자신을 그렇게 알고 지키면서 살아가려고 노력하는 것은 쉬운 것 같지만, 말처럼 쉬운 일이 되는 것은 아니다. 자기 이외에 또 다른 자기가 있을 수 없기 때문에 스스로 자기의 존재가치를 생각하면서 소중한 사람이 되기 위해 노력하며 살아가려고 힘써야 한다.

비록 지금은 어려운 처지가 되었다 해도 더욱 밝고 희망찬 앞날을 바라보며 열심히 살아가는 사람이 되어야 이 세상에 태어난 자기의 존재가치를 위해 희망을 가지고 보람된 사람으로 살아가겠다는 뜻을 살리는 인생이 될 것이다.

인간적인 도리와 이치를 생각하며 바르게 살아가면서 사람다운 대접을 받을 수 있도록 힘써야 한다. 누구나 유일하고 존귀한 존재임으로 남을 이해하고 좋은 인간관계를 만들기 위해 힘써야 하므로 사리일도 근본진리 가운데서도 특히 모습의 근본에 합당하도록 부끄럽지 아니하도록 해야 한다.

**여섯째, 사랑과 관심을 가질 줄 알아야 한다.**

사리일도 근본진리에서 사랑의 근본은 생명에 있으므로 자기의 생명처럼 남의 생명도 소중하게 여기며 사랑할 줄 아는 것이 사랑의 이치에 합당한 도리가 된다. 인간세상에서 가장 진하고 속이지 못하며 질긴 사랑은 생명을 이어주고 받은 부모와 자식의 사이에 있음으로 어떤 인간관계에서도 사랑의 관계가 이와 같은 이치와 도리에 원만하게 되면 자연적으로 훌륭한 인간관계가 될 수 있다는 것은 자기의 생명처럼 소중하게 여기기 때문이다.

먼저 자기와 가장 가까운 가족들의 사이에서 원만한 사랑의 관계가 되어야 한다.

이것은 사랑의 기본적인 인간관계이기 때문이다. 누구라도 자기의 생명처럼 남의 생명을 사랑할 줄 안다면 좋은 인간관계가 될 수 있다. 사랑이란 관심에서부터 시작된다고 여겨야 하기 때문에 관심을 어떻게 가지느냐에 따라 사랑의 실천이 어떻게 되고 있느냐가 나타날 것이다. 남을 관심하는 것은 자기 자신도 남으로부터 관심을 받을 수 있는 사람이 될 것으로 좋은 인간관계를 만들게 된다.

인간관계에 있어서 무관심이 가장 외로운 관계가 되는 동시에 불행이 되기도 한다. 사랑이란 관심을 나타내는 것이므로 관심의 정도에 따라 사랑의 진함과 크기와 깊이도 다르다. 인간세상에서 사랑의 근본을 어기면서 이보다 더한 사랑을 찾는 날에 잘못된 사랑 때문에 불행한 피를 흘리게 되거나 타락된 세상으로 변하게 된다.

자녀를 강하게 기르기 위해서는 자기의 능력으로 할 수 있도록 부모가 도와주는 것이다. 할 수 있는지 없는지를 알려고 하기도 전에 무조건 부모가 도와주는 것은 아이의 능력을 기르도록 하는 것이 아니라 능력을 발휘할 수 없도록 만드는 일이 될 수가 있으므로 먼저 용기와 자신감과 도전정신을 가질 수 있도록 두고 보면서 칭찬과 교육을 함께 해야 할 것이다.

즉, 너는 할 수 있을 것이니 한 번 하여 보라. 그래도 잘 되지 아니하면 이렇게 하면 어떨까 하는 의견을 전해주면서 자기의 생각을 다시 바꾸어서 시도할 수 있도록 기회를 만들어주는 방법으로 해야 할 것이다. 일이 잘되지 아니하는 경우에도 야단을 치며 그것도 하지 못하느냐 나무랄 것이 아니라 내 생각에는 이렇게 하는 것이 좋을 것 같은데 너의 생각은 어떠냐 하면서 그때 자기의 생각을 말하게 될 것이다. 부모의 생각과 같거나 같지 아니하거나 할 것이기 때문에 먼저 자기의 생각을 존중하여 주면서 시도를 하도록 하고 그래도 잘되지 아니할 때는 부모의 생각을 참고로 해서 시도하여 보는 방법을 선택하도록 하면 스스로 능력을 기르는 일이 될 수 있다.

제비는 새끼가 자라서 자기의 힘으로 날을 수 있게 되면 처음에는 멀리 날 수 있도록 훈련을 시키고 그다음에는 먹이를 잡을 수 있도록 하는 훈련을 시킨다. 이러한 절차가 어지간히 끝이 나면 자기의 힘으로 벌레를 잡으며 살아갈 수 있도록 하기 위해 훈련을 시키게 된다.

사람도 이와 같아서 자식이 아무리 귀하다 해도 한평생을 부모가 함께 따라다니면서 도와줄 수는 없는 일이므로 자기의 마음과 생각과 행동으로 인생길을 닦고 개척하며 살아갈 수 있도록 하는 훈련이 필요하게 되는 것은 당연하다. 그러므로 부모의 일을 적극적으로 열심히 도우며 살아가는 것은 자기의 인생을 위해서 매우 소중한 경험이 되고 인생을 위한 공부가 된다는 것을 생각하면서 어머니의 일이나 아버지의 일을 도울 수 있도록 하며 자라난 자식은 앞으로 자기가 살아가는 과정에서 어떤 어려움이 닥친다 해도 크게 당황하거나 절망하지 아니하고 스스로 자기의 능력으로 살아갈 방법을 쉽게 찾아서 용기와 희망을 품고 살아가게 된다는 것을 생각해야 한다.

어머니의 일을 잘 도와드리며 자라난 아이는 자기 스스로 밥을 하고 집 안을 청소하거나 살림살이에 필요한 일을 잘한다. 머뭇거림이나 어렵게 생각하지 아니하고 적극적으로 자신감을 가지며 매사를 해결하면서 살아가게 된다. 아버지의 일을 잘 도우며 자란 아이는 어려움이 닥칠 때 아버지의 살아온 일과 경험을 생각하면서 함부로 절망하지 아니하고 새로운 길을 개척하면서 앞길을 열어가게 된다.

이러하므로 일을 시키지 아니하고 자라도록 하는 것은 귀하게 기르는 것이 아니라 앞으로 자기의 능력으로 살아갈 수 있는 자신감과 적극성을 저하시키는 일이 되는 동시에 부모의 수고와

은혜를 절실하게 느끼지 못하는 일이 되기도 하므로 오히려 불효한 자식으로 자라나기가 쉬워지고 자기의 무능함을 함부로 부모에게 원망으로 돌리는 경우가 되기도 한다는 것을 생각하면서 자식을 매사에 적극성과 자신감으로 도전할 줄 아는 강한 자녀로 기르도록 해야 한다.

어린 자녀를 기르며 대할 때 인정과 존중을 해야 하는 이유는 어디에 있는가? 사람의 생명을 타고 태어난 근본이치에는 어린이나 어른이나 생명의 근본에는 하등 다를 바가 없다는 것을 생각해야 하기 때문이다. 어린이라 해서 어른을 대하는 경우와 다르면 안 된다. 이 세상에 존재하고 있는 유일하고 존귀한 존재라는 입장에 있다는 것은 틀림이 없으나 다만 나이가 어린 사람이기 때문에 세상의 경험이 없다는 차이가 있을 뿐이다. 부모가 어린이를 기르며 가르치는 과정에서 어떻게 하면 어린이의 마음과 생각을 인정하여 줄 수 있고 존중하여 줄 수 있겠는가 하는 것을 생각하면서 교육에 힘써야 하는 것이 중요하게 된다.

비록 사랑하는 경우가 되어도 첫째로는 상대를 유일하고 존귀한 존재의 인간이라는 것을 생각하면서 인간적으로 성숙하지 못한 점과 경험하지 못한 것을 어떻게 하면 가장 이상적으로 지도를 하고 교육을 시켜서 자기의 뜻을 훌륭하게 키워줄 수 있겠는가 하는 것을 생각하면서 타고난 소질을 살릴 수 있도록 하고 능력을 스스로 기를 수 있도록 하는 데 도움이 되도록 하려고 노력하는 것이 육아와 교육의 핵심적인 역할이 되어야 한다는 것을 생각하면서 교육에 힘써야 한다.

사람은 다른 동물들처럼 태어나자마자 활동을 할 수가 없고, 적어도 1년 정도의 세월이 가야 일어서고 걸어 다닐 수가 있다. 신체적으로, 지능적으로 성장을 하고 말도 하게 되므로 사람의 자격으로 살아갈 수 있도록 하기 위해서는 일정한 세월이 걸려야 한다. 이것을 생각하면서 스스로 자기의 마음과 생각을 바르게 가지고 살아갈 수 있는 기초를 다지는 데 힘써야 하는 과정으로 보면서 길러야 하기에 자녀의 소질과 능력을 생각하며 부담을 적도록 하여 가르치는 것이 중요하게 된다.

사람이 타고 태어나는 수명은 일반적으로 길기 때문에 자기의 힘과 지혜로 살아갈 수 있도록 하는 데 필요한 세월도 그만큼 길어야 한다. 그렇기 때문에 부모나 교육자는 어린이들의 능력을 대신하여 주려고 노력해야 하는 것이 아니라 자기의 능력으로 매사를 스스로 할 수 있도록 교육시키고 훈련을 시키도록 하는 교육방법이 가장 좋은 것이다. 부족한 것을 채워주면서 스스로 경험하며 알 수 있도록 하려고 해야 한다.

천부경에서 1의 진리를 가르치는 것도 한 사람의 존재에 대한 것을 진리적으로 또는 이치적으로 오직 하나밖에 없는 유일한 존재에 대한 이치를 가르치는 동시에 모든 생물의 창조와 진화와 변화의 과정을 천지인의 생명조화 법과 질서로 잘 나타내고 있다는 것을 깨닫고 알아야 하기에 어린 자녀를 교육시키는 부모나 선생이나 어른들이 마땅히 이러한 점을 중시해야 한다.

사람은 사람의 마음과 생각과 몸을 타고 태어났기 때문에 심리적으로 어떻게 교육을 시켜야 하겠는가?

정신적으로 어떻게 교육을 시켜야 하겠는가?

생명의 소중함을 어떻게 알아야 하고 여기에 부합되는 인간적인 사랑과 도리를 어떻게 교육시켜야 하겠는가?

인간관계를 어떻게 교육시켜야 하겠는가?

신체와 지능의 발달에 따라 어떻게 순서적으로 교육을 시켜야 하겠는가?

수직문화와 수평문화를 이해시키면서 우리 문화의 입장에서는 어떻게 해야 하겠는가?


이와 같은 과정을 통하여 자기의 능력으로 이 세상을 살아갈 수 있는 지혜와 힘을 가질 수 있고 발전하여 갈 수 있도록 지도하는 것이다. 기본적인 인간교육이 되는 동시에 인성 교육도 된다는 것을 소중하게 생각해야 하기에 네 가지의 이치와 도리를 기본으로 하는 사리일도 근본진리에 합당한 교육이 되도록 관심해야 한다. 사람은 누구나 미완성의 상태에서 완성의 단계로 발전과 변화를 거듭하게 되므로 인생의 성공과 실패, 행복과 불행, 기쁨과 슬픔, 보람과 아쉬움 등 이와 같은 모든 것들이 스스로 완성을 향하여 변하여 가는 과정에서 일어나는 일이 된다는 것을 생각하면서, 교육과 훈련의 기본으로 삼아야 하는 것이 중요하게 된다. 때문에 사람의 생명과 함께 타고 태어나는 4가지의 근본이치와 도리를 깨달아 이에 합당한 모습으로 발전과 변화를 거듭할 수 있도록 노력하는 것이 기본적인 교육이 되어야 하는 동시에 참삶과 믿음의 길이 되어야 한다는 것을 자각하고 힘써야 한다.

어린이들이 자라나는 과정에는 모두가 같지 아니하여 다른 모습들이 나타나게 된다는 것은 타고난 근본에는 크게 차이가 없으나 이 세상에 태어나서 자라나는 과정에 변화가 있게 되므로 변화를 거듭하는 과정에 문제가 있다는 것을 생각해야 한다. 훌륭하게 자랄 수 있도록 관심을 가지고 교육을 시켜야 하기 때문에 힘을 기르고 지혜를 밝게 하며 인간적인 사랑과 윤리도덕을 가르치며 모범을 보여야 할 것이다. 자존심과 자긍심을 가질 수 있도록 해야 한다. 어린이들이 자라나는 모습들이 다르게 나타나기 때문에 각자에게 가장 이상적인 교육이 되도록 하기 위해서는 가르치는 부모나 교사 자신들이 먼저 훌륭한 교육자가 되어야 한다. 심리학자나 정신분석학자, 건강을 돌볼 수 있는 의사, 영양을 고르게 섭취할 수 있도록 하는 영양사처럼 되어야 한다. 필요한 지식을 가진 선생처럼 이와 같은 모든 것을 만족시키기 위해서는 한 사람의 능력으로는 무리가 따르게 되므로 전문가의 도움을 받으며 부족함이 없도록 힘써야 한다.

어린이들의 교육에는 어머니의 역할이 대단히 중요하다. 어머니의 육아 방법과 교육에 따라 여러 가지로 자라나게 된다. 예를 들어본다면 무조건 칭찬한다고 해서 칭찬의 효과가 그대로 아이에게 전하여지는 것이 어렵다. 칭찬을 하는 경우에도 정도를 생각하면서 적당한 선에서 칭찬을 해야지, 지나치게 칭찬을 하게 되면 아이에게 좋은 영향을 끼치는 것이 어렵게 되므로 적당하게 칭찬을 하면서 자기의 능력을 기를 수 있도록 해야 한다. 적당한 칭찬에서 자기의 자존심과 능력을 스스로 인정하는 기회로 삼아 발전을 거듭할 수 있도록 해야 하는 것이 중요하게 된다. 지나친 칭찬이 오히려 자기의 능력을 스스로 인정하면서 자기를 알도록 하는 데 도움이 아니될 수도 있다는 것을 생각해야 한다.

아무리 좋은 것이라 해도 지나치면 오히려 좋지 못한 결과를 낳게 되는 것과 같은 이치가 되기 때문이다. 어린이의 고집에 이기지 못하고 무조건 다 들어주다 보면 고집만 자라게 되어 나쁜 성격으로 변하게 된다는 것을 생각하면서 올바른 것과 올바르지 못한 것이 어떤 것인가 하는 것을 스스로 알 수 있도록 노력해야 한다. 자기의 일을 스스로 하려는 마음과 생각을 하지 못하고 누군가가 자기에게 도움을 주기를 원하게 된다면 어느 정도까지는 자란다 할지라도 부모의 말을 잘 듣지 아니하게 될 것이다. 어떤 일을 대할 때 생각이 산만하고 주의력이 부족하여 정신적으로나 심리적으로. 문제가 생겨 전문의로부터 조언을 받아야 하는 일이 된다.

자기의 일을 스스로 해결하려는 훈련이나 연습을 하지 아니하고 부모의 도움에 지나치게 의지하게 되면 매사를 자기의 힘으로 해결하려는 용기와 자신감을 가지지 못하게 될 것이다. 자기의 일을 자기의 힘과 지혜로 해결하려는 훈련이 필요하게 된다. 비록 유년기를 지나서 소년기와 청년기가 되어도 한 번 잘못된 습관은 쉽게 버리거나 고치지 못하는 경우가 될 수 있다. 가능한 자기의 일은 스스로 해결하려고 하는 훈련이 필요하게 된다. 공부해라 하는 말을 너무 많이 하는 것보다 그냥 두고 보면서 부모가 하는 일에 동참하여 도와주도록 요구를 하면서 시간을 부모의 하는 일에 함께 사용하도록 한다. 이때 훌륭한 사람의 생활과 좋은 습관을 이야기하여 줄 수 있는 기회가 되도록 해야 각성의 기회가 되든지, 자기도 어떻게 해야 하겠다는 생각을 하게 될 것이다. 때문에 훌륭한 인물들의 전기를 읽도록 하고 이야기를 들려주는 기회가 많으면 많을수록 도움이 된다.

공부에 취미가 없는 아이에게 공부해라 하면서 다그치는 것은 오히려 공부에 대한 싫증을 가지게 하는 일이 되기도 할 것이기 때문에 지금 바쁘지 아니하면 이 일을 좀 도와달라고 하면서 일을 시키는 과정에 누구는 너와 같은 나이에 어떻게 공부를 하였고, 어떻게 살았다 하는 식으로 이야기를 하면서 공부와 시간의 소중함에 관하여 각성의 기회가 되도록 하는 것이 중요하게 된다.

시간이 너무 많아도 문제가 되므로 시간이 아깝다는 생각과 소중함을 생각할 수 있도록 하는 기회를 만들어주는 것이 중요하게 된다는 것이다. 진짜로 공부를 잘하고 자기의 일을 잘 처리하는 학생이나 사람은 남이 말을 하기 전에 자기가 알아서 잘하는 사람이라는 것을 생각하면서 교육에 참고가 되도록 해야 한다. 배달경의 말씀에는 자기가 져야 하는 짐은 자기가 만든 지팡이를 짚고 일어설 수 있어야 한다고 가르치고 있다. 사람이 살아가는 과정에는 다양한 환경들을 접해야 하기 때문에 어떤 환경에 처하는 경우가 되어도 이길 수 있는 방법을 스스로 찾아서 해결하려는 용기와 지혜와 자신감으로 도전할 수 있어야 한다.

사람은 자연을 이용하면서 살아야 하기 때문에 자연에서 먹고 마실 수 있는 방법을 생각하면서 자연을 상대하며 스스로 직접 체험하여 보는 것이 중요하다. 짐승들이 풀과 나뭇잎이나 열매를 먹고 살아가는 것을 생각하면서 짐승들이 먹을 수 있는 것이라면 사람도 먹고 살아갈 수 있으리라는 것을 믿으며 실지로 체험을 하여보는 것은 자연을 이용하기 위해 청소년 시절에 농사일을 체험하여 본 사람은 농사일을 어렵게 여기지 아니하게 된다.

자기가 좋아서 하는 일이 되어야 신나는 일이 되기 때문에 정성을 최대한으로 바치게 된다. 비록 어린이나 공부하는 청소년의 경우라 할지라도 이치와 도리에는 다를 바가 없으므로 자기가 좋아서 선택한 일이 되어야 신나게 공부도 하고 전심전력을 바치게 될 것으로 어떻게 하면 가장 훌륭한 방법으로 자기가 좋아하는 일을 선택할 수 있도록 하겠는가 하는 것이 문제가 되기 때문에 부모와 교사는 소질과 재주를 발견하는 일을 잘해야 가장 훌륭한 일을 선택하는 데 도움을 주게 될 것이다.

이것은 일일명심경(一日銘心經)에서 생명은혜 지성보답을 해야 한다는 것과도 상통하는 일이 되기 때문이다. 하기를 싫어하는 표현은 짐승들에게도 마찬가지로 나타내는 모습이 있으므로 사람에게 끌려가지 아니하기 위해 온갖 힘을 쓰게 되는 것을 볼 수가 있다. 부모가 자녀들에게 공부하라며 아무리 타이르고 야단을 치는 경우라 할지라도 자기가 좋아서 스스로 행하는 길을 열어가도록 하는 것과는 비교가 아니 될 것이다. 자녀들에게 너는 자라서 의사가 되어라, 법관이 되어라, 교수가 되어라, 정치가가 되어라, 학자가 되어라, 배우가 되라 하면서 아무리 옆에서 잔소리하며 야단을 한다 해도 자기가 스스로 자기의 소질과 취미와 희망과 능력을 생각하면서 선택하는 일을 당하지는 못한다는 것을 생각하면서 자녀들을 기르고 교육을 시켜야 할 것이다. 어릴 때부터 운동을 시켜 보아서 소질이 있고 발전성이 있는 것으로 인정이 되면 그 길로 성공할 수 있도록 도움이 되도록 해야 할 것이다.

또 한편으로 공부에 취미를 가지고 열심히 하는 자녀에게는 그가 좋아하는 방향으로 발전을 거듭할 수 있도록 충고하며 도와줄 수 있는 부모나 스승이 되어야 한다. 어린 청소년들이 자기의 타고난 능력을 마음껏 발휘하면서 인생의 보람과 함께 성공의 길을 향해 전심전력을 다하도록 한다. 생명은혜에 지극한 정성을 바치며 행복감과 보람을 가지며 살아갈 수 있는 길을 닦고 개척하게 되리라는 것을 생각해야 한다.

특히 어린이들은 모든 것을 호기심으로 보면서 대하게 되므로 어른들이 생각하는 것과는 아주 다른 생각을 가지는 경우가 있게 된다. 그들에게는 아니되는 것보다 모든 것이 가능하다고 믿으며 호기심을 가지기 때문에 되고 아니된다는 것은 나중의 문제이다. 우선은 자기의 것으로 만들어보고 싶은 심리 작용이 있으므로 잘 살펴서 소질을 발견할 수 있도록 하면서 부모와 교사는 도와줄 수 있는 방법을 생각하는 것이 중요하게 된다.

만약에 해서는 아니 된다고 해야 할 때는 그 이유를 자상하게 이야기하면서 이해가 되도록 해야 한다. 어린이들의 사고력이 자라게 될 것이기 때문에 어른들은 어린이들의 교육을 위해서 심리학자처럼 되기를 힘써야 할 것이다.

이러하므로 일일명심경의 수행에 힘써야 하며 한 사람의 생명을 타고 태어난 사리일도 근본진리에 합당한 인생이 될 수 있도록 하여야 한다. 스스로 힘과 지혜를 기르고 인간적인 성장을 위해 도움이 될 수 있도록 하면서 행복과 보람을 느끼고 성공할 수 있는 인생이 되도록 해야 한다.

생명은혜(生命恩惠) 지성보답(至誠報答)의 인생에는 무난사(無難事), 즉 어려운 일이 없음을 기억해야 한다.

어떤 국민과 어느 나라를 막론하고 부자가 되고, 강해지며, 찬란한 문화를 가진 인생과 역사가 되도록 하기 위해서는 교육의 힘과 지혜로 다른 나라의 백성들보다 더욱 힘차고 지혜로운 인간이 되도록 해야 한다. 때문에 국가의 짐을 진 인물과 일꾼들이나 교육자부터 인생과 역사에 관한 정의가 어디에 있는지를 깨닫고 알아서 가장 힘차고 지혜로운 교육이 될 수 있도록 힘써야 한다. 다른 나라의 국민보다 뛰어난 자질과 능력을 갖춘 국민이 되도록 해야 한다. 교육에서 중요하게 여기는 것이 지덕체(智德體)라고 하는 것은 모든 나라가 다 알고 있는 일이지만 교육을 하는 방법과 과정과 철학에는 차이가 있게 된다.

나라와 백성들의 사이에는 힘과 지혜의 차이가 있게 되는 것은 당연한 결과임을 먼저 생각해야 한다. 때문에 나라를 이루고 있는 민족과 백성들이 어떻게 하면 가장 힘차고 지혜로운 인간으로 통할 수 있고 사랑과 윤리도덕이 건전하며 각자가 존재의 가치를 존귀하게 여기고 타고난 소질과 재주를 최대한 발휘할 수 있도록 뜻을 세우며 재주를 길러서 능력이 뛰어난 사람으로 교육을 할 수 있겠는가 하는 것이 문제가 된다.

### 자율적인 교육방법:

교사의 일방적인 주입식 교육방법보다 함께 공부하며 각자가 생각할 수 있는 기회를 가지면서 뜻을 이해하고 알 수 있도록 하는 교육방법이 되어야 한다. 자유로운 분위기에서 내용을 읽어 보고 생각할 수 있는 여유를 가지고 각자의 생각을 토론하여 가장 정확한 답을 내도록 하거나 다수의 답이 있다면 이 중에서 정답을 찾아내어 어찌하여 정답이 되었는가를 알도록 해야 할 것이다.

### 현장실습과 체험교육:

말을 통하여 들으며 알도록 하는 교육보다 눈으로 직접 보고 생각하면서 알도록 하는 것이다. 학습과 경험을 함께 가질 수 있으므로 특히 자연학습과 과학실습은 이론적인 교육을 토대로 하여 눈으로 보고 직접 실험과 실습을 함으로써 이론을 확실하게 확인시키고 알 수 있도록 하므로 더욱 높은 차원으로 발전할 수 있게 된다. 백 번을 듣는 것은 한 번 보는 것만 못하다는 말이 있다. 백문(百聞)이 불여일견(不如一見)이라 한다.

### 인성교육과 인간교육:

인간이 인간다운 모습으로 살아갈 수 있도록 하기 위해서는 이치와 도리에 합당하도록 언행을 하면서 사람답게 살아갈 수 있어야 함이다. 비록 아는 것이 있고 똑똑하다는 말을 듣는 사람이라 할지라도 사람다운 모습으로 이치와 도리를 잘 행하면서 살아가야 사람다운 대접을 받을 수 있게 될 것이다. 지식공부를 하는 것이 중요한 것만큼 사람공부도 중요하므로 학식이 높으면 덕도 함께 높아야 균형이 잘 잡힌 사람으로 구실을 할 수도 있다. 또 대접도 받을 수가 있게 될 것으로 사람의 생명과 함께 타고 태어나는 사리일도 근본진리에 합당한 모습으로 살아갈 수 있도록 해야 한다.

인성교육이 원만하게 되어야 인간교육과 도덕교육도 따라서 원만하게 될 수 있을 것이다. 무작정 남의 교육방법이나 제도를 모방하는 것은 문화적인 면에서 문제가 있을 수 있음이다. 자기의 천통과 풍속과 윤리도덕적인 면에 합당한 인성교육과 인간교육이 될 수 있도록 힘써야 할 것이다. 민족의 전통과 문화에 합당한 교육이 되어야 윤리도덕이 타락하거나 문화적으로 잘못되거나 부끄러운 모습이 드러나지 아니하게 될 것이다. 겨레의 수직문화와 서양이나 다른 나라의 수평문화와의 사이에는 크게 다른 점들이 있게 되므로 특히 윤리도덕 교육과 인간 교육에서 많은 영향을 끼치게 된다는 것을 깨닫고 알아야 하는 것이 중요하게 된다.

무작정 서양이나 남의 수평문화를 함부로 모방하며 흉내를 내는 교육이 되어서는 안 된다는 것을 자각하면서 인성교육과 인간교육에 힘써야 한다. 그것이 건전하고 아름다운 민족문화에 바탕을 둔 훌륭한 교육이 된다. 조상을 섬길 줄 모르고 부모를 공경하지 아니하며 선생이나 스승을 존경할 줄 모르는 학교 교육이나 인성교육과 인간교육이 되는 날에 윤리도덕이 타락하고 불행한 일들이 학교와 가정과 사회에서 일어나게 된다는 것을 명심해야 한다.

가정에는 불화가 일어나고 학교와 사회에는 폭력이 함부로 일어나게 될 것으로 가정과 사회에는 천륜도리가 건전하게 행하여지는 것이 어렵게 될 것이다.

### 소질과 재능을 위한 교육:

사람에게는 각자가 소질과 재능을 가지고 있으므로 이러한 보배를 어떻게 가장 훌륭하게 발전시키느냐에 따라 능력을 갖춘 사람이 될 수 있도록 하기 때문에 교육에서도 매우 중요한 목적과 목표가 되고 있다.

그러므로 소질을 발견하고 재능을 길러서 각자가 자기의 능력으로 살아갈 수 있도록 해야 한다. 스스로 자기의 소질을 발견하고 재능의 방향을 정할 수 있도록 해야 뜻을 바르게 세워서 재주를 성공시킬 수 있다는 입지성재(立志成才)라는 말이 있게 된다.

사람은 누구라도 유일하고 존귀한 인간으로 태어났기 때문에 각자의 소질과 재능을 길러서 인생의 소중한 능력이 될 수 있도록 해야 하는 것이 중요하다.

### 토론과 문답의 교육:

각자가 서로의 생각과 견해를 토론하고 비교를 하는 과정에서 가장 훌륭한 것을 선택할 수 있게 될 것이며 힘과 지혜를 하나로 모을 수 있는 방법도 알게 될 것으로 서로의 능력을 기를 수 있는 기회를 가질 수 있다. 인간에게는 서로의 마음과 생각을 통할 수 있도록 하는 말과 글이 있으므로 남의 나라 백성들의 지식과 지혜를 배워서 짧은 기간에 많은 지식을 얻을 수 있도록 하는 것은 인간세상 필유경쟁의 환경에서 이기거나 앞설 수 있도록 하는 좋은 방법이 된다.

### 시청각교육:

많은 사람이 학교라는 교육기관을 통하지 아니하고도 공부를 할 수 있도록 해야 전체를 위한 효과적인 교육이 될 수 있을 것으로 통신교육과 라디오나 텔레비전을 통한 시청각교육은 모든 국민을 위해서 좋은 교육의 방법이 된다.

### 지식교육과 외국어교육:

학문을 하고 배운 지식을 사회생활에 이용을 하거나 각자가 하는 일에 발전과 함께 남다른 변화를 시도하기 위해서는 특별한 상상력, 창의력, 통찰력이 있어야 하는 동시에 번쩍이는 영감(靈感)이 떠올라야 한다. 이러하므로 청소년 교육에서 외국어를 지나치게 중요함을 강조하기 때문에 소질이 없어도 많은 시간을 외국어 공부에 사용해야 하는 것은 재능을 개발하고 육성시키는 일에 크게 지장을 초래하게 된다. 비록 학교 공부를 다년간 하였음에도 전공분야를 위해서 사용되는 시간이 다른 외국의 학생들에 비교를 하여 뒤떨어지거나 부족함이 있기 때문에 결과적으로는 자기의 뜻을 세우고 재주를 길러야 하는 분야에서 경쟁력을 저하시키는 일이 되기도 할 것이다.

때문에 교육을 함에는 인간의 능력을 극대화시킬 수 있는 방법과 철학이 있어야 할 것으로 외국의 앞선 문물을 받아들이며 이것을 학생들의 학문에 적용시키기 위해서는 소수의 외국어 전문가나 학자들이 필요한 외국의 책을 번역하도록 하여 교재나 참고서를 만들어 사용하도록 함으로써 많은 학생이 각자의 능력을 기르고 앞선 지식을 더욱 많이 배울 수 있도록 하는 교육이 되어야 지구촌 무한경쟁의 환경에서 앞서거나 이길 수 있는 고지를 차지할 수 있게 된다.

외국에 유학을 한 대학교수가 자기의 권위의식을 생각하여 학생들에게 외국어를 전공으로 하는 과목이 아님에도 외국어의

점수를 강조하면서 학생들에게 요구를 하기 때문에 어려움을 겪도록 하는 일이 되거나 학점을 받기 위해 지나친 시간과 정력의 소비를 요구하는 일이 되도록 해서는 교육의 입장에서 볼 때 잘못된 교육방법이고 어리석은 일이 되기도 할 것이다. 따라서 외국어 학점이 부족하여 대학교육을 마치지 못하고 휴학을 해야 하거나 불필요한 시간적, 경제적 부담을 가지도록 하는 일이 되어서는 아니 될 것이다. 20세기의 대 과학자 아인슈타인의 경우를 생각한다면 그가 학창시절에 수학 과목 이외의 성적은 형편 없이 뒤떨어져, 성적 순위로 따지면 항상 꼴찌를 면하지 못하였다. 하지만 독일의 교육방법과 정책에 의하여 수학의 능력을 인정받게 되어 대학교육을 받게 되었으며 남다른 상상력과 통찰력과 창의력에 따른 영감이 세계적인 대 과학자가 될 수 있었음을 생각해야 한다.

만약에 아인슈타인이 독일이 아닌 다른 나라의 잘못된 교육제도나 정책하에서 공부를 해야 하였던 경우라면 수학성적 하나만을 가지고는 대학교육을 받을 수 없게 되었을 것이며 더구나 대 과학자로 성장하는 것은 더욱 어려웠을 것으로 짐작을 해야 할 것이다.

비록 인간의 재주를 기르고 소질을 살리는 교육이라 할지라도 결국에는 하나의 정점에서 높이의 정도를 비교하게 된다는 것을 깨달아야 한다. 천지만물 생명조화의 법과 질서에 인간의 능력을 극대화시킬 수 있는 방법과 길이 있고 비밀이 있다는 것을 생각해야 할 것이며 도전의 대상으로 삼아야 하는 동시에 이에 합당한 교육이 되어야 한다.

또 한편으로 할아버지와 할머니들은 홀로 집을 지켜야 하는 어린이들을 위해 인생의 대화 상대가 되어 줄 수 있는 조손의 집을 마련해야 한다.

## 2
## 왜 가정이 흔들리는가?

### ❖ 생활철학과 가정경영

가정의 경영도 나라와 회사의 경영처럼 정치, 경제, 역사, 문화,

교육 등과 함께 가문의 역사와 전통 그리고 자녀들과 후손들의 관리를 위하여 특별한 관심을 가져야 한다. 가장 기본적이고 작은 경영인 것 같지만, 가장 소중하기 때문에 어렵기도 하고 쉽기도 한 경영이라는 것이라 생각한다. 먼저 자기 자신부터 건전하고 행복한 가족과 가정의 경영인이 될 수 있게 하려고 일일명심경의 가르침으로 제가수도 행복가정의 수행이 잘 될 수 있도록 노력해야 한다.

많은 가정이 모여서 겨레를 이루고 나라를 만들게 되며 인류의 바다에 가정과 겨레의 운명을 실은 배가 세상의 파도를 헤치며 항해를 해야 한다는 것을 생각할 때 가정경영이 매우 소중함을 느끼게 된다.

비록 적은 수의 가족이 함께 살아가고 있지만, 어떻게 해야 평탄하면서도 행복과 보람을 느끼며 살아갈 수 있는 보금자리가될 수 있겠는가를 두고 끊임없이 연구하고 노력하는 것이 부부의 중요한 책임이며 과업이 되므로 일일명심경의 수행에 힘써야한다. 가족의 구성원들이 사리일도 근본진리에 합당한 이치와도리를 깨닫고 알아서 가장 훌륭하게 실천하며 살아갈 수 있도록 힘써야 한다.

그러므로 가정에서 수도생활을 잘할 수 있는 부부가 되어야행복가정이 된다고 하여 제가수도 행복가정이라 일렀으니 부부는 하나의 가정을 경영하는 책임자인 동시에 가족을 위하여 모범을 보여줄 수 있는 상징이며 부모가 되어야 할 것으로 서로는 소유의 관계에 있는 것이 아니라 약속과 도리를 지키며 사랑을 실천하고 가정과 인생을 경영해야 하는 인간관계로 맺어진 입장에 있다는 것을 생각해야 한다.

이해와 인정과 존중을 통하여 무한하게 봉사하고 희생하며 사랑과 윤리도덕을 실천할 수 있는 모범적인 부부일체가 되고 운명공동체가 되어야 하기 때문에 서로는 이기려고 하는 것보다 져주면서 이해와 존중으로 행복의 기회를 만들 수 있는 주체가 되어야 한다. 겨레의 정신문화 분야에서 지도자의 역할을 하는 한 분은 모친을 극진하게 모시며 조상을 섬기고 기도생활을 잘하고 있으므로 가정과 자녀들이 타의 모범이 되고 행복을 누리며 살아가기 때문에 많은 사람들에게 선망의 대상이 되고 있다.

### 첫째, 감정의 관리를 잘해야 한다.

일시적인 감정을 지혜롭게 다스릴 수 있도록 참고 수양해야 한다. 따라서 감정을 나쁘게 만드는 말과 행동을 함부로 해서는 아니 될 것이다. "하루아침의 감정이 평생을 망친다."라고 하는 말이 있다.

### 둘째, 욕심관리를 잘해야 한다.

지나친 욕심 때문에 오히려 손해를 보거나 가정생활을 어렵게 만드는 경우가 되도록 하지 말아야 한다. 부부의 사이는 서로의 능력에 불만을 가져서는 안되며 누구나 만능일 수가 없으므로 자기의 능력으로 최선을 다할 뿐이다. 부부와 자식들을 두고 남들과 능력을 비교하는 것은 불편한 일이 되므로 우리의 가족들이 최고라는 생각으로 최선을 다하며 살아가는 가정이 되어야 참다운 가화만사성(家和萬事成)이 된다.

**셋째, 건강관리이다. 건강을 잃으면 모든 것을 잃어버리게 되므로 건강할 때 건강을 지키기 위하여 삼법건강관리를 생각하며 노력해야 한다.**

심신수행법, 운동단련법, 음식건강법이다. 가족의 건강은 가정의 건강과 직접적인 관계가 있으므로 삼법건강관리에 힘써야 하며 감정의 관리와 욕심관리를 잘하도록 해야 한다.

**넷째, 부부는 부부일체(夫婦一體)가 되도록 노력해야 한다.**

서로는 유일하고 존귀한 존재라는 것을 생각하면서 부부의 사이에는 자존심을 먼저 앞세우려고 해서는 아니될 것이다. 이해와 존중이 참사랑의 길을 열어가도록 해야 한다.

부모는 자식의 입장에서 볼 때 가장 이상적이고 훌륭한 남성과 여성의 상징과 같은 존재로 기억되도록 해야 한다. 이성 간의 교제에서나 장차 가정생활에서 크게 영향을 끼치게 된다. 그러므로 가정경영은 인생경영의 시험장이라고 생각해야 할 것이며 인성 교육을 위한 교육장이라 생각해야 하고 인생과 역사의 핵심적인 조직인 동시에 힘과 지혜와 사랑과 함께 조상의 뿌리를 지키고 자손의 씨앗을 이어 가야 하는 생명의 원천이 가정과 가문에 있으므로 아내는 가정과 사회의 책임자이고 남편은 가문과 역사의 책임자라는 것을 명심하며 힘써야 한다.

**다섯째, 가족들의 관계를 사리일도 근본진리에 합당할 수 있도록 경영하려고 힘써야 한다.**

힘차고 지혜로운 가정이 되고 사랑과 윤리도덕의 실천이 건전하며 조상을 섬기는 자존심을 가진 가정이 되어야 숭조충효 천륜도리가 원만하게 된다.

**여섯째, 가정의 경영이 어떤 입장에 있는지를 정직하게 판단하여야 한다.**

자랑스럽고 슬기로운 모습이 되도록 경영이 되어야 하므로 훌륭한 삼체가족이 되도록 힘써야 한다.

**일곱째, 부모는 자녀의 손목을 잡고 스스로 위대한 주인, 자랑스러운 자손, 슬기로운 민족, 강인한 인간이 되도록 인도 하여야 한다.**

사람 공부의 중요성을 일깨워야 한다. 나는 어릴 때 어머님으로부터 글공부보다 사람 공부를 먼저 해야 한다는 말씀을 들으며 매를 많이 맞은 기억을 항상 하고 있다.

**여덟째, 함께 헤쳐나간다.**

한쪽에서 아무리 잘 살아보려고 노력하여도 다른 한쪽에서 아니되도록 하거나 사리일도 근본진리에 어긋나는 길을 고집하며 보편성, 건전성, 합리성, 영원성에 합당하지 아니한 주장을 하게 되면 원만한 가정경영이 어렵게 된다.

문종이를 함께 잡는 것은 무거워서가 아니라 평형을 위해서이며 서로의 마음과 생각을 하나의 행동으로 조화롭게 하여 행복하게 살아가기 위하여 행하는 것과 같기 때문이다.

**아홉째, 적극적인 용기와 무한한 봉사심과 인내심을 가지고 희생정신으로 가족을 위하여 바치는 것을 기쁘게 여겨야 한다.**

가정의 일이나 자녀를 기르면서 어느 한쪽이 신경질을 부리고 짜증을 내게 되면 반대쪽에서는 용기를 잃어버리게 되거나 사랑이 식고 희망의 등불이 어두워지기 시작하며 불행의 바람이 불게 된다.

**열째, 좋은 습관을 가지려고 힘써야 한다.**

가정과 사회생활에서 좋은 습관은 보약과 같고 나쁜 습관은 독약과 같기 때문이다.

**열한째, 인생을 연극과 같다고 생각하면서 희극배우처럼 살려고 힘써야 한다.**

웃음으로 행복을 짓고 이해와 용서로써 감싸 안으며 포용을 해야 매듭이 풀리고 보람의 열매가 잘 익어 가게 된다.

**열두째, 부부의 관계는 소유의 관계가 아니라 약속의 관계라는 것을 알아야 한다.**

언제나 처음에 부부로 살자며 약속을 한 것을 잘 지키며 행하도록 하여 행복하고 보람된 인생과 가정이 될 수 있도록 힘써야 하므로 지나친 소유의 욕심으로 불행한 일을 만드는 일이 없도록 힘써야 한다. 때문에 어느 한쪽이 약속을 지키는 일에 잘못이나 부족한 점이 있다는 생각이 될 때는 내가 약속을 잘못 지키고 행하였기 때문이라 생각을 하면서 약속을 충실하게 지킬 수 있는 남편이나 아내가 되려고 힘써야 하며 노력과 인내심을 가지고 기다릴 줄 알아야 한다.

**열셋째, 가정의 행복과 보람은 위의 각 항목을 소중하게 여기며 실천하려고 생명은혜에 지성으로 보답하기 위하여 노력하는**

**데 있다.**

삼법건강관리란 심신수행법, 음식(식이)건강법, 운동단련법을 뜻하므로 마음과 정신을 다스림에는 천부경(天符經)과 일일명심경(日日銘心經)으로 하고 음식건강법은 신진대사를 원만하게 할 수 있는 음식을 섭취하도록 하며 여러 가지의 영양을 섭취하도록 하여 건강에 도움이 되도록 한다.

운동단련법은 규칙적인 운동함으로써 건강을 유지하도록 한다.

## 3
## 왜 저출산으로 맥이 흔들리는가?

### ❖ 생활철학과 저출산의 원인

역사의 삼대요소에는 민족(또는 백성)과 땅과 문화가 있으므로 훌륭한 민족의 자질을 가지고 있어야 하고 땅에 정성을 바치며 힘을 얻고 기르며 쌓을 줄 알아야 한다.

따라서 위대하고 찬란한 인생과 역사가 될 수 있는 언어문화와 전통이 있어야 한다.

배달경의 일일명심경(一日銘心經) 12조에는 자손보존 역사생명이라 하였다.

농부가 아무리 농사를 지으려 한다 하여도 씨앗이 없으면 농사를 지을 수 없다는 것은 금방 알면서도 자손이 없거나 망하게 되면 역사의 생명 길을 개척할 수 없다는 것은 미처 아는 것이 어렵게 되므로 자손보존이 역사의 생명이 된다는 것을 잊어버리게 된다.

이러하므로 저출산의 원인을 없애거나 문제를 해결하기 위해서는 인생에 희망과 보람이 있어야 하며 정신적으로나 심적으로 여유를 가질 수 있는 문화가 있어야 한다. 동시에 여기에 합당한 훌륭한 제도가 있어야 하므로 짐승들이 살아가는 약육강식과 같은 세상을 만들지 아니하도록 힘써야 한다.

때문에 정치, 경제, 문화, 역사, 교육의 분야에서 보편성, 건전성, 합리성, 영원성에 합당한 길이나 방법이 되어야 저출산의 원인을 해결하는 데 크게 도움이 될 것이다. 이들 다섯 가지 중에서 어느 것 하나라도 근본진리와 삼극생명조화법(三極生命造

化法)의 심판에 어긋나는 경우가 되면 저출산의 문제는 해결이 안 될 것이다.

동물의 삼대 역할이 먹고 낳고 사는 것이라 한다면 경제적인 생활이 따르지 아니하게 되면 자연적으로 저출산이 된다는 것은 당연하다.

그다음으로는 희망이 있어야 한다. 희망이 없는 인생에는 자연적으로 의욕과 활력이 떨어지게 되는 것은 당연한 것이다. 사람은 누구나 자기의 희망을 따라서 인생을 바치는 경우가 많이 있으므로 자손들에게 거는 장래의 희망이 중요한 부분을 차지하게 될 것이다. 뜻이 있고 희망이 있는 곳에는 길이 있다고 보아야 한다.

인생에는 작은 보람이라도 있어야 살아가는 맛과 멋이 있게 된다. 자녀를 기르는 보람과 재미가 있어야 하고 장래를 거는 희망이 있어야 스스로 활력을 가질 수 있게 되는 경우가 있으므로 활력의 근원을 스스로 만들어가는 일이 된다.

문화적으로는 가족들이 함께 즐기며 살아갈 수 있는 전통과 문화는 서로를 결속시키는 방법이 되는 것이다. 동시에 삶의 맛과 멋을 더하여주는 일이 되기도 하므로 가족들이 있는 곳에는 고락이 따르기 마련임으로 이러한 인생을 통하여 살아가는 가치를 발견하게 된다.

그러나 자녀들이 없이 그저 외롭게 조용하기만 하는 인생에는 고락을 가지거나 느낄 수 있는 기회가 많지 않다. 인생의 참된 맛을 느낄 수 없는 경우가 많이 있게 되어 경우에 따라서는 우울증이나 고독으로 병을 얻게 되는 경우도 있을 것이다.

특히 지구촌 무한 경쟁의 환경과 질서에서는 자질과 문화가 우수한 민족이 주도적인 역할을 하게 되거나 큰 땅에서 경영을 하게 된다는 것을 생각해야 한다. 저출산의 원인을 만들지 말아야 하는 것이 매우 중요하게 된다는 것을 생각할 수 있다.


### 〈정치〉

이러하므로 정치는 바르게 하여야 하며 이치와 도리에 합당하도록 하여 백성들이 잘살 수 있도록 하는 동시에 근본진리와 천지인 삼극생명조화법의 심판에 합당한 정치가 되도록 하여야 정도와 정법의 세상을 만들게 된다.

그러나 만약에 제세구민 낙원세상의 이치와 도리에 어긋나는 경우가 되고 일부 사람들의 권세와 부귀에만 머무는 경우가 되면 백성들은 분열과 차별 때문에 어지럽고 불평등한 세상이 만들어져서 저출산의 원인을 만들게 된다.


### 〈경제〉

백성을 구하기 위해서는 경제적으로 어느 정도 안정할 수 있는 대책과 길을 열어갈 수 있도록 하여야 하는 동시에 장래에 희망을 걸 수 있도록 하여야 하는 것이 중요하다.

지구촌에는 많은 인구가 살아가고 있지만, 다스리는 지도자와 백성들의 자질과 능력에 따라 경영의 주역이 되느냐 아니면 따라가면서 어렵게 살아야 하는 처지가 되느냐 하는 것으로 구분될 것이다. 인간세상 필유(必有) 경쟁의 질서에서 사리일도 근본진리와 천지인 삼극생명조화법의 심판으로부터 스스로 위대한 주인, 자랑스러운 자손, 슬기로운 자손, 강인한 인간의 자격으로 인생과 역사의 생명 길을 개척할 수 있도록 하여야 하는 것이 중요하다.


### 〈교육〉

교육의 삼육을 지덕체라 한다. 그러나 이러한 것은 지나간 시대의 교육원리라 생각을 하여야 하는 것은 지구촌의 세상이 많이 변하여 버렸기 때문에 지금은 지구촌을 상대할 수 있는 교육의 방법과 원리에 의하여 환경을 만들어야 하는 것이 중요하게 된다. 때문에 지혜의 교육, 지식의 교육, 사랑과 윤리도덕의 교육, 숭조충효에 근거한 자존심의 교육이 있어야 한다.

이러한 교육이 잘되지 아니하게 되면 지구촌 경영에서 주역이 되거나 성공할 수 있게 되도록 하는 것이 어렵게 된다. 여기에 있어야 하는 일꾼의 양성을 위하여 저출산의 원인을 막아야 하거나 문제점들을 개선하여야 한다. 때문에 공교육의 건전성이 학생들이 학교를 마치고 학원가를 돌아다니는 풍조를 없도록 하여야 하는 것이 중요하다. 미국이나 중국의 예로 보더라도 학생들이 학원가를 들락거리며 인생을 음미하거나 자기의 소질과 재능을 생각할 여유도 가지지 못하고 점수에만 매달리며 고생을 하고 부모는 학원비 때문에 고생을 하거나 고민을 하여야 하는 일들은 저출산의 원인 중에서 가장 큰 비중을 차지하고 있다는 것을 생각하여야 한다.

물론 몰라서 안 하는 것이 아니라 알면서도 못하는 경우가 있을 것이기 때문에 일부 사람들의 돈벌이 수단으로 학생들을 몰고 가지 말아야 하는 것이 중요함을 명심하고 노력을 하여야 한다.

〈문화〉

인생과 역사에 있어서 문화는 매우 중요한 요소가 되는 동시에 중요한 비중을 차지하고 있다. 말을 하려면 길어지므로 간단하게 표현을 한다면 "자연의 공해는 생존을 위협하고 문화의 공해는 방황과 멸망을 재촉한다."라는 것을 생각하면서 문화강국이 되어야 경제 대국도 될 수 있다는 것을 생각하면서 백성과 세상을 다스리려고 힘써야 한다.

〈역사〉

앞에서 언급한 네 가지의 보편성, 건전성, 합리성, 영원성에 따라서 역사의 생명 길을 목적과 방향과 목표가 정하여진다는 것을 생각해야 한다. 올바른 역사의식을 가지려고 힘써야 한다. 이와 같은 것이 올바르게 되어야 저출산의 원인을 막아내고 지구촌을 경영할 수 있는 일꾼과 민족의 힘을 스스로 기르는 일이 된다는 것을 명심하며 힘써야 할 것이다.

자연의 질서에서 이길 수 있는 길이나 방법이 있음을 깨달아 더욱 넓은 땅을 차지할 수 있는 문화민족이 될 수 있도록 힘써야 함이다. 잔디와 클로버와 세비듬과 같은 식물의 모습으로부터 인생의 길을 개척할 수 있는 방법을 생각하여야 한다.

또 한편으로 언어문화의 힘이 강한 민족이 더욱 넓고 큰 지구촌의 땅을 차지하게 된다는 것은 현실적인 문제가 되므로 남에게 나를 깨달을 수 있는 기회로 삼아야 할 것이다.


### ❖ 저출산의 실제적 해결방안

출산과 노령문제를 연관시키게 되면 출산과 양육의 의미를 더욱 확실하게 할 수 있다.

자녀를 출산하여 양육하는 것은 인간의 가장 본능적인 중요한 일이긴 하지만 출산의 환경이 나쁘게 되면 자연적으로 출산에 대한 의욕이 저하된다. 이러하므로 출산과 노후문제를 연관시키게 되면 저출산의 원인을 해결할 수 있는 방법이 된다

정책적으로 출산에 따른 노후의 대책을 함으로써 출산의 의

욕을 충족시킬 수 있다. 예를 들어 한 명의 자녀를 두었을 때는 2015년 현재의 기초연금 20만 원에 30만 원을 추가하여 50만 원을 지급한다. 둘째까지도 30만 원을 더 추가하여 80만 원을 지급한다. 셋째 아기를 출산하였을 때는 40만 원을 추가하여 매월 120만 원을 평생 지불한다. 이러한 경우 부부 각자에게 지급해야 한다.

셋째 이상의 자녀를 출산하였을 때는 국가에서 특별한 제도를 마련하여 지급하도록 한다.

이러한 제도는 자녀들이 국가를 위하여 헌신하는 대가를 국가가 책임지고 부모들에게 지급함으로써 자녀들의 효도를 국가가 행하는 일이 된다. 이러하므로 효도계약서를 써야 하는 이상한 풍토는 자연적으로 없어지게 되고 도덕 사회가 절로 만들어진다.

이것이 저출산과 노령문제에 최선의 해결방안 중 하나라 할 수 있을 것이다.

### ❖ 지구촌 경영시대와 일자리 창출 해결방안

어느 나라나 할 것 없이 항상 일자리 창출 문제로 많은 고민을 하게 된다.

우리의 경우는 국내에서만 일자리를 창출하기 위하여 고심하거나 노력하는 것보다는 지난 100여 년 이상 우리 한민족이 연해주, 중국 동북지방, 러시아, 미국, 남미 등으로 자의적으로 또는 타의에 떠밀려서 해외 진출이 이루어져 왔다. 어느 경우나 해당 국가에서 항상 성공적으로 정착해 왔고, 칭송을 받고 있다. 우리 배달겨레는 항상 진취적인 자세로 지구촌 어디를 가더라도 세계인들로부터 존경을 받는 성공적인 삶을 영위해 나갈 수 있다. 이것은 우리 배달겨레가 가진 태생적 상생 에너지의 기운 때문이라 말할 수 있다. 우리가 진출할 세계 지역은 많다. 우리의 젊은이들이 글로벌한 마인드를 가지고 지구촌 다양한 지역으로 다양한 분야에 종사할 수 있도록 노력해야 한다. 이미 수많은 해외 비즈니스 라인을 가지고 있는 대기업뿐만 아니라 새로이 주목을 받는 언어, 드라마, 음악, 경기 민요, 민속 풍습, 뮤지컬, 음식, 운동. 등 각종 한류 라인을 중심으로 새로운 장르도 개발해 나가면서 현지의 친한 인력과의 연계를 바탕으로 이루어져야 한다. 우리 젊은이들의 해외 진출을 돕는 정부 차원의 공적 시스템을 강화하는 노력을 기울이면 고용의 글로벌화가 이루어질 것으로 사료된다.

# 4
## 시간의 선용(善用)

시간은 인생과 역사에 있어서 떨어질 수 없는 소중한 동반자와 같으며 생명 길을 개척하고 살아가는데 누구에게나 똑같이 주어진 보배처럼 반드시 있어야 하는 재료와 같다.

때문에 시간을 어떻게 사용하느냐에 따라서 인생과 역사의 모습은 여러 가지로 나타나게 된다. 서양인들이 "시간은 돈이다.(TIME IS MONEY.)"라고 하는 것은 아마도 자본주의 사회에서는 노동의 대가를 시간당 얼마로 계산하여 지급했기 때문에 이런 말을 사용하는 것으로 생각된다.

그러나 동양에서는 시간을 인생과 관련지어서 생각하고 말을 하게 되므로 "시간은 인생이다."라는 말을 사용해야 할 것으로 본다. 그러니까 더욱 철학적이고 폭이 넓으며 고차원적인 생각이라 해야 할 것이므로 이와 같은 발상의 근원은 동양의 도의문명과 서양의 기계문명으로부터도 영향을 받은 것으로 생각해야 할 것이다. 시간은 인생에서 어떤 차별도 없이 똑같이 각자에게 주어진 소중한 생명의 동반자처럼 되는 동시에 가장 귀한 선물이라 생각해야 하므로 시간을 어떻게 생각하며 사용하느냐에 따라 인생과 역사의 모습도 다르게 되는 것은 틀림이 없다. 때문에 시간은 인생에서 재산과 같다고 보아야 하므로 사람들은 "젊음은 재산이다."라고 한다.

시간은 남녀노소에 따라 차별이나 가닥을 만들지 아니하므로 비록 젊은 사람이라 해도 시간을 잘못 사용하게 되면 노인이 시간을 선용하는 것보다 못하게 되는 경우가 된다는 것을 생각해야 한다. 젊음이라는 소중한 재산을 인생에서 다시 돌아올 수 없는 귀한 것으로 여기며 선용에 힘써야 한다. 사람들은 돈을 많이 벌고 싶어 한다. 공부를 잘하고 싶어 한다. 어떤 일을 성공하기 위해 노력을 하게 된다. 저마다 소망하는 일이 이루어지기를 바란다면 시간을 잘 사용해야 한다. 행복한 가정을 만들어 잘 살고 싶어 한다. 사람들에게 좋은 대접을 받고 싶어 한다. 명예를 가지고 싶어 한다. 이렇게 수많은 인간의 일들과 욕망은 시간과 관계를 맺고 있으므로 시간을 지혜롭게 선용해야 한다.

돈을 벌어서 잘 살고 싶다는 문제는 모든 사람이 원하고 있는 일이며 욕심이니, 작은 부자부터 되어야 하는 것이 순서이다. 적은 돈을 잘 저축하기 위해 열심히 일을 해야 한다. 각자가 소망하는 목적과 목표를 성공시키기 위해 최소한의 기본적인 자금을 종잣돈이라 하기도 하고 열쇠돈(KEY MONEY) 이라 하기도 하는데 이것을 장만하지 못하여 걱정을 하고 있으면서도 시간의 선용에 관해서는 무관심하다면 종잣돈을 마련하는 것도 어렵게 될 것이다.

종잣돈을 마련하기 위해 시간을 특별히 선용해야 할 것으로 동서양에서는 똑같은 말을 이렇게 표현하고 있으니 "세월은 사람을 기다리지 아니한다.(歲月不待人, Time and tide wait for no man.)"는 말을 항상 소중하게 여긴다는 것을 생각하며 시간의 선용을 위해 분투해야 할 것이다. 그러나 사람들은 시간을 선용하는 일에 합당하도록 잘 사용하지 못하면서 욕심만을 가지게 된다. 젊음이란 인생에서 소중한 재산과 같기도 하고 황금처럼 귀하기도 하기 때문에 젊어서 시간을 잘 사용하지 아니하면 나이가 많아질수록 젊음의 재산은 줄어들고 황금의 순도는 점점 낮아져서 가치가 덜하게 된다.

그렇지만 이와 같은 시간의 가치를 미처 생각하지 아니하고 젊음을 즐기는 일에만 시간을 많이 사용하면서도 여전히 넉넉하고 행복하게 잘 살아갈 수 있기를 바라는 사람들이 많이 있게 되는 것은 시간의 가치를 미리 깨닫지 못한 이유에서 비롯되었다고 보아야 할 것이다. 스스로 가난하다고 생각하는 사람은 먼저 가난에서 벗어날 수 있는 마음가짐이 중요하게 되므로 시간의 선용을 잘해야 한다.

밝달님은 중학교에 다니면서 닭을 5마리 길러서 매일 달걀 3개를 모을 수가 있었기에 한 달에 90~100개 정도의 알을 시장에 팔아서 책값과 학비에 보충한 일이 있었다. 이와 같은 일은 농촌에서 가능한 일이 되었으며 적은 것을 모아서 큰 것을 만들어야 한다는 습관을 기르게 된 것이 좋은 경험이 되었다고 생각이 되며 겨레의 속담에 "티끌 모아 태산"이란 것을 몸소 실천한 것으로 여기면서 이와 같은 습관으로 살았기 때문에 경제적으로 크게 어려움을 겪지 아니할 수 있었다는 것을 생각하게 된다. 도시에서는 학생들이 자기의 시간을 잘 이용해서 하루에 몇 시간씩 일할 수 있는 시간제 직업을 구할 수가 있으므로 마음만 잘 먹으면 얼마든지 적은 돈을 벌어보는 재미와 경험을 가질 수가 있다. 시간을 잘 이용하게 되면 자기의 뜻을 이룰 수 있다는 것을 생각하게 되고 이러한 습관은 작은 부자가 될 수 있는 기반을 만들 수 있다는 것을 확신하게 된다.

그러나 문제는 오랫동안 인내하며 노력하는 것이 어렵다고 생각이 된다. 조금만 여유가 생기면 쓰고 놀아야 하는 일을 생각하게 되고 돈이 떨어지면 그때야 또 일을 하려고 하는 젊은이들이 더러 있다. 이렇게 해서는 인생에서 계획을 세울 수가 없고 따라서 성공의 길도 멀어지게 된다. 때문에 일을 하는 경우에도 계획을 하여 꾸준하게 시간을 잘 사용하고 노력하는 것이 지혜가 되고 성공의 방법이 된다. 내가 이렇게 말을 하면 공부는 언제 하느냐 하면서 반문을 하게 될 것이다.

시간이 없어서 공부를 못한다 하는 것은 편리한 변명에 불과하다고 본다. 왜냐하면 시간을 지혜롭게 사용하지 못하는 사람의 입에서 주로 나오는 말이라 생각되기 때문이다. 청소년 학창

시절에 공부는 학교에서 정신을 차리며 열심히 하고 학교수업이 끝난 후에는 시간을 지혜롭게 효과적으로 사용할 줄 알고 노력하면 된다고 본다. 나의 경험을 이야기한다면 나는 농업학교에 다니면서 집의 논과 밭에서 일을 해야 하였으므로 학교에 다녀오면 책보자기를 던져놓고 바로 밭이나 논으로 가야 했다.

그러니까 공부할 시간이 없는 것은 사실이다. 그렇지만 밝달님은 일하는 시간이 바로 공부하는 시간이 되었으므로 학교 성적은 좋은 편에 속하였다. 영어공부가 시간을 많이 요구하므로 하루에 15개씩 팔에 영어단어를 적어서 일하는 동안 암기를 하고 수학공식도 팔에 적어서 잊어버리지 아니하도록 하였으므로 우선 영어공부와 수학공부를 따라갈 수 있었다. 그리고 등교하고 하교하는 시간에 걸어 다니면서 단어장으로 공부를 한 결과 고등학교를 졸업할 때는 작은 영어사전의 단어를 모두 암기하였다. 덕분에 훗날, 미국으로 갔을 때 처음부터 어려움 없이 직장구하는 것, 일터에서 일하는 것, 생활에 필요한 문서를 해독하고 처리하는 것 등을 해결할 수 있었으므로 신나게 일을 많이 하고 돈도 많이 저축할 수가 있었다는 것을 이야기하면서 시간의 선용에 관하여 새로운 생각과 계획으로 공부에 도움이 되기를 바란다.

또 한 분의 예를 들기로 하는 것은 미국 네바다 주립대학에서 화학 주임교수였던 신 박사에 관한 이야기를 하고자 한다. 이분은 30대의 나이에 돈도 없이 비행기값과 푼돈 얼마를 가지고 미국에 도착하여 식당일 등 닥치는 대로 일을 한 후 대학에서 공부를 하여 박사학위를 받은 분이다. 미국에서 대학 주임교수의 자리는 아무나 앉을 수 있는 자리가 아니라는 것은 이미 알고 있는 일이기 때문에 더 말을 안 해도 짐작하게 될 것이다. 왜 이분의 이야기를 하느냐 하면 요즘 자기 나라의 말도 제대로 알지 못하는 어린이를 외국어 공부를 시키기 위해 조기유학을 보내는 풍조를 보고 이렇게 하면 안 되는데 하는 생각이 들어서 이야기한다는 것을 이해하기 바란다. 본인이 학생들로부터 좋은 대우를 받게 된 것도 신 박사와 내가 같은 나라에서 온 사람이라는 이유에서 비롯되었기 때문에 그야말로 원님 덕분에 나팔 부는 격이 되었다.

사람은 자기의 것과 자기를 먼저 알아야 하는 것이 중요하기 때문이며 공부는 자기가 좋아서 또는 하고 싶어서 해야 시간을 사용해도 진짜로 선용이 될 수 있다. 시간의 선용에는 인생문제가 따르게 되므로 배달경에서 '인생이란 무엇인가' 하는 내용을 이해하게 되면 시간의 선용에 관한 뜻도 더욱 진실하게 이해가 될 것이니라. 지금까지 이야기한 내용으로는 부자가 되는 과정에서 먼저 작은 부자가 되는 길과 공부를 하는데 시간의 선용을 어떻게 해야 하겠는가 하는 문제를 이야기하였다. 행복하기를 원하는 것과 시간의 선용과는 어떤 관계가 있는지를 생각해보기로 한다면 사람들이 소망하는 행복도 인생의 동반자와 같은 시간의 선용을 어떻게 하느냐에 따라서 크게 영향을 받는다.

행복이라 하여 그냥 소망한다고 해서 되는 것이 아니기 때문에 행복을 만들기 위해 시간을 선용해야 한다. 행복도 농사를 짓듯이 행복할 수 있도록 노력해야 가능하다는 것을 먼저 생각하는 것이 순서가 되기 때문이다. 연애를 할 때는 죽자 살자 하는 식으로 세상에 자기밖에 없는 것처럼 온갖 달콤한 말을 입에 침이 마를 정도로 하다가 일단 결혼을 한 후에는 마음과 생각에 변화가 일어나게 되는 일이 더러 있기 때문이다. 이런 이야기를 하게 되는데 사람은 처음의 생각과 마음을 끝까지 오래도록 가지고 가기 위해 도를 닦는 심정으로 노력해야 하므로 여기에 필요한 시간을 선용할 줄 알아야 한다는 것이다.

사랑과 행복을 위해서 시간을 어떻게 선용할 줄 아느냐 하는 것은 대단히 중요하므로 어느 한쪽이라도 행복을 위해 시간의 선용이 잘 되지 아니하면 불행하게 된다는 것은 반쪽과 같은 가정이 되고 부부가 되어서는 부부일체가 아니되기 때문이다. 시간을 가족과 가정과 사랑과 행복을 위해 어떻게 선용을 하느냐 하는 것이 문제가 되므로 직장의 일을 마치면 습관적으로 다른 곳에서 시간을 보내다가 집에 와서는 엉뚱하게 기분 나쁜 소리나 하게 되면 불행이 될 것이기 때문에 일일명심경(一日銘心經)에서 가르친 제가수도 천국가정을 명심하고 실천에 힘써야 한다.

세월이 좋아져서 노인 인구가 늘어나는 경우에도 시간의 선용은 여전히 중요하다. 병들어 눕기 전에는 생명의 은혜에 보답해야 한다는 심정으로 이익이 있든, 없든 간에 무슨 일이든지 해야 한다는 마음과 생각을 가지고 노력하며 살아가는 것도 시간의 선용이 된다는 것을 알아서 실천해야 할 것이다. 인생에서 성공이란 반드시 부자가 되거나 높은 관직에 오르는 것만이 아니다. 각자가 일생을 통하여 자기의 인생을 어디에 어떻게 바치는 것이 가장 소망하는 일이 되겠는가 하는 일을 위해 시간의 선용을 잘 행하여 성공하는 것이 바로 성공하는 인생으로 보아야 한다. 세계의 역사에서 어느 누가 높은 자리에 있었느냐 하는 것은 늘 기억하는 것이 어렵지만, 특수한 인물은 아무리 세월이 오래간다 해도 두고두고 존경을 받으며 선망의 인물로 남아 있게 된다는 것을 생각하면서 시간의 선용을 지혜롭게 실천하려고 힘써야 한다.

시간은 인생에서 보배 중의 보배라는 것을 명심해야 한다. 누구에게나 똑같이 주어진 시간의 선용을 잘 실천해야 한평생의 인생도 보람되고 행복하며 원만하게 살아갈 길을 스스로 만드는 일이 된다는 것을 잊지 말아야 한다. 청소년 시절에 연애를 하거나 이성이랑 사귀어 보는 것은 인생에서 경험과 추억이 될 수 있다. 하지만 이때 너무 편리한 것만 생각하며 전화를 이용하여 문자메시지만으로 마음과 생각을 주고받으면 오래가는 추억이 되기가 어려우며 하고 싶은 이야기를 하는 데도 한계가 있다. 편지를 쓰는 데 시간을 사용해야 서로의 편지가 추억의 증거로 남게 되는 동시에 글 쓰는 습관을 기르게 되는 좋은 기회가 되어 논술고사의 시험에 임하게 되거나 사회생활을 하면서 문서작성을 하는 경우에도 많은 도움이 되기 때문에 꿩 먹고 알 먹는 것처럼 될 것이다.

특별하게 성공을 한 많은 사람의 공통점은 인생에 관해서 깨달음이 남들보다 앞서 있었다는 것과 온갖 어려움과 역경의 환경을 이기며 시간을 지혜롭게 잘 사용하였다는 것을 들 수가 있는 것도 인생과 시간에 관한 생각과 노력이 절대적으로 영향을 끼치게 된다는 것을 증명하기 때문이다. 모든 사람에게 똑같이 주어진 시간을 어떻게 선용하느냐 하는 것이 자기의 인생을 변하게 한다는 것을 항상 기억하면서 소망하는 것을 성취하려고 힘써야 한다. 남들이 놀 때 자기도 똑같이 놀기를 바라고 적당하게 시간을 보내면서 편안한 것만 찾게 되면 도토리 키를 재는 것과 다름이 없게 될 것이므로 보통사람들과 별로 차이가 없는 인생이 되고 말리라. 고로 특별한 인생이 되기를 소망한다면 특별하게 시간을 선용할 줄 알면서 더욱 힘써야 하는 것이 중요하게 되므로 인간세상 만사의 이치와 도리를 깨달아 존귀한 존재의 가치를 높게 할 수 있어야 하기에 지고한 법과 도의 말씀으로 인생을 깨닫고 시간의 선용을 위해 언제나 힘써야 한다.

# 11장

## 민족 역사의 줄기

배달겨레를 인류학적으로 우랄 알타이 몽골 계통으로 분류를
하는 것도 역사 변천과정과 관계가 있기 때문이다.

특히 기나긴 세월을 경과한 후에도 어린 아기의 엉덩이에 푸른

반점이 있는 것을 몽골반점이라 하며 한편으로 조화주 하늘님 (하나님, 하느님)께서 삼성(三聖. 桓因, 桓雄, 桓儉)의 천손(天孫) 이라는 것을 표시하기 위하여 찍어 놓은 도장이라는 말을 하기도 한다.

배달의 천손(天孫)들이 한때는 아시아 동북쪽의 베링 해협을 통하여 알래스카를 거쳐서 미주 대륙까지 이동을 하였으나 긴 세월을 지나면서 많은 변화가 있었다는 것을 짐작하게 한다.

따라서 여기에서는 환인(桓因), 환웅(桓雄), 환검(桓儉. 檀君 王儉)의 역사와 8왕조에 관한 기록과 근세사에 관한 것을 배달 겨레 역사의 줄기로 삼으려고 한다.

마고할머니의 민족역사 창조의 전설이 전하여지고 있으며 삼 신할머니께서 자손들을 점지하시고 화복을 다스리며 지켜주고 계신다는 민중의 신앙이 지금까지 이어지고 있는 것은 민족역사 생명의 맥(脈)이 아득한 옛날부터 이어오고 있음을 잘 나타내고 있다. 우리 겨레는 과거의 경험과 교훈을 소중하게 여겨야 하며 현재를 직시하고 보편성, 건전성, 합리성, 영원성에 합당한 인생 과 역사의 길을 닦고 개척할 수 있도록 힘써야 하기에 가장 지혜 로운 안목과 판단으로 미래의 인생과 역사의 생명 길을 열어가 야 한다.

# 환인(桓因)의 역사

1세: 안파견(安巴堅), 2세: 혁서(赫胥), 3세: 고시리(古是利), 4세: 주우양(朱于襄), 5세: 석제임(釋提壬), 6세: 구을리(邱乙利), 7세: 지위리(智爲利)

# 환웅(桓雄)의 역사: 배달국 18대

1세 환웅: 거발환(居發桓)), 2세 환웅: 거불리(居佛理), 3세 환웅: 우야고(右耶古), 4세 환웅: 모사라(募士羅), 5세 환웅: 태우의(太虞儀), 6세 환웅: 다의발(多儀發), 7세 환웅: 거련(居蓮), 8세 환웅: 안부련(安夫蓮), 9세 환웅: 양운(養雲), 10세 환웅: 갈고(葛古), 11세 환웅: 거야발(居耶發), 12세 환웅: 주무신(州武愼), 13세 환웅: 사와라(斯瓦羅)

14세 환웅: 자오지(慈烏支), 일명 치우(雉羽)환웅이라고도 하며 뿔이 있는 투구를 쓰고 창과 도끼로 무장한 특징이 있으며 붉은 악마의 문양을 하고 있다. 중국 호남성의 산지와 그 주변 지역에서 주로 살아가고 있는 소수민족인 묘족이 그들의 전설적인 수호자로 섬기고 있다. 우리 배달 겨레의 옛이야기에 나오는 뿔이 있는 도깨비는 아마도 치우환웅을 상징하는 것으로 추측되며 악을 막아내고 구원의 손을 잡아주는 선한 도깨비로 통한다.

한편으로 배달국의 역사무대가 한때 중국의 남부와 중부 지역이었음을 의미하기도 하며 공사장에서 치우의 무덤을 표시하는 치우총(치우총)이라는 글자가 쓰인 돌이 발견되었다는 소문은 더욱 이를 뒷받침하고 있다.

15세 환웅: 치액특(蚩額特), 일명 티베트 환웅이라 하기도 하며 티베트의 백성들이 한때 배달겨레와 같은 무리였음을 의미하고 있다.

16세 환웅: 축다리(祝多利), 17세 환웅: 혁다세(赫多世), 18세 환웅: 거불단(居弗檀)


## 3
## 단군(檀君)의 역사 47대

단군(檀君)을 사람의 이름으로 착각을 하면서 신화다, 뭐다 하고 온갖 말을 만들거나 역사의 줄기에 관하여 제대로 교육을 하지 아니하면서 일본의 식민사관으로부터 비롯된 역사 왜곡을 그대로 교육시키는 것은 역사를 가진 민족으로서 부끄러운 일이다. 단군은 사람의 이름이 아니라 왕의 명칭임으로 단군 47대 황제님들의 명칭을 가르쳐서 바르게 알도록 해야 한다.

그러나 문제가 되는 것은 지도급의 사람들이 민족역사에 관심을 두지 않고 교육을 중요시하지 않는 경우가 되면 고난의 인생과 불행한 역사를 감당해야 하는 나쁜 습관이 되는 동시에 후진성을 면하지 못하고 있다는 증거가 되고 어리석은 일이 된다는 것을 깨달아야 한다. 이러한 일들이 잘되지 않는 것은 국민에게도 직접적인 영향이 미치게 된다. 지혜롭고 용기가 있으며 겨레를 사랑하고 자존심을 가진 백성이 되거나 그러한 지도자가 되거나 어느 한쪽이라도 인생과 역사에 관한 철학을 가지고 있어야 하지만, 이렇게 되지 못하고 지도자와 나라의 일꾼들이나 백성들 모두가 무관심한 입장이 된다면 인류 세계의 경쟁 질서에서 낙오자처럼 되거나 고난의 인생과 불행한 역사를 피하는 것이 어렵게 될 것이다. 행복하고 보람된 인생과 위대하고 찬란한 역사의 정체성을 가진 주체가 되는 것은 더욱 어렵게 되고 마는 것이 진리가 심판하는 모습이라 해야 할 것이다.


### 〈47대의 단군 황제님들〉

1대 단군: 왕검(王儉), 2대 단군: 부루(扶婁), 3대 단군: 가륵(

嘉勒), 4대 단군: 오사구(烏斯丘), 5대 단군: 구을(丘乙), 6대 단군: 달문(達門), 7대 단군: 한속(翰栗), 8대 단군: 우서한(于西翰), 9대 단군: 아술(阿述), 10대 단군: 노을(魯乙), 11대 단군: 도해(道奚), 12대 단군: 아한(阿漢,) 13대 단군: 흘달(屹達), 14대 단군: 고불(古弗), 15대 단군: 벌음(伐音. 後屹達), 16대 단군: 위나(尉那), 17대 단군: 여을(余乙), 18대 단군: 동엄(冬奄), 19대 단군: 구모소(구牟蘇), 20대 단군: 고흘(固忽), 21대 단군: 소태(蘇台), 22대 단군: 색불루(索弗婁), 23대 단군: 아흘(阿忽), 24대 단군: 연나(延那), 25대 단군: 솔나(率那), 26대 단군: 추로(鄒魯), 27대 단군: 두밀(豆密), 28대 단군: 해모(奚牟), 29대 단군: 마휴(摩休), 30대 단군: 나휴(奈休), 31대 단군: 등올(登兀), 32대 단군: 추밀(鄒密), 33대 단군: 감물(甘勿), 34대 단군: 오루문(奧婁門), 35대 단군: 사벌,(沙伐) 36대 단군: 매륵(買勒), 37대 단군: 마물(麻勿), 38대 단군: 다물(多勿), 39대 단군: 두홀(豆忽), 40대 단군: 달음(達音), 41대 단군: 음차(音次), 42대 단군: 을우지(乙于支), 43대 단군: 물리(勿理), 44대 단군: 구물(丘勿), 45대 단군: 여루(余婁), 46대 단군: 보을(普乙), 47대 단군: 고열가(高列加)

## 〈팔(八)왕조의 역사〉

고구려 시조(始祖), 왕위: 주몽(朱蒙) - 27왕/705년

신라 시조(始祖), 왕위: 박혁거세(朴赫居世) - 56왕/992년

백제 시조(始祖), 왕위: 온조(溫祚) - 30왕/678년

발해 시조(始祖), 왕위: 대조영(大祚榮) - 14왕/218년

가락 시조(始祖), 왕위: 김수로왕(金首露王) - 10왕/491년

고려 태조(太祖), 왕위: 왕건(王建) - 32왕/475년

부여 시조(始祖), 왕위: 해모수(解慕漱) - 77왕/1719년

후기조선 태조(太祖), 왕위: 이성계(李成桂) - 25왕/519년


배달겨레의 역사에서 팔(8)왕조의 역사는 대단히 중요한 의미가 있다는 것을 깨달아야 한다. 민족의 흥망성쇠의 갈림길을 만들게 된 역사이기 때문이며 8왕조의 역사가 민족운명을 좌우하였던 시대였기 때문이다. 북방의 넓고 큰 땅을 잃어버리게 된 것도 이때요, 천손민족의 지혜, 힘, 사랑, 자존심을 시험하였던 시대도 이때였기 때문이다.

신라가 사대주의 사상에 병들어 당나라와 연합을 하여 고구려를 망하도록 하였던 것도 이때였으므로 화랑도와 같은 훌륭한 수련단체가 있었으나 결국에는 당나라와 연합을 하여 고구려를 망하도록 하는 데 사용한 경우가 되었다. 당시 삼국은 서로 각기 다른 국가로 정립하고 있었고 따라서 신라에 의해 비록 처음으로 삼국을 통일하여 한반도 내에 한민족체를 형성한 역사적 공을 인정해야 하나, 좋은 것이 있다 하여도 잘못 사용하거나 어

리석은 일이 되면 역사에는 불행한 일을 만들게 될 수도 있다. 고려 때 최영 장군과 이성계가 북방의 땅을 다시 찾기 위하여 압록강 위화도에 군사를 집결시켰으나, 이성계의 주장에 따라 북벌을 포기하고 회군을 하여버리고 만 것도 이때요, 김종서 장군을 시켜 육진을 다스리도록 하였던 것도 이때이며, 조선시대 류성용의 10만 양병설을 주장하게 된 것도 이때이다. 이순신 장군이 거북선으로 왜적을 물리치고 크게 승리를 한 것도 이때이며, 수나라의 30만 대군을 맞이하여 고구려가 크게 이긴 것도 이때였으며 불교의 전래로 신라에는 화랑도의 수련단체가 있었다.

서양의 종교 침입에 의하여 궁중이 위태롭게 되자 대원군이 쇄국 정책을 하였고 청나라와 러시아와 일본의 힘에 기대어서 권세와 나라를 지키려고 하다가 결국에는 일본에 국권을 빼앗겨버리고 식민지가 된 것도 이조시대였으며 당파싸움으로 나라가 흔들리고 백성이 도탄에 빠지게 된 것도 이때였다. 조정의 신하들은 서로가 당파로 갈라져서 진짜 충신을 몰아내거나 죽이며 옥살이를 시킨 것도 이때였으니 이순신 장군을 모함하여 옥살이를 시켰다가 외적이 침입하자 옥에서 풀려나도록 하여 남은 거북선을 손질하여 외적을 물리치도록 한 것도 이때의 일이었으므로 군주는 간신들의 말에 빠져서 진짜 충신들을 죽이거나 귀양을 보내기도 하였으니 군주의 어리석음과 무능함을 잘 나타내고 있다.

사대주의 사상의 병폐와 당파싸움으로 얼룩진 나라가 된 입장에서는 자연적으로 고난의 인생과 불행한 역사의 원인이 될 수밖에 없었다는 것을 알 수 있게 된다.

인류의 역사에서 가장 중요하였던 시기에 민족역사에는 사리일도(四理一道) 근본진리와 천지인(天地人) 삼극생명조화법(三極生命造化法)의 심판에 어긋나는 모습으로 고난의 인생과 불행한 역사를 감당하게 되었다는 것을 깨달아야 한다.

역사의 경험과 교훈을 소중하게 여기고 지금과 미래의 인생과 역사를 위하여 근본진리와 삼극생명조화법(三極生命造化法)의 심판을 깨달아야 한다. 행복한 인생과 위대하고 찬란한 역사의 길을 개척하기 위하여 천손민족은 모름지기 삶과 믿음의 길에서 언제나 위대한 주인, 자랑스러운 자손, 슬기로운 민족, 강인한 인간의 모습으로 인생과 역사의 길을 개척하며 지구촌 경영시대의 환경에서 주역이 될 수 있도록 힘써야 한다.

그러나 만약에 지금까지도 사대주의 사상의 병을 고치지 못하고 조국의 강토를 전쟁터로 만들어 피로 물들게 하거나 남의 문화에 의하여 본심(本心)과 본정신을 잃어버리고 얼빠진 백성이 되어 다 같은 형제자매들을 이단시하며 파를 만들어 분열을 부채질하는 경우가 된다면 냉정한 진리의 심판을 당하게 될 것을 명심해야 할 것이다.

# 일제강점기의 역사

　일제강점기의 역사 경험과 교훈을 통하여 배달겨레는 크게 각성을 해야 하고 인생과 역사의 공부를 소중하게 여겨야 한다. 현재와 미래의 인생과 역사생명 길을 닦고 개척하기 위해서 각자의 생명과 함께 타고 태어나는 사리일도(四理一道) 근본진리에 합당한 삶과 믿음의 길이 될 수 있도록 힘써야 한다. 동시에 천지인 삼극생명조화법(三極生命造化法)의 심판으로부터 자기 자신에게 죄를 짓는 부끄러운 죄인이 되지 말아야 한다.

　그러므로 삶과 믿음의 길에서는 언제나 위대한 주인, 자랑스러운 자손, 슬기로운 민족, 강인한 인간의 모습으로 인생과 역사의 길을 개척해야 함이다. 지혜로워야 하고 힘과 용기가 있어야 하며 민족을 자기의 생명처럼 사랑해야 한다. 조상을 섬기며 자손을 보배로 지키고 인생과 역사의 생명 길을 개척하며 이어갈 줄 아는 자존심이 있어야 한다.

민족역사의 왜곡과 제사의식 등 전통문화의 말살, 창씨(創氏)제도(성을 일본식으로 바꾸는 것), 단발령, 우리말 교육의 폐지, 일본 신사참배 강요 공출제도(농민들이 일정량의 곡식을 바치는 제도), 보국대(광산과 비행장건설 같은 노동판에 강제로 동원하는 제도) 등 쓰라린 고통과 불행한 경험을 하였다. 그러나 깨닫지 못하고 자기를 바르게 알며 찾으려고 노력하지 않는다면 끊임없이 계속되는 힘과 지혜의 경쟁질서에서 간악한 남의 힘과 꾀에 의하여 어리석게 이용을 당하거나 부끄럽게 지배를 받으며 고난의 인생과 불행한 역사를 감당하여야 하는 개인과 무리가 된다는 것을 깨달아야 한다.

그 당시 농민들이 80%가 되었으나, 가을에 추수를 하여 공출이라는 이름으로 곡식을 바치고 나면 봄의 농사철에는 먹을 양식이 없어서 산과 들에서 나물을 뜯고 나무껍질을 벗겨서 굶주린 배를 채워야 했다. 콩기름을 짜고 남는 찌꺼기인 콩깻묵(대두박)을 배급으로 주기도 하였으니 역사를 잊어버렸거나 가르침을 받지 않은 세대들에게는 이해가 되지 않기 때문에 "어째서 라면을 먹지 않았습니까?"라는 한심한 말을 하기도 한다.

이와 같은 책임은 역사를 무시하거나 교육을 중시하지 않는 정치인들과 역사를 연구하는 사람들과 교육자의 책임이 크다고 해야 할 것이다. 각성이 없는 교육과 민족에게는 또 다른 고난의 인생과 불행한 역사가 꼬리를 물고 기다리게 된다는 것을 명심하고 자각하여야 한다. 또다시 고난의 인생과 어리석은 역사를 되풀이하지 말아야 한다는 것을 잊지 말아야 한다. 근본진리를 깨달아 이에 합당한 인생과 역사가 될 수 있도록 힘써야 하므로 정치, 경제, 역사, 문화, 교육의 전반적인 분야에서 보편성, 건전성, 합리성, 영원성에 합당한 인생과 역사의 길을 개척하고 지킬 수 있는 지혜, 힘, 사랑, 자존심이 함께 있어야 한다는 것을 깨달아야 한다.

정신과 물질 양면에서 사대주의 사상에 빠지거나 병들고 어리석게 되지 않도록 해야 한다. 지구촌 무한경쟁의 환경과 질서에서 힘의 경쟁에서는 단결된 힘으로 이겨야 한다. 역사 운명의 길에서 비록 한때 불행한 일이 있었다 하더라도 운명공동체가 되어 함께 일어설 수 있는 길을 지혜롭게 개척해야 한다. 민족 생존을 위해서는 배달의 천자 모두가 단결을 하여 민족생존구심체가 되어야 하기 때문이다. 민족과 조국의 역사에 죄가 되거나 스스로 전통문화를 자살이 되도록 하는 부끄러운 일을 행하지 말아야 한다. 정체성과 주체성이 확실한 배달민족의 자격으로 인생과 역사의 생명 길을 개척하고 지키며 살아갈 수 있다는 것을 깨달아 실천에 힘써야 한다.

배달겨레는 일제강점기의 불행하였던 역사를 도약과 번영의 밑거름으로 삼아 민족 화합과 협력으로 지구촌 경영 민족으로 거듭날 수 있도록 민족삼체(民族三體)가 되어야 마땅하다.

그러나 만약에 지구촌역사의 흐름과 열강들의 이해관계에 잘 못 말려들어서 함께 운명의 풍선을 불어야 하는 것과 같은 연극이 되는 날에는 스스로 불행한 역사의 원인을 만들기도 하고 조국을 전쟁터로 만들어서 더욱 가혹하고 불행한 인생과 역사를 감당해야 하는 원인을 만드는 동시에 기약할 수 없을 정도로 긴 세월 동안 지배를 받으며 이용을 당하게 될 것이다. 근본진리와 삼극생명조화법(三極生命造化法)의 심판에 합당한 인생과 역사의 생명 길이 될 수 있도록 힘써야 한다.

정신문화와 물질문화를 주인과 자손답게 지키며 인생과 역사를 이어 가야 하고 길을 개척할 수 있는 확실한 정체성과 주체성이 있어야 한다.

만약에 이러하지 아니하고 남의 문화에 의하여 마음이 병들고 얼빠진 모습으로 방황을 하거나 간악한 힘과 꾀에 의하여 이용을 당하며 다 같은 자손들끼리 이단시하며 파를 만들고 분열을 조장하며 방황과 멸망의 길에 빠지거나 사대주의 사상의 병폐를 스스로 만드는 경우가 되면 불행한 인생과 고난의 운명은 벗어나지 못하게 될 것이다.

군사동맹을 지나치게 강조하고 좋아하면 사대주의적인 입장이 되기도 하고 운명의 풍선을 함께 불어야 하는 입장이 되어 결국에는 약한 쪽에서 터지게 되고 피해를 보면서 불행을 감당하여야 한다. 물리학적인 원리에서도 합당하게 되고 진리적인 심판의 모습으로 고난의 인생과 불행한 역사의 원인을 나타내기도 할 것이므로 일본이 동맹국의 군대를 도와준다는 구실로 조국의 땅에 또다시 군대를 상륙시키지 아니하리라는 것을 어떻게 믿어야 하겠는가?

때문에 인간세상 필유(必有) 경쟁의 질서에서는 스스로 지혜로운 대책을 세워서 간악한 침략자를 막아낼 수 있도록 단결하여 힘을 기르지 못하고 남의 힘에 기대어서 덕을 보려는 사대주의 사상에 병든 나라와 백성이 되어서는 아니 된다는 것을 명심하면서 민족의 화합과 협력으로 생존을 위한 상생의 길을 주인과 자손다운 모습으로 개척할 수 있어야 한다.

인생과 역사에서 일어나는 희비쌍곡선(喜悲雙曲線)의 연극과 책임은 당사자 자신들에게 있을 뿐임으로 자업자득이 아니되도록 하여야 한다. 때문에 백성들 자신이 정체성과 주인의식을 가져야 하며 고난의 인생과 불행한 역사가 되지 아니하도록 정신을 차려서 어리석지 아니하고 나약하지 아니하도록 힘써야 함이다. 백성들은 정체성이 확실한 지도자와 일꾼을 선택할 수 있는 지혜와 용기와 사랑과 자존심이 있어야 민족과 조국을 위대하고 찬란하게 지킬 수 있는 주인과 자손이 될 수 있으며 지구촌 경영 민족과 중심국가도 될 수 있다는 것을 깨닫고 힘써야 한다.

고난의 인생과 불행한 역사를 미리 막을 수 있어야 하므로 근본진리에 합당한 인생과 역사의 주체가 될 수 있는 배달민족이 되어야 함을 명심하고 힘써야 36년 동안 겪으며 경험하였던 교훈이 헛되지 아니하게 될 것으로 인생과 역사의 운명은 오직 민족 자신들의 선택에 있다는 것을 깨닫고 명심해야 한다.

## 5

## 조국의 해방과 분단의 역사

조국은 해방이 되었으나 남의 부당한 간섭을 받아야 하였으며

겉과 속이 다른 검은 욕심에 의하여 본의 아니게 남과 북으로 갈라져야 하는 운명을 피할 수가 없었다.

그러나 살아 있는 양심과 정의감으로 새로운 인생과 역사의 진로를 개척하기 위하여 무한한 봉사심과 거룩한 희생정신을 발휘할 수 있어야 한다.

조국을 갈라놓은 것은 남들이 행한 일이었지만, 통합과 통일을 해야 하는 과업과 책임과 사명은 민족 자신들에게 있을 뿐이라는 것을 깨닫고 명심하며 먼저 화합과 협력을 할 수 있도록 일심협력 단결체, 역사운명 공동체, 민족생존 구심체가 되기 위하여 노력해야 한다.

### "내 땀방울이 적시고 피가 물든 강토를 더럽히지 마라."

이렇게 가르치신 단군성조(檀君聖祖)의 칙어(勅語)를 기억해야 한다.

이러함에도 사대주의 사상에 병들어 남의 힘에 기대면서도 부끄러움을 알지 못하는 입장이 되어 죽음과 폐허의 강토가 되도록 하고 슬픔과 고난의 인생이 되도록 한다면 하늘의 천벌은 피하는 것이 어렵게 될 것이다. 땅은 기뻐하며 안아 기르기를 싫어하게 되리라는 것을 자각하며 조국과 민족의 영원한 평화와 행복과 생존을 위하여 상대를 인정하고 존중하며 홍익인간 공생공존할 수 있는 민족이 될 수 있도록 힘써야 한다.

어떤 민족과 백성이라 할지라도 그들 운명의 책임은 그들 자신에게 있을 뿐임으로 사리일도(四理一道) 근본진리에 따른 지혜, 힘, 사랑, 자존심과 함께 주인과 자손다운 인생과 역사의 길을 개척하는 겨레가 되어야 할 것이다. 홍익인간 민족 삼체주의와 인류 삼체주의를 병행하여 실천하면서 지구촌 경영의 길을 개척하기 위하여 힘써야 할 것이다.

부록

---

전통혼례

예법은 인간의 집단을 이루며 살아가는 데 필요한 의식이니 이 가운데 혼례는 사랑과 노력으로 기쁨과 희망을 안겨주는 예(禮)이다. 우리 배달겨레에는 역사와 함께 이어오는 전통문화가 있으므로 전통 혼례를 소개하니, 비록 시대의 변화에 따라 다소 어울리지 않는 측면이 있다 하더라도 우리 겨레의 전통·문화를 이해하고 알아야 하는 것이 역사가 있는 민족다운 모습이 되는 동시에 맛과 멋이 되기 때문임을 알아야 한다.

전통혼례에는 육례가 있다.

납채(納采), 문명(問名), 납길(納吉), 납폐(納幣), 청기(請期), 친영(親迎)이다.

문명이 그리 발달하지 않고 생활환경이 복잡하지 않았던 시대에는 혼례의 절차도 복잡하였고 이로 인하여 시간도 많이 보내며 며칠을 두고 잔치를 베푸는 등 친척은 물론이며 이웃의 잔치처럼 되는 것이 보통이었다. 그러나 문명이 발달하고 생활환경이 복잡하며 변화가 심해진 시대가 되면서 혼례도 간단해지고 편리한 방법으로 변해가고 있으므로 여기에는 옛것을 알아야 새로운 것을 더욱 잘 만들고 다듬을 수 있으며 이것을 토대로 하여 전통과 의식이 되도록 하기 위하여 절차를 설명한다. 기나긴 역사를 가진 문화민족의 멋과 맛을 음미할 수 있도록 해야 하는 것은 미풍양속이 하나의 민족에 있어서 자랑이 될 수 있기 때문이다.

### ❖ 납채(納采)

신랑 될 사람의 집에서 신부 될 사람의 집으로 보내는 서신이 납채이다. 이것을 일명 사성(四星) 또는 사주(四柱)라 하는데 서로 혼인할 것을 합의한 다음에 남자 편의 주혼자(主婚者, 부모, 숙부, 형 또는 가까운 가족이 주혼자가 된다)가 신랑 될 사람의 생년월일시(生年月日時)를 적어서 중매인이나 친한 사람을 시켜서 신부 될 사람의 주혼자에게 보내어 정식으로 청혼하는 것이다. 사성은 종이를 다섯 번 접은 다음 가운데에 생년월일시를 쓰며 편지를 싸는 보자기의 안쪽은 파란색, 바깥쪽은 붉은색의 겹 보자기에 싸도록 한다. 사성은 주로 음력을 사용했으나 시대가 변하고 사람들의 인식이 바뀌어 가는 입장에서 혹시 양력을 함께 사용할 경우에는 앞에 음력과 양력이라는 표시를 분명하게 해야 하며 한문으로 기록하는 것을 잘 모를 때는 서기 0000년 00월 00일 00시로 기록하여 알아보고 이해하기 쉽게 하면 될 것이다.

### ❖ 문명(問名)

신부 될 처녀의 성명을 묻는 것이다. 이때 알고 싶은 것을 물어보고 양쪽의 가족들이 원만하게 혼사를 진행시키는 데 도움이 되도록 하면 될 것이다. 옛날에는 처녀의 이름을 물어보는 것도 하나의 절차가 되었으나 남녀교제가 자연스럽게 이루어지는 시대에는 처녀의 이름을 물어보는 절차는 필요가 없게 될 것이다.

### ❖ 납길(納吉)

궁합이 서로 맞으면 신부 될 처녀댁에 이와 같은 사실을 알린다.

그러나 궁합이란 예로부터 내려오는 겨레의 풍속임으로 행복과 불행이 반드시 여기에 달린 것이 아니며 무엇보다도 본인들의 장래는 그들의 마음과 생각과 사람 됨됨이에 달려 있다. 일찍부터 인생의 참된 진리와 이치를 깨달아 삶과 믿음 길의 목적과 방향과 목표를 뚜렷하게 가지며 진실하고 성실하게 살아가는 것이 중요하므로 사람마다 타고 태어난 사리일도 근본진리를 올바르게 깨달아 힘차고 지혜로우며 부부답게 사랑하고 자손다운 자존심과 긍지를 가지고 살아가도록 노력해야 할 것이다. 배달경의 말씀을 믿고 조상을 섬기며 자손을 보배로 여겨서 아름답고 행복한 가정이 되도록 경건한 모습으로 살아가도록 명심하고 힘써야 한다.

### ❖ 납폐(納幣)

혼인에 대한 의논이 이루어지면 총각 측에서는 혼수함과 혼서(婚書)를 처녀 측에 보내는 것을 말한다. 혼수함에는 처녀 측에게 보내는 물건이 들어있는데 주로 처녀와 부모의 옷감이나 형제와 가까운 친척에게 주는 선물이 들어있고 혼서는 양가의 혼인이 결정되어 혼사를 치르게 된 것을 축하하는 내용의 편지를 말하는데 일명 예서 또는 예장이라고도 한다. 고급이나 비싼 것이라 하여 좋은 것이 아니며 정성이 깃들어 있으면 충분하기에 지나친 부담이 안 되도록 해야 한다. 더러는 혼수함의 정도를 따지는 경우가 있으나 이것은 좋지 못한 생각이며 만약에 삼체의 가족이 된다면 이것을 기뻐하며 감사하게 여겨야 한다.

### ❖ 청기(請期)

혼인 날짜와 시간을 정하여 신부 측에게 알린다. 양측이 서로 의논하여 일시를 정하는 것이 일반적인 방법이다.

### ❖ 친영(親迎)

혼례하는 날, 신랑이 신부집으로 가서 예식을 올리고 신부를 맞이하여 오는 것을 말한다. 그러나 요즘은 예식장에서 식을 올리는 것을 혼례의 전부로 하고 신혼여행을 떠난다.

※ 참고: 자세한 내용과 예식의 절차에 관하여는 시대의 변화에 따라 다소 변하는 경우가 있으므로 어른들이나 배달 성회당과 천제당 또는 법도원에 가서 문의하면 된다. 옛날부터 사용하던 한문식(式)을 무리하게 따르거나 흉내 내려고 하는 것보다 새로운 우리말의 형식으로 시대의 감각에 맞도록 개선하여 누구라도 쉽게 알 수 있고 사용할 수 있도록 하는 것이 현대식(現代式)이 될 것이며 더욱 아름답고 홀

룽하게 다듬어 만드는 것이 새로운 변화인 동시에 발전하는 모습이 될 것이다. 비록 결혼이 인간대사라 할지라도 지나친 낭비나 무거운 짐이 되어서는 안 된다. 확실한 신념과 진실한 사랑을 위하여 무조건의 봉사와 거룩한 희생을 각오하는 마음과 정신을 가지고 하늘을 우러러보며 경건하게 땅을 밟을 수 있으면 훌륭한 혼례식이 될 것이며 결혼의 의미가 깊고 참되다고 할 수 있다.

## ❖ 새로운 결혼식

옛날의 혼례식을 시대의 환경과 생활감각에 맞게 한 것이 신식 (또는 현대적) 결혼식이다. 그러나 자기의 새로운 의식이 되어야 하며 만약에 남의 것을 그대로 흉내 내는 것이 된다면 신식이 아니라 어리석거나 부끄러운 짓이 되고 말 것이다. 그러므로 스스로 자기의 것을 창조하지 못하고 남의 것을 함부로 좋아하여 흉내 내며 따라가는 사람들은 그들의 역사도 부끄러운 모습이 될 것이다. 사람들은 무엇이 자기의 현대식이 되고 무엇이 남의 것을 오직 흉내 내는 원숭이와 같은 부끄러운 예식이 되는지를 분명히 판가름할 줄 알아야 한다.

## 2
## 전통 제례(祭禮)

　제사는 인간이 자연에 대하여 경건한 마음가짐과 생각에서부터 시작되었으므로, 옛날에는 자연신에게 제사 지내는 것이 공동사회의 큰 행사가 되어 왔다. 따라서 자손의 번영과 안녕을 위하여 앞서가신 조상께 빌고 부탁하는 의미에서 제사를 지내며 조상을 추모하고 자손된 도리가 되는 의식으로 행하게 되었기 때문에 인류의 으뜸가는 행사가 되고 효(孝)의 일부가 되었으며 우리나라는 숭조충효(崇祖忠孝)를 천륜도리로 삼아 왔다. 그러므로 돌아가신 자신의 조상과 부모나 형제와 부부나 친척이나 민족의 조상과 추모를 할 만한 인물을 위하여 제사를 올리고 기억하는 것은 천륜과 인륜의 예(禮)이며 효행(孝行)과 정성인 동시에 자손 됨과 사람됨의 도리에 있음을 알아야 참된 주인과 자손과 겨레다운 마음과 정신이 깃든 제사가 될 것이고, 하늘과 땅과 피와 모습을 속이고 거짓 하지 아니하는 사랑과 윤리도덕에 합당하는 제례(祭禮)가 될 수 있으므로 아름다운 전통과 풍속이 될 것이다. 그러므로 어리석고 얼빠진 자손이 되어 자기의 조상을 섬기는 전통이 남의 조상이나 그들의 신을 섬기며 제사 지내는 일에 방해가 되고 귀찮은 일이 되거나 가로 걸리는 일이 된다고 하여, 사람다움과 자손다운 도리를 잊어버리고 겨레와 조상과 부모 형제와 자신과 자손들을 위하여 행하는 제사를 욕되고 부끄럽게 하면서, 미신이다 우상이다 마귀다 하며 말을 함부로 만들어내는 사람이 되고 자손이 된다면, 인간세상에서 망할 백성이 되거나 삶과 믿음 길에서 남의 백성들에게 종과 앞잡이와 나그네 신세로 이끌려가야 하는 무리가 되고 말 것이다.

따라서 제사는 음식을 많이 차리고 적게 차리는 것이 문제가 되지 않으며, 장소가 좋고 나쁜 것이 문제가 되는 것이 아니므로 다만 마음과 정성과 올바른 이해가 문제 될 뿐이다.

세상이 어지럽고 복잡하며 어렵고 각박할수록 가족의 화합과 민족의 단결은 무엇보다도 중요한 법이다. 지구촌 시대와 인류 공동사회의 시대를 맞이하여 지구가 하나의 이웃으로 살아가야 할 세상에서는 하나로 화합하고 단결할 수 있는 전통과 풍속은 더욱 소중한 역할을 하게 된다. 사람은 하나의 뜻과 생각과 목적으로 모일 수 있고 만날 수 있는 기회를 어떻게 얼마나 많이 가질 수 있느냐에 따라서 자기의 소속감을 다시 발견하게 되고, 운명공동체의 일부임을 알게 되므로 사는 거나, 믿는 거나 저마다 자기가 가야 하는 길을 알고 살아가게 된다. 가족과 민족의 소중함도 함께 깨달아 외롭거나 방황하지 않는 모습으로 협조하고 협력하면서 살아갈 수 있는 운명공동체와 생존구심체가 되어야 하는 것이다. 비록 지난날에 우리 민족의 역사가 잠깐 불행하였다 할지라도 자손과 겨레를 찾고 지킬 수 있는 전통과 풍속과 길을 가지고 있었기 때문에 나라의 땅은 한때 빼앗겼어도 마음과 정신은 잃어버리지 않았고, 민족의 역사와 함께 맥을 이어오고 있음을 언제나 깨달으며 기억해야 할 것이다.

따라서 제사를 지내는 목적 가운데 가장 중요하게 여겨야 하는 것은 이 세상에 머물러 있는 자와 저세상으로 돌아간 사람과의 관계를 제사의식을 통하여 하나로 결속시킴으로써 영원한 세상을 이어갈 수 있는 가족적으로 또는 혈연적으로 유대관계를 공고히 하고 서로가 잊어버리지 아니하며 자손 대대로 생명 길을 지키려는 것에 소중한 뜻이 있음을 자각하고 실천해야 할 것이다.

### ❖ 제구(祭具)와 제기(祭器)

제사를 지낼 때 사용되는 모든 기구나 그릇들을 말한다. 자기의 집을 가지고 한곳에서 오래도록 생활을 할 수 있는 사람들은 제상(祭床), 향로(香爐: 향을 피우는 화로), 향합(香盒: 향을 담아두는 그릇), 병풍(屛風), 돗자리, 촛대, 모사기(募沙器: 모래를 담는 그릇, 모래를 구하기가 어려우면 흙을 대신하면 됨), 신주(神主: 나무로 만든 위패, 종이로 만든 신주를 사용할 때는 지방이라고 함), 제기(祭器: 제사에 사용하는 그릇) 등을 고루 갖추어 놓을 수가 있으나, 그렇지 못한 사람들은 집에서 사용하던 기구나 그릇들을 깨끗하게 손질하여서 사용하면 될 것이다.

## ❖ 기제(忌祭)

　고인이 돌아가신 날에 지내는 제사를 기제사(忌祭祀)라 하며, 돌아가시기 전날을 제사 일로 정하는 것이 일반적인 예이며, 밤 12시에서 1시 사이에 제사를 지내왔으나 생활환경이 변함에 따라 제관들이 제사를 지내고 집에 돌아갈 수 있도록 하기 위하여 초저녁에 지내는 것으로 바뀌어 가고 있다. 나무로 만든 위패 대신에 종이에 신위(神位)를 써서 모시는 지방(紙榜)을 주로 사용하고 있으며, 제사에 두 분을 함께 모실 때는 남위(男位)는 왼편에 여위(女位)는 오른편에 각각 쓰도록 한다. 한문에 어두운 세대들이 지방을 쓸 때는 한글로 쓰는 것이 더욱 훌륭한 지방이 될 것이다. 글은 뜻이 통하여야 글의 가치가 있기 때문이다. 무슨 뜻인지 알지도 못하면서 억지로 한문을 사용하는 것은 오히려 제사에 대한 정성이 부족한 원인이 된다.


## ♣ 시제(始祭: 설날 제사 또는 연시제(年始祭)라고도 함)

　한 해를 보내고 새해를 맞이하면 가족과 집안사람들은 앞서가신 조상이나 부모님께 제사 지내는 것을 도리로 전하여 왔으며, 살아 계시는 분들께는 새해에 드리는 인사인 세배를 드린다. 세배는 가족과 집안 어른뿐만 아니라, 평소에 알고 지내는 이웃 어른분들에게도 새해 인사를 하는 것이 겨레의 전통이며 풍속이다.

## ❖ 추석 제사(또는 절사(節祀))

음력 팔월 보름은 예로부터 전해오는 겨레의 큰 명절이며, 한 가위, 중추절이라고도 한다. 햇곡식과 과일이 익어서 추수하기 시작하는 때라, 먼저 돌아가신 조상과 부모님께 제사를 통하여 올리는 것을 도리로 여겨 왔다.

## ❖ 묘제(墓祭)

돌아가신 분의 묘지에 가서 지내는 제사이다. 한식이나 음력 10월에 날짜를 정하여 지내며, 미리 벌초를 하지 못하였으면 묘제를 지내는 날에 벌초도 하고 주위를 정리하기도 한다. 묘제를 지낸 다음 별도로 약간의 음식과 술을 준비하여 산신(山神)에게 제사를 지내는데 절을 두 번 하면 된다.

묘제를 지낼 때도 축문이 있으나 묘를 살펴보고 찾아보는 것이 목적임으로 축문을 반드시 읽지 않아도 된다. 이와 같이 기제사, 신년 제사, 추석 제사, 묘사가 기본적으로 행하여지는 제사이며, 옛날에 행하였던 시제(時祭: 봄, 여름, 가을, 겨울에 지내는 제사)와 다례(茶禮: 음력 초하루와 보름, 생일에 간단히 지내는 제사)는 시대적 생활환경에 맞지 않으므로 보통 생략한다. 다만 설날 제사와 추석 제사 의식이 주로 행해진다.

## ❖ 참배(또는 참례)

집안에 경사나 흉사가 있을 때 돌아가신 조상과 부모님께 알리기 위하여 행하는 예(禮)이다.

옛날에는 위패를 모신 사당에 가서 아뢰었으나 시대가 바뀌고 변함에 따라 이것이 어렵게 되었으므로 성회당이나 사원에 가서 조상과 부모님의 위패를 모시고 아뢰어야 할 것이다. 인간세상에서 스스로 위대한 주인과 자랑스러운 자손과 슬기롭고 빛나는 민족의 역사를 지켜온 민족과 국민은 경사가 있거나 흉사가 있으면, 자기의 조상께 아뢰고 경사에는 기뻐하며, 흉사에는 슬픔이나 새로운 각오의 뜻을 나타내었다. 그러나 어리석고 얼빠진 자손들은 좋은 일은 남의 조상이나 그들의 신에게 바치며 감사하게 여기면서 기뻐하고, 나쁜 것은 자기의 조상 탓으로 돌리면서 원망하고 미워하는 모습을 볼 수가 있는데, 이것은 어리석은 모습이다.

## ❖ 제복(祭服:제사 지낼 때 입는 옷)

옛날에는 제복을 갖추어서 제사를 지냈으나 지구촌 곳곳에서 살아가야 하는 넓고 복잡한 시대가 되었으므로, 제복을 별도로 준비하지 않고 보통 때 입던 옷을 깨끗이 손질하여 입도록 하면 될 것이다. 만약에 제사 의식을 위하여 제복을 만들 때는 우리의 전통이나 문화와 풍속에 잘 어울리고 훌륭한 모양이 나도록 하여야 할 것이며 가급적 배달사원(倍達社院)에서 준비를 하고 필요한 사람에게 빌려주는 방법을 사용하는 것도 좋을 것이다.

❖ **지방**(紙榜)

옛날처럼 한문으로 쓰게 되면 한글 세대의 사람들이 알지 못하는 경우가 많으므로 한글로 쓰는 것이 좋다.

〈지방(紙榜)의 예문(例文)〉

| 조부 | 조모 | 조부모 | | 부 | 모 | 부모 | | 처 | 남편 |
|---|---|---|---|---|---|---|---|---|---|
| 顯祖考學生府君神位 | 顯祖妣孺人○金海○金氏神位 | 顯祖考學生府君神位 | 顯祖妣孺人○金海○金氏神位 | 顯考學生府君神位 | 顯妣孺人○○○氏신位 | 顯考學生府君神位 | 顯妣孺人○○○氏신位 | 姑室孺人○○○氏神位 | 顯辟學生府君神位 |

〈한글 지방의 예문〉

| 조부모 | | 조부 | 조모 | 부 | 모 | 남편 | 아내 | 아들 | 백부모 | | 증조모 | |
|---|---|---|---|---|---|---|---|---|---|---|---|---|
| 할아버님 신위 | 할머님 ○○○씨 신위 | 할아버님 신위 | 할머님 ○○○씨 신위 | 아버님 신위 | 어머님 ○○○씨 신위 | 부군 신위 | 아내 ○○○씨 신위 | 아들 ○○ 신위 | 큰아버님 신위 | 큰어머님 ○○○씨 신위 | 증조할아버님 신위 | 증조할머님 ○○○씨 신위 |

## ❖ 제사의 범위

제사는 돌아가신 분과 살아 있는 자손들 사이에서 사람다운 도리로 행해지는 의식이므로, 생시에 자기의 눈으로 볼 수 있는 세대를 범위로 정하는 것이 합리적인 방법이 될 것이다. 제주(祭主)의 2대조까지로 할 것이나, 더 윗대의 조상에 대하여는 위패를 모셔 둔 사당이나 성전과 배달법도원(倍達法道院)에 가서 참배하는 것으로 예를 차리면 될 것이다.

## ❖ 축문(祝文)

축문은 기제사 때에만 읽고 명절 제사 때에는 읽지 아니하여도 된다. 그러나 제사를 주관하는 사람과 가족의 뜻에 따라서 축을 읽어도 될 것이다.

### 〈축문의 예〉

### ● 부모와 조부모의 경우

단기 ○○○○년 ○○월 ○○일

손자(또는 아들) ○○는 할아버님(또는 할머님, 아버님, 어머님)의 신위 앞에 삼가 아뢰나이다. 할아버님께서 돌아가신 날을 다시 맞이하오니 추모의 감회가 더 합니다. 이에 손자들이 모여서 정성껏 제수를 올립니다.

### ● 부부의 경우

단기 ○○○○년 ○○월 ○○일

남편(또는 아내)은 당신의 신위 앞에 아룁니다. 당신이 별세하던 날을 맞이하니 지난날의 생각이 간절합니다. 이에 간소한 제수를 드립니다.

또는,

단기 ○○○○년 ○○월 ○○일

아내는 당신이 마지막 가신 날을 다시 맞이하니 애통한 마음이 더하며 지난날의 추억이 간절합니다. 이에 정성껏 제수를 드립니다.

**참고:** 위의 축문은 반드시 글로써 표현하지 않아도 마음속으로 새기며 생각하는 것으로도 충분하기 때문에 조용히 묵념하거나 생각에 잠겨 보아도 될 것이다.

## ❖ 제상 차리는 법

제수(祭需: 제사에 쓰이는 제물)의 진설(陣設: 제물을 차려 놓는 것)은 무엇보다도 정성스럽게 장만한 제물을 지나친 형식에 기울어지지 않게 하고, 누구나 부담을 느끼지 않는 범위에서 쉽게 보기 좋게 차릴 수 있어야 할 것이다.

만약에 형편이 어려우면 밥 한 그릇, 국 한 그릇을 놓고도 진실된 마음과 정성이 있으면 충분하다. 부담되는 경우에는 오히려 정성이 부족하게 될 것이다. 옛날에 좁은 땅에서 지내던 제사와는 달리 세계 각처에서 제사를 모시게 되므로 제수도 다양해질 것이며 기후조건도 같지 않다. 그러므로 앞줄에는 과일 종류를 놓고, 그다음 안쪽에는 식상(보통 때 먹는 밥상)을 차리도록 하면 될 것이다. 세계가 좁아지고 자손들이 넓게 번창하게 되면 조상들께서도 더욱 넓은 세계를 누비시며 자손들의 제사에 응감하셔야 할 것이며, 이렇게 되어야 조상의 튼튼한 뿌리에 힘입어 자손들의 생명의 뿌리와 줄기가 힘차고 끈기 있게 뻗어 나아갈 수 있음은 자연의 이치인 동시에 속이거나 거짓할 수 없는 인간세상의 모습과도 같다는 것을 알아야 한다. 따라서 조상에 대한 제사는 우리 민족의 뿌리와 줄기와 잎과 열매를 지켜주는 아름다운 전통이며 풍속이요, 의식이다.

<한 분을 모실 때>

```
                지방
          ○    ○    ○    ○
         수저   메  술잔   국
        ○    ○    ○    ○    ○
      촛대  나물  간장  나물  촛대
        ○    ○    ○    ○    ○
      부침  기타   떡  과자  기타
        ○    ○    ○    ○
      과일  과일  과일  과일
```

```
  ○    ○        ○
 향로  향합      모사
              퇴주그릇
```

돗자리

<두 분을 모실 때 >

```
                지방
       술잔              술잔
    ○  ○  ○  ○    ○  ○  ○  ○
     메 국 수저      메 국 수저
      ○    ○    ○    ○    ○
    촛대  나물  간장  나물  촛대
      ○    ○    ○    ○    ○
    부침  기타   떡  과자  기타
    ○    ○    ○    ○    ○
   과일  과일  과일  과일  과일
```

```
  ○    ○        ○
 향로  향합      모사
              퇴주그릇
```

돗자리

돗자리가 없을 때는 깨끗이 청소만 하면 된다. 물론 옛날부터 내려오는 진설 방법에는 조율이시(棗栗梨柿: 동쪽에서부터 대추, 밤, 배, 감의 순으로 놓음), 홍동백서(紅東白西: 과일이나 과자의 붉은 것은 동쪽, 흰 것은 서쪽에 놓는다), 두동미서(頭東尾西: 생선의 머리는 동쪽, 꼬리는 서쪽으로 향하게 한다), 어동육서(漁東肉西: 생선은 동쪽, 육류는 서쪽에), 좌포우혜(左脯右醯: 포는 왼쪽, 식혜는 오른쪽)의 형식에 맞추어서 제수를 진설하여 왔으나, 이것은 지구촌 시대에는 지나친 형식이며 오히려 제사를 모시는데 부담을 주는 결과가 될 것이다. 제수의 준비는 형편에 따라 무리하지 아니하는 범위 안에서 하여야 하며, 형제들이나 제사에 참석할 집안의 친지들이 서로 의논하여 얼마의 대금을 내어놓거나 제수를 준비하면 고루고루 정성이 들어 있는 제사가 되어 더욱 뜻깊은 의식이 될 것이다. 어린이들에게는 가족이나 친지들 사이에 화합과 협동의 뜻을 나타내는 훌륭한 교육이 되고 공동사회의 모범을 보일 수 있는 기회가 될 것이다.

※ 참고
1. 제사는 돌아가신 분을 위하여 행해지는 의식임으로 생명의 소중함을 생각하여 제상 위에는 고기나 생선을 놓지 아니하는 것이 좋을 것이다.
2. 기제사가 아닌 명절 때 지내는 차사에서 윗대부터 차례로 여러 분의 제사를 모셔야 하는 경우, 가문에 따라서는 차례로 별도의 제상을 차려놓고 각각의 지방을 모신 다음 제사를 지내기도 한다. 하지만 음식은 하나의 제상에 차리고 지방과 메와 탕국만을 따로 작은 상에 별도로 차려서 지방을 모시고 윗대부터 순서대로 놓은 다음 제사를

순서에 따라 의식을 행해도 형식에 얽매이지 않고 오히려 정성을 더 할 수 있는 제사를 지내는 것이 된다. 이때 술잔을 각각의 지방과 메를 차린 상에 순서대로 각각 올린다.

## ❖ 제사 지내는 순서

### ① 강신(降神)

신위(神位)께서 강림하시어 차려놓은 음식을 드시라고 청을 하는 의식이다. 제주(祭主: 제사를 주관하여 맡아 행하는 사람)가 신위 앞에 꿇어앉아 분향하고, 이것이 끝나면 오른쪽에 있는 제관이 술잔에 술을 가득 차지 아니하게 조금 부어주면 제주는 받아서 향로 위에서 세 번 돌린 다음 모사 위에 세 번 나누어 붓고 빈 잔은 옆에 있는 제관에게 다시 돌려준 다음 일어나서 두 번 절한다.

### ② 참신(參神)

신위에게 참배하는 것이다. 신주를 모셔놓고 제사를 지낼 때는 참신을 먼저 한다. 오늘날에는 거의 모든 사람들이 지방을 모셔 놓고 제사를 지내므로 여기에도 강신을 먼저하고 참신을 다음의 순서로 기록한 것이다. 제주(祭主) 이하 모든 참가자들이 함께 두 번 절을 하는데, 이때 장소가 넉넉하지 아니하면 순서 있게 차례로 절을 하면 된다. 남자들은 두 번 절을 하고 여자들은 네 번 절하는 전통이 전해지고 있으나, 이것은 이치에 합당하지 아니하므로 남자나 여자 가릴 것 없이 모두가 두 번씩 절하는 것으로 통일하면 될 것이다.

### ③ 초헌(初獻)

처음 잔을 올리는 의식이다. 제주(祭主)는 신위 앞에 무릎을 꿇고 앉아서 향을 피우고 술잔을 향로 위에 세 번 돌린 다음, 옆에 있는 제관에게 주면 이것을 받아서 제상 위에 올린다. 수저를 2~3회 정도로 똑똑 가볍게 소리가 나도록 고른 후에 절을 두 번 한다. 이때 두 분의 신위를 모시는 경우에는 윗분부터 먼저 잔을 올린다.

### ④ 초헌 독축(初獻 讀祝)

초헌이 끝난 다음 축문을 읽는다. 제주(祭主) 이하 모든 참가자들이 꿇어앉아서 천천히 축문을 읽고 나면, 모든 참가자들은 일어나서 두 번 절한다. 설날과 추석의 명절에 지내는 제사에는 축문을 읽지 않는다.

### ⑤ 아헌(亞獻)

두 번째 잔을 올리는 의식이다. 이때는 제주(祭主)의 아내가 잔을 올린다. 그러나 주부가 올리기 어려울 때는 제주의 다음

가는 순위의 사람이 초헌 때와 같은 방법으로 잔을 올린다. 한편으로 부부가 함께 초헌, 아헌, 종헌을 순서에 따라 행하는 경우도 있다.

### ⑥ 종헌(終獻)

마지막 술잔을 올리는 의식이다. 제주(祭主)의 다음 가는 근친자(또는 부부)가 잔을 올리는데 아헌 때와 같은 방법으로 행한다.

이렇게 초헌, 아헌, 종헌의 삼헌(三獻)이 제사에 있어서 술잔을 올리는 기본이며, 술잔을 올릴 때마다 가정에 따라서는 모사에 세 번씩 잔을 기울이는 경우도 있으나 강신 때 이미 예를 행하였음으로, 헌작(獻酌: 술잔을 올림)할 때마다 모사에 술잔을 기울이는 것은 행하지 않아도 될 것이다.

### ⑦ 첨작(添酌)

종헌 때 가득 채우지 아니한 술잔을 초헌자(제주)가 가득 채우고 두 번 절하는 의식이다. 그러나 제사를 지내는 의미와 제사에 참여하는 제관들이 모두가 덜 섭섭하게 하려면, 첨작 의식은 삼헌에서 이미 술잔을 올렸던 사람들만이 헌작을 할 것이 아니라 참가자들 모두가 술잔을 올릴 수 있는 제사 의식이 되어야 한다. 술잔을 올리지 아니한 나머지 사람들이 순서에 따라서 술잔

하나에 세 사람이 조금씩 잔을 채워서 헌작할 수 있도록 하는 첨작 의식이 되어야, 혼령께서도 기뻐하시고 참석자들을 위하여 서도 더욱 합리적이고 뜻깊은 제사 의식이 될 것이다.

### ⑧ 개반삽시(開飯插匙)

메(밥) 그릇의 뚜껑을 열고 수저를 꽂아 놓는 의식이다.

이때 수저의 바닥은 동쪽으로 향하도록 한다. 우리나라의 예 부터 전하는 말에 십시일반(十匙一飯)이라는 것도 열 술의 밥이 면 한 사람이 먹을 밥이 된다는 뜻이니, 열 사람이 단결하면 한 사람을 살릴 수 있다는 뜻이다.

### ⑨ 합문(闔門)

방문을 닫는 의식이다. 제사에 참석한 사람들이 모두 방에서 나오고 문을 닫으며, 3~4분 정도 무릎을 꿇고 조용히 있다가 기 침을 하며 일어나서 문을 연다. 이때 제사를 지내는 집의 사정 이 문을 닫고 밖에 있을 입장이 못 되는 경우(단칸방 또는 대청마 루)에는 제상(祭床) 앞을 천으로 가리고 조용히 앉아 있으면 될 것이다.

### ⑩ 개문(開門)

방문을 여는 의식이다.

## ⑪ 헌다(獻茶)

국을 내려놓고 숭늉을 올리는 의식이다. 숭늉에 메를 조금씩 세 번 떠서 말아 놓고 수저를 2~3번 고른 다음, 모든 참가자들이 3분 정도 읍(揖: 묵념하는 자세)을 하고 있다가 기침을 하며 일어나는 의식이다. 엄숙하고 조용한 분위기에서 제사를 지내는 것은 좋으나 돌아가신 분에 대하여 모르고 있는 어린이나 젊은 이들을 위하여 돌아가신 분의 인적 사항(출생지, 성장지, 학교, 돌아가신 곳 등)과 생시의 업적이나 살다 가신 모습에 대한 덕담을 들려줄 수 있는 기회가 되는 것이 바람직할 것이다. 헌다의 순서에서는 읍을 하며 조용히 있는 것보다도 덕담을 이야기하는 순서와 의식이 되어야 할 것이다. 이때는 어른들과 아이들이 따로 음복하는 경우가 보통이기 때문에 아이들에게는 덕담을 들려줄 수 있는 기회가 주어지지 않기 때문이다.

## ⑫ 철시복반(徹匙復飯)

숭늉 그릇에 담긴 수저를 거두고 메 그릇의 뚜껑을 다시 덮는 의식이다.

## ⑬ 사신(辭紳)

제사를 끝내고 신위(信位)를 보내는 의식이며 신위에게 감사하다는 뜻으로 참가자 모두가 두 번 절하고 지방과 축은 불사른다.

### ⑭ 철상(徹床)

제사가 끝나고 제상에 진설된 모든 제수를 물리는 의식이다. 제수는 뒤에서부터 차례로 치운다.

### ⑮ 음복(飮福)

조상께서 물려주시는 복된 음식이란 뜻이다. 제사를 끝내고 제관들과 가족들이 모여서 음식과 술을 든다. 모처럼 서로 만나서 얼굴을 마주하며 이야기도 나눌 수 있고 인정을 통하도록 할 수 있는 좋은 기회가 되는 훌륭한 우리 민족의 전통이다.

※ 참고 : 제사에 술을 사용하는 것은 물보다도 정성이 더 깃들어 있다는 의미에서 사용한다. 그러나 술을 싫어하는 가족이 제사를 지낼 때는 하루 전날 깨끗한 물을 그릇에 담아두었다가 흙이나 먼지가 가라앉은 다음 주전자나 병에 부어서 사용하면 될 것이다. 이러한 물을 정화수(井華水 : 이른 새벽에 길은 우물물)라 한다.

### ❖ 제사의식과 종교

종교는 힘과 지혜의 모든 경쟁에서 이길 수 있고 자신과 부모 형제와 겨레와 자손을 온전하게 지키며 상속할 수 있는 삶과 믿음의 길인 동시에 건전하고 합리적인 인생과 역사의 모습이 되어야 한다. 그래야 다가오는 앞날의 복잡하고 어려우며 빠르고 밝은 세상에서 위대하고 자랑스러우며 슬기롭고 강인한 인간과 민족의 모습으로 살아갈 수가 있을 것이다. 그러므로 제사 의식은 이러한 중대한 목적이 있으므로 삶과 믿음 길의 방법과 방향을 더욱 확실하게 밝혀주고 일깨워주는 하나의 장소와 기회를 가져다주는 것이므로 사람의 생명과 함께 타고 태어나는 사리일도(四理一道) 근본진리와 영원 상의 이치에 합당하는 의식으로 지내야 한다.

인간의 경쟁사회에서는 힘과 지혜의 경쟁이 대표적으로 이루어지게 되므로 이러한 양대 경쟁에서는 이길 수 있어야 할 것이며 마음이 병들거나 방황하지 아니하도록 하기 위해서는 여기에 합당한 문화와 전통과 의식이 있어야 한다. 아무리 제사를 지내며 신위를 섬기고 정성을 들인다 하더라도 자기 자신과 조상과 부모 형제와 자손들을 욕되고 부끄럽게 하는 의식이 되거나, 이렇게 하는 종교의식이 된다면 아무리 하여도 하늘과 땅과 피와 모습의 엄한 심판의 날은 피할 수가 없게 될 것이므로 스스로 간악한 남의 정신문화와 이질적이고 반민족적인 종교의식에 의하여 스스로 마음이 병들게 되고 정신을 어리석고 얼빠진 모습이 된다는 것을 명심해야 할 것이다.

그러므로 약한 자는 밟히기 마련이고, 어리석은 자는 망하기 마련이니 눈을 뜨고 하늘을 우러러본다 하여도 바로 볼 줄 아는 지혜가 있어야 자기의 조상이 조상님으로 보일 것이고, 그렇지 아니하면 마귀나 미신으로 보이게 될 것이며, 땅을 딛고 살아간다 하더라도 생명의 은혜를 바로 알고 살아가야 한 번 태어난 생명으로 부끄럽지 아니하고 헛되지 않도록 사람다우며 자손답고 주인답게 노력하며 살다가 그렇게 죽기를 소원할 것이다. 그러나 만약에 그렇지 않은 경우가 되면 땅에 감사할 줄은 알면서도 생명의 은혜에 보답하는 모습은 어리석게 될 수가 있으므로 사람은 저마다 타고난 마음으로 자손답게 땅을 밟고 살아가야 하며 타고난 정신으로 주인답게 하늘을 우러러보며 소망을 기도하고 슬기롭게 살아가기를 힘써야 한다.

　어리석은 자손들은 섬기는 것과 믿는 것을 구별하지 못하여 선택의 대상인 믿음의 대상을 절대적인 섬김의 대상으로 착각을 하여 섬겨야 하는 절대적 대상인 자기의 조상을 버리거나 천대를 하게 되므로 이것은 자기 자신의 존재를 무시하고 천대하는 것과 같음이니, 조상을 바꾸거나 욕되게 하는 것은 유일하고 존귀한 존재인 자기 자신도 바꾸어버리는 것과 같은 얼빠지고 어리석은 짓이 되는 것임을 알지 못하며 깨닫지 못하는 일이 된다는 것을 명심해야 할 것이다. 때문에 지구촌에서 스스로 위대하고 슬기로운 민족은 절대적인 섬김의 대상과 선택하는 믿음의 대상을 이치와 도리에 합당한 모습으로 문화의 주인 짓을 잘 행하면서 인생과 역사의 생명 길을 다듬고 개척하며 이어 가고 있음을 자각하고 알아야 한다.

　따라서 인류의 역사에는 스스로 방황하고 망하는 길을 고집하면서도 자기와 자손이 망하는 것을 깨닫지 못하는 어리석고 얼빠진 백성의 인생과 역사의 모습이 있다.

만약에 우리 민족 배달겨레가 지구촌 무한경쟁의 무대에서 지도적 민족이 되기 위해서는 절대적인 섬김의 대상과 선택하는 믿음의 대상을 확실하게 알아서 삶과 믿음 길의 모습이 이치와 도리에 합당하도록 해야 한다. 그러므로 인류의 역사에서 남의 정신문화와 풍속에 빠지거나 이질적이고 반민족적인 신앙과 종교에 의하여 마음이 빼앗긴 백성은 그들이 살아갈 땅을 빼앗기는 것과 같고 정신을 빼앗기는 것은 소망을 기도하며 우러러보며 살아가야 할 하늘을 빼앗기는 것과 같으므로 자연적으로 마치 종이나 죄인처럼 되고 마는 법이다. 이 같은 경우는 천지인(天地人) 삼극생명조화법(三極生命造化法)의 심판으로부터 스스로 죄인이 되었기 때문이라는 것을 깨달아야 하며, 이것은 하늘과 땅과 인간세상을 속이거나 거짓 하지 못한다는 것을 증명하기 때문이다. 따라서 인류의 역사에서 간악한 힘과 지혜로 남의 국민과 땅을 식민지로 만들어 버린 나라보다 스스로 죄인이 되어 식민지가 된 나라 국민에게 더 죄가 있다 할 것이다.